现代货币理论
在中国

贾根良 等 著

中国人民大学出版社
·北京·

图书在版编目（CIP）数据

现代货币理论在中国/贾根良等著. -- 北京：中国人民大学出版社，2023.8
ISBN 978-7-300-31929-2

Ⅰ.①现… Ⅱ.①贾… Ⅲ.①货币理论－研究－中国 Ⅳ.①F822

中国国家版本馆 CIP 数据核字（2023）第 129555 号

现代货币理论在中国

贾根良 等 著
Xiandai Huobi Lilun zai Zhongguo

出版发行	中国人民大学出版社		
社　　址	北京中关村大街 31 号	邮政编码	100080
电　　话	010-62511242（总编室）	010-62511770（质管部）	
	010-82501766（邮购部）	010-62514148（门市部）	
	010-62515195（发行公司）	010-62515275（盗版举报）	
网　　址	http://www.crup.com.cn		
经　　销	新华书店		
印　　刷	涿州市星河印刷有限公司		
开　　本	890 mm×1240 mm　1/32	版　次	2023 年 8 月第 1 版
印　　张	13.25 插页 2	印　次	2023 年 8 月第 1 次印刷
字　　数	246 000	定　价	79.00 元

版权所有　侵权必究　印装差错　负责调换

序　言

　　2022 年夏天，笔者已为本书写好了一个序言，标题是"从时代挑战中理解现代货币理论"。编辑认为该文篇幅太长，而且主要是以美国作为例证，就建议笔者将其移作本书导论，并撰写一篇新序言——从现代货币理论视角谈谈疫情过后重振中国经济的问题。

　　在这篇新序言中，笔者从现代货币理论视角对"4 万亿"投资以来中国经济的演变和目前有可能陷入"慢性萧条期"的原因进行简要分析，并提出相应的政策建议。在笔者看来，疫情过后中国经济面临的挑战不亚于 2008 年国际金融危机时期，两者所面临的主要挑战都是生产过剩和有效需求不足的问题。"4 万亿"投资导致的新的生产过剩引发了随后的紧缩，在疫情的冲击下，中国经济存在着可能陷入"慢性萧条期"的风险。

　　笔者认为，为了尽快使我国经济摆脱目前的困境并重归"中高速增长"的轨道，中央财政在今后十年左右将需要前所未有的高赤字率，通过财政开支持续和大幅增加劳动者收入特别是低收入群体的收入，以解决产品的最终需求问题。为此，笔者建议在较大范围内实施就业保障计划，大幅增加公共服务的财政支出，通过中央政府的财政转移解决地方政府财政困难问题，并在预防通货膨胀的技术创新、可再生能源革命和下一次工业革命等方面进行战略性投资。

一、疫情后中国经济面临的困境与破解办法

当前中国的重大经济问题莫过于疫情过后如何恢复经济并实现长期经济繁荣的问题。关于这个问题，当前有许多争论，主流的观点是刺激消费。但是，消费是收入的函数。要提高居民特别是消费倾向高、受疫情影响大的中低收入群体的消费能力，需要优化收入分配结构，多渠道增加城乡居民收入，解除居民消费支出的后顾之忧。

中国历来是一个家庭储蓄倾向很高的国家，但在过去十多年间，从整体趋势来看中国家庭的储蓄率快速下降，负债率快速提高，家庭债务占 GDP 的比重已经从 2011 年的不到 30% 增加到 2021 年的 62%。在疫情期间，家庭储蓄率有所增加。在人们对未来几年就业和收入增长预期悲观的情况下，为了应对不确定性，绝大多数家庭考虑的是如何保持储蓄不变或增加

储蓄的问题。在这种情况下,刺激消费很难奏效。因此,要让消费在扩大内需中发挥主要作用,就面临着一个如何增加居民就业和收入的问题。笔者的答案是:除了调整收入分配,最直接的措施就是大幅增加中央政府的财政赤字。

中国家庭储蓄和消费行为的变化直接影响到房地产。在过去的20多年中,房地产业是中国经济的"支柱产业"。购房是导致中国家庭负债率急剧升高的主要因素。这两年包括恒大集团在内的一些房地产企业的"爆雷"、艰难维持生存已经说明,在今后一段时间内,去杠杆仍是房地产企业的主旋律。在目前拯救房地产的呼声下,大多数房地产企业很可能会利用短期的复苏卖掉库存偿还债务,降低负债率,而不会再像从前那样去买地,开启一个新的开发周期。

房地产业的萧条正在使地方政府以"土地财政与土地金融"为基础的发展模式走向终结。地方政府正在陷入日益严重的财政困难之中,这直接拖累了中国经济的增长。在过去20多年中,以房地产繁荣为前提的"土地财政与土地金融"支撑着地方政府的市政建设。以土地作为抵押获取贷款是地方政府债务的主要成因,在"十四五"期间,大约1/4的省级财政有50%以上的财政收入将用于债务的还本付息。除了受疫情影响,"土地财政与土地金融"模式难以为继是地方财政困难的主要原因,以至于目前有些县级政府只能靠变相贷款给公务员发工资,或者以"统筹"的名义挪用项目工程款发工资。

从 2015 年开始,中国企业去杠杆也就是修复其资产负债表就成为政策目标。但由于不懂得现代货币理论有关私人部门去杠杆就必须中央财政加杠杆的原理,特别是受到财政赤字率不能超过3%的传统观念的支配性影响,企业部门去杠杆不如预期的力度大,非金融企业负债率目前仍高达 160%左右。在今后多年,去杠杆和修复资产负债表仍将是许多企业的首选,这会直接影响到企业投资。再加上中国家庭去杠杆的影响,投资预期更加减弱,企业扩大再生产受到抑制,降低利率的货币政策对于刺激企业投资很难发挥作用。

在这种情况下,各地政府不得不拼命鼓励企业扩大出口。但是,屋漏偏遭连夜雨。在去全球化的大潮中,中美经济部分脱钩已是大势所趋,疫情导致各国更加注重供应链的自给自足;受疫情冲击的影响,美国进口的供应链已经部分地从中国转向其他发展中国家,中国制造的海外市场无法再像疫情以前那样强劲拉动国内经济增长,我国的产能过剩问题将更加严重,这是构建以内需为基点的以国内大循环为主体的经济发展新格局的大背景。然而,依靠内需消化大量过剩产能又遭遇前述消费欲望不足、企业修复资产负债表和地方政府财政困难等困境,在疫情冲击下,中国经济有可能进入一个失业率上升、私人投资不足和经济萎靡不振的"慢性萧条期"。

如何化解中国经济遭遇的这种困境？实际上，解决目前经济困难的办法很简单，就是要采取比目前"积极的"财政政策更加"激进的"政策，将国家财政在今后十年的年均财政赤字率提高到5％以上。只有这种高强度的财政发力，才能使中国经济尽快摆脱可能陷入"慢性萧条期"的风险，并重新走上中高速经济增长的轨道。为什么这样说呢？

暂不谈地方政府财政问题。家庭消费欲望不足和企业去杠杆说明私人部门正在修复资产负债表并增加储蓄，这将导致消费和投资不振。过去十几年美国、欧盟和日本的经验说明，央行通过从私人部门手中买入国债增加银行系统准备金的量化宽松以及降低利率的货币政策对刺激消费和投资作用甚微，原因就在于企业和家庭致力于修复资产负债表并增加储蓄，其结果是大量现金堆积在金融系统中，信贷机制失灵。在这种情况下，政府必须采取强有力的财政政策，大幅增加财政支出。私人部门在依靠财政赤字满足修复资产负债表和增加储蓄的愿望之后，才会增加消费和投资的力度。货币政策失灵的更深层的原因是它无法增加私人部门的净金融资产，无助于私人部门去杠杆。作为整体的私人部门，其净金融资产必须来自主权政府的财政赤字，即作为整体的私人部门的净金融资产等于国家债务，这是由现代货币理论所揭示的现代货币型经济的一个基本事实。

正如笔者早在 2015 年底就在一份内部研究报告中指出的，如果财政赤字率低于 4% 就不足以应对今后几年外需下降、生产过剩和企业去杠杆的挑战。目前私人部门遇到的困难证明了笔者的预见：国家财政赤字率低，没有充分满足企业和地方政府的资金需求。

过去几年国内私人投资低迷和财政赤字率不足以满足私人部门储蓄时，企业拼命地扩大出口。在今后十年，私人部门增加储蓄和去杠杆需要增加财政赤字，贸易顺差的不断下降需要增加财政赤字，特别是如果出现净出口为零的情况，私人部门去杠杆并修复资产负债表的唯一办法就是让政府部门持续增加财政赤字，以消化巨量的过剩产能。这种财政行为不仅不会引发通胀，而且还将对名义利率施加下行压力，并支撑充分就业。现代货币理论说明，无论多么严重的金融危机或经济危机，主权货币国家大都可以通过国家财政支出来解决，何况我国私人部门状况远好于 20 世纪 90 年代房地产泡沫破灭时的日本和 2008 年国际金融危机时的美国。

有许多人囿于传统观念，不相信甚至强烈地反对现代货币理论。现代货币理论在经济理论上的突出贡献就是强调国家财政赤字即中央政府作为主权货币的垄断发行者对国民经济运转的决定性作用，用官方的术语说就是：财政是国家治理的基础和重要支柱。

二、破除财政赤字的误区是关键

克服目前我国经济困难的办法虽然简单,但接受这种新观念却很难。这犹如王阳明指出的,"破山中贼易,破心中贼难"——打败外界的敌人容易,但消除心中固有的执念却非常难。目前,无论是专业人士还是非专业人士,由于受主流宏观经济学教科书和人们日常经验的支配性影响,很多人都错误地将国家预算类比于家庭预算,将税收和发行国债看作中央政府开支的资金来源;流行的观点认为,如果这些资金仍不能满足政府支出的需要,"印钞"或者说"财政赤字货币化"[①] 就会成为政府不得已的选择,而后者必然导致通货膨胀。即使是财政专家也普遍认为,政府开支的能力只能来自通过税收等筹集的资金,而无视这样一个基本的事实:主权政府是国家货币的垄断发行者,它通过支出进行货币发行,并通过税收回笼已发行的货币,它不需要税收和借贷为其提供资金。人们普遍认为,像美国和日本这样通过发行国债形成巨额国家债务的国家,给子孙后代留下了永远还不清的债务。

日本政府是世界上国家负债率最高的政府,根据国际货币

[①] 财政赤字货币化是一个不恰当甚至错误的概念。

基金组织的数据，2021年10月，日本国债对GDP之比即国家负债率高达262%。在这里，我们以日本来说明上述观点为什么是错误的。在过去十几年，日本央行为了刺激信贷和提升通货膨胀率，一直在通过量化宽松政策从私人手中大量买入政府债券，截至2022年9月底，按市值计算，日本央行已持有超过50%的日本财务省发行的政府债券。日本央行和财务省都是日本的政府机构，是政府的左口袋和右口袋，这无疑等于日本政府自己欠自己的债。请问，日本财务省欠日本央行的这笔债是否可以一笔勾销？当然可以。但无论是否勾销，它都无法改变这种事实：虽然日本经常被描述为世界上负债最多的发达国家，但到2022年9月底，日本政府债务的一半已经由其中央银行偿还了。如果日本央行继续购买日本国债，不出几年，它持有的日本政府债券很容易达到100%，日本政府不用向纳税人收取一分钱，日本就可成为世界上零负债的国家。日本所谓巨额的国家债务还是子孙后代永远还不清的债务吗？

  日本的经济政策提出了两个问题。首先，按照流行的看法，日本一直在实施财政赤字货币化，将大量现金持续不断地注入经济系统中。按照主流经济学的货币数量论，这必将导致恶性通货膨胀。但日本的巨额财政赤字和量化宽松政策导致通货膨胀了吗？没有。自20世纪90年代日本泡沫经济崩溃后，日本出现了长达20多年的通货紧缩。截至2022年3月，日本央行一直试图通过量化宽松政策将通货膨胀率推高到2%以上，但无论如何努力，它都无法达到这个目标，只是在该年4月，由于外部输入因素，通货膨胀率才达到了2%。其次，请设想：当日本央行用现金置换了私人部门手中100%的国债以至于日本成为世界上零负债的国家之时，日本私人部门手中的现金难道不是日本政府通过财政开支发行货币但没有通过税收收回来的货币吗？难道它不是等于日本政府历年财政赤字的总和吗？这是否证明了现代货币理论的下述理论——政府财政赤字等于私人部门的净金融资产，只不过这些现金是没有利息收入的净金融资产而已？

虽然日本的上述政策实践使人们争论的许多问题"水落石出"，但其并不是现代货币理论所建议的政策。我们知道，日本央行不断买入政府债券的行为属于量化宽松的货币政策，正如笔者和现代货币理论的许多文献指出的，现代货币理论不赞同量化宽松政策，它所提供的巨额准备金不会刺激信贷，原因就在于不存在主流经济学所谓准备金创造货币的乘数效应。在过去30多年中，日本的财政政策也存在严重缺陷，它采取了走走停停的财政措施，在面临衰退时采取不充分和暂时的财政刺激政策，每当经济似乎复苏时就采取紧缩政策，财政政策没有支持强劲的复苏，反而由于财政自动稳定器的作用，政府赤字和债务不断增加①。财政赤字有好坏之分,日本政府的财政赤字和国家债务大部分是坏赤字的结果。因此,我们不能因为日本有世界上最大的财政赤字和最高的国家负债率,就认为日本是现代货币理论的实践,相反,它是与现代货币理论的原理背道而驰的。

尽管日本的政策实践不是现代货币理论的,但日本的例子证明了现代货币理论的洞见:发行自己主权货币的政府从不会以税收收入或以自己的货币借款为其支出提供资金,恰恰相反,政府支出本质上不受收入限制,它是私人部门支付税款和净储蓄增加所需资金的来源。简单地说,是政府为私人部门提供资金,而不是相反。作为货币垄断发行者,政府不需要它自己发行的货币,它需要的是私人部门为之提供的商品和劳务。作为公共目标,政府支出要以资源的充分利用为目标,当存在非自愿失业时,说明存在着资源的闲置,财政赤字的增加就不会导致通货膨胀②。从国民经济核算角度来看,要出售总产出,总支出必须与总收入相等。非自愿失业是指无法以当前货币工资找到买主的闲置劳动力。如果非政府部门希望增加储蓄即支出低于其整体收入,那么政府部门就必须出现赤字,否则

---

① WRAY L R, NERSISYAN Y. Has Japan been following Modern Money Theory without recognizing it? no! and yes. Annandale-on-Hudson, NY: Levy Economics Institute of Bard College, 2021.

② 财政支出要有针对性,否则在充分就业之前就有可能发生通货膨胀,见本书第六章。

国民收入将下降，失业率将上升。财政赤字的大小不是政府所能左右的，它是由私人部门包括失业人口满足其纳税需要和净储蓄愿望所决定的。

综上所述，作为国家治理的基础和重要支柱，财政在本质上是功能性的。所谓功能财政就是政府应该仅仅关注财政收支对经济的实际影响，具体地说就是能否满足纳税需要和净储蓄愿望，能否在保持物价稳定的同时实现充分就业。2022年末中国城镇调查失业人口有2 600多万，说明政府赤字率过低，在中国流行的"3％赤字率红线"是自我强加的限制，它阻碍了为失业人口提供就业机会的可能。由于主权政府是本国货币的垄断发行者，所以它可以"购买"任何以本国货币出售的闲置资源，包括所有闲置的劳动力，这是主权政府拥有的财政空间。主权政府在这样做时，永远不会耗尽资金，也从来不存在偿付能力的问题。因此，无论主权政府的债务规模有多大和债务率有多高，其支出能力也就是财政空间从不会受它们影响。与主流经济学的看法完全相反，主权政府的财政空间与赤字率和债务率的高低无关，而是与正在寻找工作的失业人口、闲置的资本设备以及其他生产资源寻找买家的企业有关。只要名义需求增长与实际生产能力增长一致，财政赤字的增加就不会导致通货膨胀。只有在实现充分就业的时候，主权政府支出才不再有财政空间。

然而，在目前的中国，即使是赞同采取扩张性财政政策以解决有效需求不足的经济学家和政府官员，他们中的大部分人也仍受传统的财政赤字观所支配。例如，有学者认为，中国政府的债务率比日本和美国等发达国家低得多，因此，中国执行扩张性财政政策的空间显然大于大多数发达国家。也有学者指出，目前我国"中央政府的负债率为21%，是一个很低的水平，中央财政发力的政策空间是相对充足的"。按照这些流行的看法，在新冠疫情暴发之前，日本、意大利、美国、新加坡和加拿大等许多国家的负债率比中国高得多，这些国家应对疫情岂不就没有政策空间了吗？恰恰相反，这些国家中的大部分在疫情期间的财政扩张力度都比中国大。实际上，近年来，中国财政政策的空间是由中国大量的过剩产能所决定的，是由城镇2 600多万失业人口的就业需求所决定的，是由私人部门去杠杆并修复资产负债表所决定的，也是由贸易顺差不断减少所决定的，更是由广大人民群众增加收入的愿望所决定的。因此，目前的中国需要远高于3%的赤字率来破解经济困局。

三、反思"4万亿"投资及其随后的紧缩

有许多读者可能不同意笔者"激进的"财政政策观点，反问道："4万亿"投资不是前车之鉴吗？2008年国际金融危机

爆发以后，中国GDP的增长率从2007年的13%跌落到2008年的9.6%，2009年我国对外贸易总值比上一年下降了13.9%。为此，政府采取了强有力的扩张性财政、货币政策，从而使2009—2011年的GDP增长率分别达到9.2%、10.4%和9.3%，基本上维系了2000—2007年的增长势头（这八年的年均GDP增长率高达10.5%）。但自2012年特别是2014年以后，中国GDP的年增长率开始呈下降的趋势，2012—2019年分别为7.7%、7.7%[①]、7.3%、6.9%、6.7%、6.8%、6.6%[②]、6%，以至于在2019年底和2020年初在我国经济学界爆发了经济增长率是否"保6"和再次反思"4万亿"投资的争论。

"4万亿"投资在出台之初就存在争议。赞同的经济学家从决定总需求的投资、消费和出口的"三驾马车"[③] 入手，认为国际金融危机爆发后中国经济的"三驾马车"中有两驾——消费和出口——太疲软，拉不动经济增长，因此主张通过扩张性投资政策刺激经济，以避免中国经济陷入深度衰退。但反对者却认为，"此次宏观调控走上了1998年的老路，那次调控的最终结果是，投资的大幅增加给中国经济带来了每年两位数的增长。但实际的居民消费并没有得到有效的启动，这让中国经

[①②] 2013年、2018年的GDP增长率是国家统计局公布的初步核算的数据。
[③] "三驾马车"的分析框架存在缺陷，其中的消费不包括公共消费，投资也主要是指企业部门的投资，严重忽视了财政赤字的重要作用。

济结构更加偏向了投资和出口"[①]。反对的观点认为,传统地单纯依靠投资拉动的经济增长模式存在着诸多弊端,长远来看是不利的。然而,反对的观点针对我国出口导向型经济发展模式的危机,并没有提出替代性的选择。笔者正是在当时的这种大背景之下,在2009年下半年到2010年上半年提出了"国内大循环经济发展新战略"[②]。

目前的主流观点对"4万亿"投资持否定观点,认为"4万亿"投资导致了产能过剩、房价飙升、巨额地方政府债务、贫富差距拉大等一系列经济失衡问题,要解决产能过剩问题就必须依靠市场机制,采取去产能等市场出清的政策。其逻辑是:在去掉严重过剩的产能后,生产就可以达到与需求相平衡的状态,在这种情况下,市场就可以在资源配置上发挥决定性的作用了。这种观点还认为,由于中国"人口红利"的消失,靠海量投资来支撑经济增长的"粗放式发展"模式已经走到尽头,再加上"技术—经济追赶效应"的消失,中国经济开始从"中高速增长"进入"中低速增长"的"新常态",并以此来解释2014年之后中国经济增长率的下行。但是,一直到目前,学界仍不乏对"4万亿"投资的辩护者,其代表人物是北京大学的路风教授。

---

① 张向东. "三驾马车"投资领路 4万亿效果下半年显现. 经济观察报,2009-01-05.
② 贾根良. 国内大循环:经济发展新战略与政策选择. 北京:中国人民大学出版社,2020.

他将包括"4万亿"投资在内的2000—2013年的经济增长称作"史诗般的高增长",其年均增长率高达9.95%[①],并将2014年以后中国经济的下行归因于紧缩政策[②]。

笔者认为,"4万亿"投资确实在一定程度上导致了产能过剩和贫富差距拉大等问题,但对于中国避免陷入深度萧条无疑也做出了贡献,因此,不能对其采取上述完全否定或者充分肯定的态度。问题是:如何吸取其教训,避免因噎废食?笔者也不同意有关中国经济进入"中低速增长"的判断以及对其原因的解释,赞同路风教授有关中国需要重启"中高速增长"的观点,但却是基于不同的理由——经济增长基本上是需求约束的[③]。主流经济学和路风教授都是从供给角度讨论"4万亿"投资的得失和中国经济增长前景的,在这里,笔者从现代货币理论视角提供一种以需求方为主的解释。

在笔者看来,虽然我国存在着笔者一直在研究的核心技术"卡脖子"和许多产业处于全球价值链低端的供给方问题,但从2008年国际金融危机爆发一直到今天,中国经济面临的迫

---

① 路风.中国经济为什么能够增长.中国社会科学,2022(1).
② 专访路风:中国如何重启中高速增长?首先要厘清这些误区.(2023-02-28). https://www.guancha.cn/lufeng2/2023_02_28_681737_s.shtml.
③ 2016年11月16日,笔者应邀在河南大学经济学院做了《长期经济停滞还是黄金时代:世界经济长期前景与我国的重大抉择》的报告。报告指出,萨默斯等人提出的世界经济"长期停滞论"不适合与发达国家存在较大差别的中国国情,经过发展模式的重大调整,以内需为导向的经济发展战略将使中国迎来另一个"中高速增长"的黄金时代。

切问题不是供给方的这些缺陷，而是有效需求不足问题。了解20世纪30年代"大萧条"时期经济思想史的人都知道，通过市场出清消灭过剩产品也曾是当时信奉自由市场功能的主流经济学家们提出的政策建议，但事实证明，这种紧缩导致生产下降，反而使失业问题更加严重了。去产能对走出"大萧条"无济于事，只有通过政府财政开支补足私人部门有效需求的不足，才能解决生产过剩问题，这就是凯恩斯革命的历史意义，有关历史事实和现代货币理论的新解释，请见本书导论。

国际金融危机爆发后，我国对外贸易大幅下滑，外部需求直线下跌，如果没有政府强有力的财政干预，就意味着大量出口企业将因产品没有销路而陷入破产的境地，并引发面向内需的企业生存困难等一系列连锁反应，实际GDP大幅下降。在这种情况下，政府采取了扩张性政策，政府支出维持了对产品的需求，避免了陷入深度衰退。2009年在净出口和私人部门需求"崩溃"的情况下，与日本和印度相比，我国公共部门需求（政府净支出）对经济增长的贡献最为突出。统计数据说明，2009年我国GDP增长率为9.2%，而日本则大幅下滑，为-5.7%，美国的经济总量经过三年多才恢复到国际金融危机前的水平。

2009年末，有些经济学家主张尽早退出"4万亿"投资的刺激计划，理由是中国的经济增长速度已经反弹，继续实行刺激政策有可能加剧中国的结构性问题。2010年，央行开始实施信贷紧缩,6次上调存款准备金率,这成为影子银行在2010年开始迅速增长和企业负债率大幅上升的重要因素之一。2011—2013年,政府在摇摆不定中逐步加大了紧缩的力度。从2014年开始,固定资产投资的增量呈下降趋势,大量信贷涌向房地产,致使房价在2015—2016年暴涨,而2015年开始的去产能使产出水平下降,失业率上升,经济增长率也在下降。

目前,针对2008年以来的产能过剩、房价飙升、巨额地方政府债务和贫富差距拉大等问题,经济学界存在两派对立的看法:一派认为是2009—2011年"4万亿"投资导致的,而另一派则认为是紧缩政策导致的。在笔者看来,这两种因素都存在,但紧缩政策所起的作用更大一些。笔者的意思是指"4万亿"投资虽然有必要,但它并没有解决它本来需要解决的国际金融危机导致的我国生产过剩的问题,反而由于中国工业生产的高效率,产生了新的生产过剩。而针对这种新旧生产过剩,紧缩政策实际上类似于前面提到的20世纪30年代无助于走出"大萧条"的市场出清思路。

从实际情况来看,"4万亿"投资导致新的生产过剩说明传统的刺激投资的总需求管理政策存在着比较严重的缺陷。在2008年国际金融危机爆发前,由于内需不足,我国本来就存在着产能过剩的问题,但不严重。国际金融危机的爆发使国外市场对我国产品的需求断崖式跌落。产品的销路何在?这就是当时决策者面对的问题。传统的刺激投资政策确实稳住了总需求，但其支出结构却存在问题。首先，通过政府的投资（主要是基建投资）以及房地产投资确实可以吸收钢铁、煤炭、水泥、电解铝等非消费品的部分过剩产能，但是，刺激投资的政策进一步刺激了这些行业的生产，这些投资吸收的产能赶不上新增的过剩产能。其次，我国对外出口主要是消费品（包括电子产品），刺激投资的政策无助于解决国际金融危机所导致的这些产品过剩的问题。总而言之，2008年国际金融危机爆发时，我国面临的危机是最终消费有效需求不足的问题，而非单纯的总需求不足问题。

从上述角度来看，当时"4万亿"投资反对者的观点是有一定道理的。然而，无论是"4万亿"投资的赞成者还是反对者，他们都没有完全认识到国际金融危机所导致的世界经济"大衰退"的严重程度，以及最终需求（在这次危机中主要是消费需求）严重不足的问题。现在来看，1998年那次投资之所以带来了2000—2007年的高速增长但没有造成较大的产能过剩问题，原因就在于国际市场特别是美国对中国产品的需求异常强劲，但2008年国际金融危机爆发使这个条件已不复存在，继续延续1998年的策略必然不会再次取得成功。在这种历史大背景之下，由于不够了解现代货币理论有关这些问题的经济学原理，政府有关部门在2014年开始加大紧缩力度是必然的。问题是：疫情后重启中国经济，我们如何吸取"4万亿"投资以及随后紧缩的教训？

回顾20世纪30年代的"大萧条",政府大幅增加财政赤字支出固然是走出"大萧条"的启动因素[①],但最终需求作为决定性因素不可忽视,虽然这种需求消耗在破坏性的军火需求之中了:扩军备战使德国在欧美国家中率先走出"大萧条",而二战的爆发使美国从严重的产能过剩转变为产能不足。二战后美国经济增长的"黄金二十年"除了依靠美国工人阶级的收入增长提供最终需求外,朝鲜战争和越南战争提供的最终需求也是不容忽视的。"产品实现"是生产的决定性因素,资本主义生产的目的不是满足人们的消费需求,因此,当"产品实现"遭遇困难时,它往往诉诸"军事凯恩斯主义"解决生产过剩问题。但是,对于社会主义国家特别是和平时代的社会主义国家,它只能通过提高广大人民群众的收入和消费水平来解决这个问题。这些历史经验不仅映照出"4万亿"投资存在的缺陷,也为笔者在后面提出的政策建议提供了历史根据。

中国投资的供给效应远超吸收其产出的需求效应。因此,为了达到供需平衡,我国劳动者的收入和消费水平需要提高的程度是难以想象的:我国政府在"十二五"期间(2011—2015年)实施了最低工资年均增长率超13%的计划(最终实现的年均增长率为13.1%)。虽然这种措施有力地推动了内需的扩大,但也无法消化外需下降叠加"4万亿"投资带来的过剩产

---

① 见本书导论。

能。2014年开始的紧缩导致企业产品销售困难和负债率增加，依靠企业实施最低工资年均增长率的做法在2015年之后难以继续下去。2016年之后最低工资年均增长率骤然下降为此前的一半，而到了2020年6月，许多人才知道中国存在着"6亿人月入1 000元"的问题。

经济危机（现代的说法是经济衰退）是现代货币型市场经济固有的，并不只是资本主义经济的特征。经济危机的最终根源是"消费不足"所导致的生产过剩（现代的说法是产能过剩）。正如马克思指出的："一切现实的危机的最终原因，总是群众的贫穷和他们的消费受到限制，而与此相对比的是，资本主义生产竭力发展生产力，好像只有社会的绝对的消费能力才是生产力发展的界限。"[①] 经济增长始于消费增长，除非产品能卖出去，否则，私人部门不会投资，而产品销售取决于"社会的相对的消费能力"，即有支付能力的有效需求。因此，虽然投资可以刺激增长，但前提是重视对消费增长的预期（无论是公共消费还是私人消费）。如果采取刺激企业部门投资的政策以及政府财政开支集中于投资，忽视消费增长预期，就有可能引发新的生产过剩、企业负债率高企等问题，随后的紧缩又会导致企业销售困难、失业增加、企业负债率有增无减以及资

---

① 马克思，恩格斯. 马克思恩格斯文集：第7卷. 北京：人民出版社，2009：548.

金加速涌向房地产市场，房价飙升进一步加剧贫富差距，经济增长率下降，从而陷入"慢性萧条期"。2014—2019年我国经济面临的下行压力表明存在着陷入"慢性萧条期"的风险，而疫情加剧了这种风险。

四、疫情后重振中国经济的财政投资方向

那么，中国经济如何化解有可能陷入的"慢性萧条期"风险呢？我国的国家性质决定了我国不能采取极大浪费并具有破坏性的"军事凯恩斯主义"，我们只能通过持续提高劳动者的收入特别是低收入群体的收入解决最终需求问题，笔者姑且将之称作"人民凯恩斯主义"。在笔者看来，目前的经济形势比"4万亿"投资前还要严峻。造成上述状况的根本原因仍然是总需求不足，特别是国内有效需求不足。国外市场对中国产品的需求增长缓慢，国内经济不景气导致进口下降，目前的状况可以一言以蔽之：有钱的不敢投资，没钱的节衣缩食。继续采取大幅刺激供给的货币政策不仅无济于事，反而会加剧生产过剩。现在只能采取提高财政赤字率的财政措施，通过大幅增加财政支出从而提高劳动者的收入，增加解除人们消费后顾之忧的公共服务支出，促使家庭消费倾向持续提升，企业才会上调未来销售的预期，扩大投资并增加对工人的雇用，我国经济才

能摆脱困境,并逐渐步入以国内大循环为主体的良性循环。

目前,我国私人部门在修复资产负债表:家庭在增加储蓄,企业在去杠杆。按照现代货币理论有关国家财政赤字等于私人部门净储蓄的基本定理,国家财政赤字只有在满足家庭增加储蓄和企业去杠杆的愿望之后,消费和投资才会再次兴旺起来。因此,笔者认为,今后十年我国年均财政赤字率只有提高到5%以上,才能摆脱目前的困境,并将中国经济再次带上中高速增长的轨道,从而迎来国内经济大循环的"黄金时代"。但由于劳动人民旺盛的消费需求,当生产过剩问题解决后,通货膨胀将会成为我国宏观经济管理的主要挑战,为此必须"未雨绸缪",在预防通货膨胀的技术创新、可再生能源革命和下一次工业革命等方面进行战略性投资。为此,笔者简要地提出以下几点有关中央财政支出的政策建议。

第一,较大范围地实施就业保障计划。有了就业和收入的保障,劳动者才敢于增加消费。就业保障对消化过剩产品具有立竿见影的效果。所谓就业保障是指由中央财政出资并由地方政府和社会组织实施的一项计划,其核心思想是政府设定最低工资及社会保障等福利标准,并在这一水平上雇用所有准备好、有意愿并有工作能力但在市场经济部门找不到工作的非自愿失业劳动力①。黄逸江博士以2019年的数据测算,增加占该年GDP的1.58%的财政赤字就足以实施一个针对城镇所有非自愿失业者的就业保障计划(又称"中国绿色公共就业计划"),从而消除该年2 427万的城镇失业人口,并带来3.13%~4.56%的新增GDP,将中国2019年的GDP增长率推至9.13%~10.56%的区间②。就业保障计划同样可以在解决农村失业人口问题和实施乡村振兴战略中发挥重要作用。历史经验说明,政府如果认为实施这种大规模的就业保障计划有困难,那么可以在失业状况比较严重的地区实施较大范围的就业保障计划,这样也会在降低失业率、增加有效需求、维护社会稳定和保护环境等方面产生明显的经济、社会和环境效益③。

2020年4月,在国家领导人提出"以国内大循环为主体、国内国际双循环相互促进"新发展格局的构想之前,笔者在推荐黄逸江博士的研究成果时就指出:"在'国内经济大循环战略'之下较大规模实施'中国绿色公共就业计划',中国就可

---

① 贾根良,楚珊珊.现代货币理论学派的就业保障理论及其争论述评.教学与研究,2020(4).
② 见本书第十三章。
③ 值得指出的是,就业保障计划并非创造就业的唯一途径。就业保障计划主要针对的是劳动密集型失业群体和就业困难的大学生,它无法创造广大的中等收入群体,而要做到这一点就需要就业优先战略的另一重要支柱——创造新产业(可再生能源革命和下一次工业革命中出现的新产业)。就业保障计划与创造新产业共同构成了我国就业优先战略的"两大支柱",其精髓就在于以"精准就业"的方式推进就业优先战略的实施。

以迎来一个至少年均 GDP 增长率在 8% 以上并长达二三十年的高速增长时代。""它有利于改变目前我国中央财政赤字率过低而地方赤字率过高的不合理状况，建立起更加现代化的中央与地方关系。"① 党的十九届五中全会提出，在"十四五"时期"着力提高低收入群体收入，扩大中等收入群体"，到 2035 年实现"中等收入群体显著扩大"。为了实现这一目标，笔者在 2020 年曾提出通过以不断提高就业保障人员最低工资为核心的"六亿人收入倍增计划"作为推动"中等收入群体显著扩大"和缩小收入差距的重要措施②。低收入者的消费倾向最高，"六亿人收入倍增计划"对于解决目前的最终需求问题具有决定性作用。

第二，大幅增加公共服务方面的财政支出。公共服务支出是指国家财政在教育、就业、养老、医疗保健、儿童保育和公共住房等方面的财政投资。公共服务领域不能成为私人营利的名利场，特别是我国在面临出生率下降和老龄化社会到来的情况下更是如此。例如，在教育和儿童保育方面，我国民众负担较重。在公共服务支出方面，我国有许多问题需要研究，并亟待推出一系列解除消费后顾之忧的措施。

---

① 贾根良，黄逸江. 实施就业保障计划应对大危机正当时！. （2020-04-02）. https://www.hswh.org.cn/wzzx/llyd/jj/2020-04-01/62157.html.
② 贾根良. 六亿人收入倍增计划：国内大循环战略的突破口. 政治经济学报，2020，19.

第三，通过中央政府的财政转移支付解决地方政府财政困难，这有助于稳定总需求，消化过剩产能。自20世纪70年代以来，地方政府财政困难是一个世界性的现象，美国、日本、英国、澳大利亚等莫不如此，其原因在于国家将主要的征税权赋予了中央政府，但大量的支出责任仍在地方政府。在我国，中央与地方财政关系的重塑是从1994年分税制改革开始的，这种改革虽然是必要的，但却迫使地方政府走上了通过土地财政和借贷解决财政收入不足的道路，而且这种土地财政制度最终导致了房价不断飙升和地方政府债务日益沉重。1994年的"汇改"和分税制改革共同奠定了中国特色的"地方政府竞争体制"，后者使国际大循环经济发展战略最终得到了彻底的实施。目前，"土地财政与土地金融"的困局说明，"地方政府竞争体制"已不适应以国内大循环为主体、国内国际双循环相互促进的新发展格局。2024年是分税制改革和"汇改"30周年，只有深入讨论1994年的这两项改革在目前的适用程度并进行必要的改革，才能建立起适应新发展格局的中央与地方财政关系。在这方面，现代货币理论特别是功能财政原理可以提供许多启发。但就解决地方政府目前的财政困难而言，最直接的办法是加大中央政府对地方政府财政转移的力度，这是中央政府应该承担的责任。地方政府作为货币使用者，只能依靠税收为其支出提供融资，在经济衰退时，税收大幅减少，支出却大幅增加，地方政府必然出现严重的财政困难。中央政府的财政政策空间不受其财政收入的限制,因此,中央政府应该承担更大的支出责任或给地方政府提供大规模财政转移支付,而不应放开地方政府债务约束来增加地方政府支出。特别是在目前的中国,教育等大部分公共服务方面的财政支出主要是由地方政府承担的,通过财政转移支付加大这方面支出并保证地方政府工作人员的工资及时足额发放,是增加有效需求的一个基本途径,比"发钱刺激消费"具有更合理的基础。

第四,在预防通货膨胀的技术创新、可再生能源革命和下一次工业革命等方面进行战略性投资。因为国家垄断货币发行,所以其财政开支不存在缺乏资金的问题,但要受实际资源或通货膨胀的制约。一旦实现充分就业,就可能发生需求型通货膨胀,但充分就业在现实中很少见。通货膨胀大都由供给短缺、战争和输入型通货膨胀所引发,犹如过去两年美欧国家的通货膨胀。中国 2022 年的居民消费价格上涨 2%,其中部分原因就在于:即使是在输入型通货膨胀的挑战下,我国的产品过剩也会阻止通货膨胀的发生。然而,随着笔者所建议的劳动者收入的高速增长,通货膨胀就有可能成为政策制定者的主要挑战,为此,我们必须未雨绸缪,预先布局,对降低通货膨胀的技术和产业进行投资[①]。因此,在这里有必要指出的是,反思"4 万亿"投资的缺陷并不是否定投资特别是在基础设施、

---

① 由于篇幅所限,此处无法讨论需求型通货膨胀的问题。

核心技术、可再生能源革命和下一次工业革命等方面进行大规模投资的重要性和必要性[①]，这些投资不仅对于降低产品和服务价格、预防通货膨胀具有重大意义，而且对于提高生产率、提高劳动者收入和应对气候变化等具有战略价值。这方面的投资还应包括降低价格的进口替代、兴修水利、农田基本建设、城市和乡村基础设施建设等方面的投资。例如，我国南方几乎每年都要遭受水灾，许多城市由于排水系统落后，一遇水灾就遭淹，这说明我国在城市基础设施建设上的欠账还是较多的，这些方面的投资也能为过剩的相关工业产品提供市场。

贾根良
2023年3月

[①] 请见贾根良即将出版的著作《绿色智能工业革命：中国的战略与政策》。

目 录

导论　从时代挑战中理解现代货币理论……………………**001**
　　一、目前发达国家的经济政策
　　　　是现代货币理论提倡的吗……………………………002
　　二、现代货币理论到底是什么……………………………007
　　三、二战期间美国经济政策的现代货币理论透视……019
　　四、运用现代货币理论应对我们时代的重大挑战……029

第一编　现代货币理论的基础原理

第一章　货币的本质：交易媒介还是债务………………**043**
　　一、货币本质观概述……………………………………045
　　二、两种不同的货币本质观比较………………………048
　　三、如何看待两种货币本质观的分歧…………………061

第二章　政府、银行与现代货币……………………………**067**
　　一、货币创造主体辨析…………………………………068
　　二、货币创造层次剖析…………………………………074

三、关于部门收支分析的讨论⋯⋯⋯⋯⋯⋯⋯⋯⋯⋯⋯ 080

　　四、结语：国家在货币创造中至关重要⋯⋯⋯⋯⋯⋯⋯ 086

第三章　欧债危机：丧失货币主权的危机⋯⋯⋯⋯⋯⋯⋯ **089**

　　一、引言⋯⋯⋯⋯⋯⋯⋯⋯⋯⋯⋯⋯⋯⋯⋯⋯⋯⋯⋯ 089

　　二、主权货币与赤字、国债等主权债务⋯⋯⋯⋯⋯⋯⋯ 092

　　三、欧元的非主权性与欧洲中央银行

　　　　的不救助原则⋯⋯⋯⋯⋯⋯⋯⋯⋯⋯⋯⋯⋯⋯⋯ 097

　　四、"一个市场、一种货币"还是

　　　　"一个国家、一种货币"⋯⋯⋯⋯⋯⋯⋯⋯⋯⋯⋯ 101

　　五、结语⋯⋯⋯⋯⋯⋯⋯⋯⋯⋯⋯⋯⋯⋯⋯⋯⋯⋯⋯ 104

第四章　货币的属性与私人数字货币的本质⋯⋯⋯⋯⋯⋯ **106**

　　一、引言⋯⋯⋯⋯⋯⋯⋯⋯⋯⋯⋯⋯⋯⋯⋯⋯⋯⋯⋯ 106

　　二、货币的债务内涵：历史与逻辑⋯⋯⋯⋯⋯⋯⋯⋯⋯ 112

　　三、货币的国家债务属性⋯⋯⋯⋯⋯⋯⋯⋯⋯⋯⋯⋯⋯ 119

　　四、私人数字货币的非债务属性与商品本质⋯⋯⋯⋯⋯ 127

　　五、结语⋯⋯⋯⋯⋯⋯⋯⋯⋯⋯⋯⋯⋯⋯⋯⋯⋯⋯⋯ 138

第二编　财政、货币与通货膨胀

第五章　功能财政论⋯⋯⋯⋯⋯⋯⋯⋯⋯⋯⋯⋯⋯⋯⋯ **145**

　　一、打破"常识"的财政观⋯⋯⋯⋯⋯⋯⋯⋯⋯⋯⋯ 147

　　二、政府债券、税收与货币的非正统解读⋯⋯⋯⋯⋯⋯ 152

三、充分就业与宏观经济稳定…………………………… 160
　　四、"卡莱斯基困境"：一个批判性的评论………………… 167
　　五、结语……………………………………………………… 172

第六章　现代货币理论与通货膨胀…………………………… **175**
　　一、现代货币理论赞同无节制的政府支出吗……………… 177
　　二、现代货币理论与通货膨胀：理论、政策与历史……… 180
　　三、结语……………………………………………………… 190

第三编　现代货币理论争论的社会政治背景

第七章　为什么中央银行独立是伪命题……………………… **195**
　　一、引言……………………………………………………… 195
　　二、现代货币理论与国家财政的本质……………………… 199
　　三、作为货币政策的财政政策……………………………… 202
　　四、中央银行独立与财政约束……………………………… 208
　　五、结语……………………………………………………… 214

第八章　现代货币理论大辩论：主要问题与深层次根源… **220**
　　一、引言……………………………………………………… 220
　　二、现代货币理论的基本经济原理………………………… 225
　　三、挤出效应与内生货币观………………………………… 232
　　四、通货膨胀与货币数量论………………………………… 238
　　五、结语：激烈争论的深层次根源和未来走向…………… 244

第九章　货币演进与货币创造 …………… **255**

一、现代货币理论的货币演进历史观 …………… 257

二、货币创造的"双主体"问题 …………… 264

三、政府信用创造的历史趋势及其生产性的一面 …… 270

四、现代货币理论会导致对私人部门的

两次剥削和通货膨胀吗 …………… 276

五、货币创造主体的问题本质上是政治经济学问题 … 281

第四编　现代货币理论透镜之下的中国经济

第十章　财政货币制度的革命与国内大循环的历史起源 …… **289**

一、布雷顿森林体系之下国家致富的逻辑 …………… 290

二、布雷顿森林体系的崩溃

与财政货币制度的革命 …………… 296

三、国际大循环经济发展战略从合理走向"背理" … 302

四、贸易平衡或略有逆差的对外贸易新战略：

走向以国内大循环为主体 …………… 309

第十一章　现代货币理论的澄清及其对中国宏观经济政策的

重要意义 …………… **321**

一、澄清与现代货币理论有关的两个概念 …………… 322

二、现代货币理论对中国宏观经济

政策制定的重要意义 …………… 331

第十二章 现代货币理论对中国的适用性及政策建议 ……… **338**

 一、现代货币理论对于中国具有一定的适用性……… 338

 二、货币政策有一定的局限性，现阶段应

  让位于财政主导…… 344

 三、财政政策在短期促进消费，长期应

  转向结构性的产业政策…… 346

第十三章 中国绿色公共就业计划………… **352**

 一、公共就业计划的目标和特点………… 354

 二、绿色公共就业计划对中国经济

  和社会的特殊意义………… 360

 三、中国政府实施绿色公共就业计划的

  时机已成熟…… 363

 四、中国绿色公共就业计划的经济效益

  和财政成本…… 367

 五、中国绿色公共就业计划的实施方案………… 373

 六、结语…… 377

跋………… **380**

导论
从时代挑战中理解现代货币理论[*]

现代货币理论（Modern Monetary Theory，MMT）是在20世纪90年代诞生的一个经济学流派，长期以来鲜为人知，但自国际金融危机爆发以来却日益走红，特别是自2019年以来成为西方发达国家经济政策争论的焦点。其原因主要有两个：一是它预见到了美国的次贷危机和欧元区的主权债务危机；二是美国民主党左翼认为现代货币理论为旨在解决美国的社会经济和生态问题而提出的一揽子政策方案——"绿色新政"——提供了经济理论的支持，从而引发了对现代货币理论的广泛争论。在这种争论中，大多数西方主流经济学家对现代货币理论持否定态度。但在金融从业者和普罗大众中，现代货币理论却获得了较广泛的支持和传播，在世界上不少国家出现

---

[*] 原载《南国学术》2022年第4期，标题为《新时代挑战中的现代货币理论之评价》，作者是贾根良。

了由现代货币理论的支持者创办的网站。然而,正如兰德尔·雷教授指出的,新冠疫情暴发后,西方主流经济学界对现代货币理论的观点发生了 180 度的大转弯:以前有很多重磅经济学家认为现代货币理论是一派胡言,现在人们承认应对新冠疫情不得不采取现代货币理论的融资方式①。但在美欧国家爆发通货膨胀后,许多专业人士将之归罪于现代货币理论并再次发表了否定现代货币理论的言论。在这篇导论中,笔者将澄清流行看法对现代货币理论的科学性质的误解,并扼要讨论现代货币理论对于我们告别新自由主义并迎接新时代的重要意义。

一、目前发达国家的经济政策是现代货币理论提倡的吗

笔者在阅读外文文献和中文网络上有关现代货币理论与经济政策关系问题的文章时,发现了许多对现代货币理论存在严重误解的流行观念,这些观念中有些是关于某个概念的,如"财政赤字货币化",有些涉及对现代货币理论的总体认识问题。本导论的着眼点在于后者,其中有三种流行看法具有代表性。首先,将"量化宽松"错误地视作现代货币理论的政策。

---

① 雷. 现代货币理论的核心观点及政策启示. 学术研究,2022(8).

例如，有人在 2022 年初发表的一篇文章中指出，"日本中央银行在全球范围内首次实施了量化宽松政策，用实践推动了现代货币理论发展……美联储在 2008 年国际金融危机后也紧随理论热潮开展了现代货币理论实践"[①]，并将"量化宽松"加剧的分配不平等算到现代货币理论的头上。其次，将新冠疫情暴发后的美国经济政策看作现代货币理论的实践。有商业界的学者指出，这一轮发达国家实施的现代货币理论实践，在推动经济从衰退走向复苏的过程中起到了积极作用，但也带来了经济恢复供需失衡、通胀高企和财政金融风险上升等挑战[②]。最后，将美欧国家通货膨胀的爆发视作现代货币理论存在缺陷的证明。例如，经济学者管涛认为，美国这次疫情应对比上次更像践行现代货币理论，财政政策和货币政策的双刺激是高通胀的重要推手，不期而至的高通胀或将成为现代货币理论的"试金石"[③]。现代货币理论学者撰写的论著反驳了这三种流行看法。

首先，流行看法张冠李戴，它不仅将西方主流经济学的"量化宽松"视作现代货币理论提倡的经济政策，更将由此加剧的收入分配不平等的脏水泼向现代货币理论。事实是，在美联储于 2008 年推出"量化宽松"政策后，现代货币理论学者

[①] 陆磊. 发达经济体现代货币理论实践及分配效应. 中国金融，2022（1）.
[②] 沈建光. 现代货币理论的政策重构和风险.（2022-03-02）. https://www.sohu.com/a/526695913_465450.
[③] 管涛. 当现代货币理论遭遇高通胀. 第一财经日报，2021-11-17.

就对该政策提出了尖锐的批评:"量化宽松"刺激不了实体经济的信贷,也解决不了通货紧缩的问题(或不会提高目标通货膨胀率),反而会导致泡沫经济。因此,他们一直不赞成这种非常规货币政策,而是主张实施财政政策。时隔十年,事实证明了现代货币理论学者的这种预见性,一些中央银行行长在2019年也最终承认了财政政策主导的必要性。现代货币理论学者也一直担心"量化宽松"将因为"脱实向虚"而加剧收入分配不平等。例如,兰德尔·雷、耶娃·纳斯岩引用英格兰银行的研究结论指出,"量化宽松让高收入人群受益",并总结说:"与常规货币政策一样,量化宽松也受同样的问题困扰:它是刺激总需求很迟钝的手段。如果决策者们最终认识到发达经济体目前面临的问题是总需求不足,那么便有一个更好的解决办法,即财政政策。只要能正确理解货币的本质,我们便能用这个强大的工具增加收入、促进就业,而无须用量化宽松这种间接方式。"[1]

其次,针对流行看法将新冠疫情暴发后的美国经济政策看作现代货币理论的实践,纳斯岩和兰德尔·雷指出,政策反应在很大程度上证实了现代货币理论的主张,尽管它不是现代货币理论的政策[2]。新冠疫情暴发后,世界各国特别是美欧国家

---

[1] 雷,纳斯岩.解读货币和宏观经济政策//雅各布斯,马祖卡托.重思资本主义:实现持续性、包容性增长的经济与政策.北京:中信出版社,2017:80-81.

[2] https://www.levyinstitute.org/publications/time-to-celebrate-modern-money-theory.

采取了通过大规模国家财政支出维系社会经济系统基本运转的政策措施。这种政策实践摧毁了主流经济学有关财政支出需要税收和借债提供资金等诸多教条，证实了一直遭到主流经济学非议的现代货币理论的观点：主权政府的支出不需要资金来源，对政府来说，它通过支出创造的货币是花不完的，但能够买到的实际经济资源却是有限的；人们不能强迫主权政府违约；政府债务的增加不会直接提高利率；过多的支出只会导致通货膨胀，而不是破产。但是，纳斯岩和兰德尔·雷又指出，疫情大流行发生后的财政政策不是现代货币理论的。现代货币理论认为，非针对性的财政救助政策在经济没有达到充分就业之前就有可能导致通货膨胀。因此，现代货币理论不倡导大水漫灌式地撒钱，即不倡导非精准的公共支出，如美国在疫情期间所做的：类似于"全民基本收入"的大规模撒钱，甚至向没有失去收入的高收入家庭发放救助款项[1]。然而，现代货币理论学者认为，由于许多低收入劳动者因"大封锁"失去收入，疫情期间的财政救助是有必要的，缺点是这种财政政策没有做到现代货币理论的精准支出[2]。

最后，美欧国家通货膨胀的爆发没有否定现代货币理论。

---

[1] https：//www.levyinstitute.org/publications/time-to-celebrate-modern-money-theory.

[2] 纳斯岩.主权货币政府支出的约束：财政还是真实资源.学术研究，2022（9）.

目前在国内学者中流行着这样一种对现代货币理论的错误看法：现代货币理论倡导"财政赤字货币化"，而"财政赤字货币化"必将导致通货膨胀，现代货币理论忽略了通货膨胀问题。因此，一旦发生通货膨胀，这些学者就认定这必然是推行现代货币理论所导致的结果，并将通货膨胀视作对现代货币理论的否定。但是，与流行的看法恰恰相反，实际情况却是现代货币理论不关注财政赤字的大小，而是关注财政赤字是否有可能引发通货膨胀的问题。正如现代货币理论的代表人物之一斯蒂芬妮·凯尔顿指出的，对于政府的财政支出来说，现代货币理论的核心是用真实的通货膨胀约束取代了人为的收入约束[1]。现代货币理论在经济学中的革命性作用是引导人们重新关注真实的资源约束，而不是虚构的财政约束，因此，它将通货膨胀置于经济分析的核心。疫情期间非针对性的财政救助政策虽然是非现代货币理论的、有可能引发通胀，但在美欧国家目前的通货膨胀中是非常次要的因素。我们甚至可以说，因财政救助所导致的财政赤字上升与此次通胀没有多大关系。与西方主流经济学家将目前的通货膨胀诊断为需求拉动型通货膨胀相反，现代货币理论学者认为它是由供给不足引发的成本推动型通货膨胀：供应链的破坏和供给短缺、石油卡特尔和资本家

---

[1] KELTON S. The deficit myth: Modern Monetary Theory and the birth of the people's economy. New York: Public Affairs, 2020: 71.

主导的大企业垄断定价等是目前美欧国家通货膨胀的主要根源,"俄乌战争"则火上浇油。基于对目前通货膨胀原因的诊断,现代货币理论学者反对目前美欧国家加息和财政紧缩的政策,因为这些政策的实质是通过降低经济活动水平以适应供给不足,而不是尽力增加供给,这将削弱目前的经济复苏力度。因此,现代货币理论学者建议采取针对"供给瓶颈"的财政支出政策、治理利用定价权和其他垄断因素哄抬物价的行为、实施降低成本的部门政策等。

二、现代货币理论到底是什么

在上述流行看法对现代货币理论的总体认识上,前两种看法都错误地将现代货币理论等同于"量化宽松"这种"非常规货币政策"。其中,第二种看法说"这一轮发达国家实施的现代货币理论实践",言外之意是指发达国家应对新冠疫情的政策仍和上一轮应对国际金融危机的政策一样是"量化宽松"的。第三种看法则注意到了发达国家应对新冠疫情的政策与"量化宽松"的不同,了解到其中包含着相当多的财政政策,所以,管涛才有了"这次疫情应对比上次更像践行现代货币理论"的说法。但是,管涛却将发达国家的财政政策不加识别地完全等同于现代货币理论,并按照"财政赤字货币化"的流行思维理解财政政策,认为"财政赤字货币化"必然导致通货膨胀,得出高通胀否定了现代货币理论的错误结论。前面的讨论已经澄清了将现代货币理论等同于"量化宽松"的错误,我们已发表的论文也指出了"财政赤字货币化"概念的错误之处①。这些澄清说明,这些作者在不了解现代货币理论是什么的情况下,就将一些现象与现代货币理论错误地联想在一起,给现代货币理论在中国的传播制造了很大的混乱。但在这里,笔者要指出的则是这些作者的另一个共同误解——将现代货币理论等同于一种政策处方,而完全忽视了它是一套与主流经济学截然不同的理论学说,这是他们在运用主流经济学的理论而非现代货币理论的理论评判政府政策时错将西方主流经济学的政策当作现代货币理论政策的根本原因。

一般来说,现代货币理论主要由五大组成部分构成:国家货币理论、财政理论、对财政系统和银行系统的制度分析、部门收支分析(戈德利部门平衡恒等式)、政策主张,其中具体的政策主张只有三种,即功能财政、就业保障计划和稳定的低利率政策。就此看来,自国际金融危机爆发以来,美欧发达国家的政策实践显然没有遵循现代货币理论的这三种政策主张,例如,与功能财政相对立的平衡财政仍然是这些国家政界和经

---

① 何增平,贾根良. 财政赤字货币化:对现代货币理论误读的概念. 学习与探索,2022(4).

济学界高举的意识形态标语①。确实，从现代货币理论中可以推演出财政政策占主导的政策主张，但我们不能因此将所有财政政策都看作是现代货币理论的，例如，现代货币理论反对凯恩斯主义"大水漫灌式"的财政刺激政策。同样，我们也不能因为现代货币理论支持美欧国家的"绿色新政"，就不加区别地将"绿色新政"看作是现代货币理论的。实际上，目前有关"绿色新政"的大部分财政货币政策主张都是不符合现代货币理论原理的。如果不做这种区分，就会发生前述将"量化宽松"张冠李戴到现代货币理论头上的事情，并进一步巩固西方主流经济学错误的分析框架。

上述讨论说明了将政策与理论做出区分的必要性和重要性。实际上，现代货币理论是对主权货币制度实际运转机制的准确描述和理论解释，而非具体的政策处方②。更进一步地说，它揭示了主权货币运动的内在规律及其与宏观经济现象之间的因果机制，是对已有经济理论的革命而非经济制度的革命，并在此基础之上对具体经济政策的价值观进行解释性批判。我们下面就对此加以说明。

---

① 何增平，贾根良．论当前国内对现代货币理论的误解．山东大学学报（哲学社会科学版），2023（1）.

② 前面提到的现代货币理论的三种具体的政策主张实际上也是其理论框架的内在构成部分，是从对主权货币制度的准确描述和理论解释的内在要求中推论出来的，而非基于价值判断或意识形态的左翼或右翼的政策主张。关于这一点需要一篇专文加以说明，所以我们在这里存而不论。

正如笔者在以前的文章中指出的,除了现代货币理论学者,目前其他的经济学流派都没有注意到布雷顿森林体系的瓦解对实际经济和经济理论的重大历史意义,这是人们对现代货币理论产生种种误解的根本原因。简单来说,布雷顿森林体系的存续期间是 1944—1971 年(或 1947—1973 年),凡是加入这一国际货币制度的国家货币虽是法定货币但并非主权货币[①]。在布雷顿森林体系之下,成员国货币以固定汇率与美元挂钩,美元按照 35 美元兑换 1 盎司黄金的固定比率实施可兑换。在这种金汇兑本位的货币制度下,各国政府只能通过增加税收或向私人部门借款来扩大支出,这是布雷顿森林体系对成员国施加的内在的财政约束,否则,布雷顿森林体系将无法维系。在这种货币制度下,金融资产的积累最终都表现为黄金,各国政府的开支都要受到这种"金箍咒"的钳制。

但是,在布雷顿森林体系瓦解后,作为本国货币唯一的垄断发行者,主权政府不再受到本国货币(以固定汇率)兑换为黄金或美元的制度性要求的制约,浮动汇率保证了其政策空间的最大化。在完整主权货币国家,黄金的非货币化使得私人部门只能以本国货币而非黄金积累其净金融资产(即储蓄);在这种制度下,只有国家财政赤字才能为私人部门(或称非政府部门)提供净金融资产。所谓净金融资产是指政府历年花在经

---

① 参见本书第十一章。

济上但没有通过税收收回来从而表现为财政赤字的总金额，它以现金、准备金和国债的形式为私人部门所持有。几乎没有成本的本国货币替代黄金而成为私人部门积累金融资产的工具，这使得主权货币政府的财政能力得到空前的解放和加强。在主权货币制度之下，中央政府的支出不再受到金本位制和布雷顿森林体系之下必须由税收和借债提供融资的限制。对主权货币政府来说，资金（即货币）不再稀缺，它现在有用不完的"钱"，也不再需要我们的"钱"，反而我们纳税和储蓄都需要政府的"钱"。现代货币理论深入挖掘了这一重大历史变化赋予主权货币的深刻内涵，确定了完整货币主权的四个条件——本国货币的垄断发行者、实施浮动汇率、不发行外币债券、设定自己的利率，并通过对主权货币制度下财政部、央行和非政府部门资产负债表的实际操作过程的制度分析，准确地描述了主权货币制度的运转机制。

现代货币理论揭示出这样几个基本的事实：对主权货币国家来说，主权政府的财政赤字等于非政府部门的净金融资产，减少财政赤字实际上是在减少非政府部门的净金融资产，主权政府通过财政开支提供的货币必须满足非政府部门交税和储蓄的需要。因此，财政赤字是常态。历史经验说明，每当美国政府财政出现盈余时，美国都必然会发生经济衰退，由此可见，财政赤字对于"稳增长"和"稳就业"是非常重要的。在我国，财政赤字也是常态：自 1978 年改革开放以来的 45 年间（1978—2022 年），我国全国财政收支（中央政府和地方政府合计）只有 4 年略有盈余，其余 41 年都为赤字年份。近年来特别是新冠疫情暴发以来，我国的财政赤字率虽然比过去提高了，但失业率比美国还高，原因就在于我国的财政赤字率仍然偏低，没有满足经济增长对货币的需求。

但是，现代货币理论并不只是描述性的，它探讨了主权货币发行者增进国民福祉的机会和可行的选择，阐明了放弃货币发行权的非主权货币（如欧元）的后果，讨论了它可扩大有效需求、实现充分就业和价格稳定、反贫困、提供高质量公共服务（如教育、医疗、社会保障等）以及实施有利于本国居民的国际贸易方式等一系列宏观经济学的重大问题。例如，现代货币理论认为，经营所有业务都需要货币，如果货币供给不足，企业将无法运作，从而导致经济衰退。提供足够数量的货币以实现充分就业是政府的工作。正如货币太少是有害的，太多的货币也是危险的。当有足够数量的货币满足经济需求时，过多的货币就会导致通货膨胀压力，也会导致货币价值缺乏稳定性。主权货币政府通过财政开支提供货币供给的作用是功能性的和工具性的，理想的状态是货币供给的数量既不多也不少，既不发生通货膨胀，也不造成通货紧缩；主权政府支出没有财政的约束，也就是没有资金的限制，对财政开支唯一有意义的约束是当所有生产资源都得到充分利用（即充分就业）时发生通货膨胀的危险，这就是现代货币理论的功能财政理论。

现代货币理论的整个逻辑体系是以"国家货币垄断"这个概念作为出发点的，这是目前所有其他经济学流派（包括后凯恩斯主义经济学）都不曾存在的一个基本概念。以这个"基本概念"为基础，现代货币理论区分了作为货币垄断发行者的中央政府与作为货币使用者的其他部门，而这两者的财务行为存在本质不同。基于"国家货币垄断"这个概念以及货币垄断发行者与货币使用者的"基本区分"，现代货币理论学者构建了一种迥异于主流经济学的宏观经济学新体系，并出版了教科书①。这种新的宏观经济学理论体系综合并创新了经济思想史和当代非主流经济学流派中的许多重要理论研究成果，如克纳普的国家货币理论（它属于100多年前就已经消失的德国新历史学派）、勒纳的功能财政理论、后凯恩斯主义的内生货币理论、美国老制度主义的制度分析，以及以凯恩斯、卡莱茨基和马克思为代表的有效需求理论与资本主义生产的货币理论，等等。笔者对现代货币理论的这种总括性（而非具体内容）的概括说明了什么问题呢？

首先，现代货币理论并不只是对"现代货币"——具体

---

① MITCHELL W，WRAY L R，WATTS M. Macroeconomics. London：Red Globe Press，2019.

地说就是 20 世纪 70 年代以来的主权货币——内在运动规律的准确描述，也是有关"现代货币"的理论。在主流经济学中，对现代货币理论最无知的攻击是孙国峰所谓"现代货币理论"是"关于古代货币"的论断，以及戴斯特（Jeff Deist）所谓"现代货币理论既非现代、也非货币、更非理论"的论断[1]。这些攻击完全是由新自由主义意识形态所驱使的，但由于很少有人了解货币制度的历史演变特别是不了解布雷顿森林体系的崩溃对现代经济的重要影响，这些新自由主义者对现代货币理论毫无根据的攻击在学术界和媒体上影响很大，蒙蔽了很多人。

其次，对于世界上绝大多数国家和居民来说，他们已经身处现代货币理论的世界之中。现代货币理论不是人们需要建立的新制度，它是对已有经济理论的革命而非对经济制度的革命。但对于欧元区国家、极少数以固定汇率与美元挂钩的国家和大量发行外币债券的国家，它们仍需要进行货币制度的改革，因为具备完整货币主权的国家是一个发行自己的通货、实行浮动汇率制、不发行外币债券和自主设定利率的国家。对于主权货币国家来说，现代货币理论并不要求改变经济制度，而是要改变政策制定实践。

---

[1] DEIST J: 现代货币理论（MMT）: 既非现代、也非货币、更非理论. (2021-01-08). http://www.360doc.com/content/12/0121/07/73257982_955935328.shtml.

然而，在主权货币国家，许多人错误地将现代货币理论误认为一种左翼经济学说或左翼经济政策的制定方法。例如，许多反对新自由主义的人士经常说"如果我们引入现代货币理论……"或"当现代货币理论成为规范时"。这些说法都隐含着这种理念：如果社会更加开明或者如果政府追求进步的经济政策，那么，现代货币理论将是一个我们必须转向的新制度。这种理念是对现代货币理论的严重误解。正如笔者已经指出的，现代货币理论是对主权货币制度的准确描述和理论解释，前者说明我们已经身处现代货币理论所描述和解释的世界，后者说明现代货币理论是一种理论学说，它们都说明现代货币理论不是一种新制度。在过去，对于主权货币制度，"百姓日用而不知"；现在，现代货币理论可以让我们更清楚地看到已经存在的东西，揭露为阶级利益服务的西方主流经济学的虚构世界，并使我们认识到主权货币制度为民主社会的发展创造的潜在重大机遇。正是在这种意义上，我们可以说，现代货币理论是对已有经济理论的革命而非对经济制度的革命。

对已有经济理论的革命意味着要改变政策制定实践，因此，对于主权货币国家来说，现代货币理论不意味着改变经济制度，而是要改变政策制定实践。那么，我们如何理解现代货币理论学者的这种论断呢？在这里，笔者以实施现代货币理论的政策并不需要彻底改变目前各国财政部和央行政策协调方式（经济制度）来说明这个问题。现代货币理论学者的研究说明，在主权货币国家，各国央行和财政部之间已经建立了财政政策与货币政策协同操作的制度和机制，而且具体形式不尽相同。

例如，美国和日本坚持中央银行独立制度。所谓中央银行独立制度是指，中央银行不能为财政部的账户提供透支，财政部只有在账户余额为正的时候才能进行支出；中央银行不能在一级市场上购买国债，也就是说财政部不能将国债直接卖给中央银行。这样一套制度设定被认为能够限制财政部的支出行为，因为按照中央银行独立的理论，财政部需要先向私人部门征税或者卖出国债，从而使得它在中央银行的账户余额为正，然后才能进行支出。虽然中央银行独立制度的建立及其理论是以中央政府作为货币使用者的错误理念为基础的，但美国政府通过在金融机构开设"财政部税收和贷款账户"等特定制度安排绕过了限制财政部支出的"账户余额为正"的政治约束，保证了财政支出的顺利进行[①]。正是在这种情况下，美国的现代货币理论学者不主张废除中央银行独立制度，但要改变其政策制定实践，因为长期以来，美国等许多国家的经济政策制定是由"赤字鹰派"或"赤字鸽派"所主导的，并未反映作为"赤

---

① 参见本书第七章。

字猫头鹰派"的现代货币理论的政策范式或政策制定原则①。

然而,中央银行独立制度只是财政部和央行政策协调的一种方式,而且也并不是最佳方式。其一,一些国家的政府允许中央银行直接为财政部提供资金或将国债直接卖给其中央银行。"澳大利亚、新西兰、加拿大和英国等一些主权经济体的央行参与政府债券一级市场,不受法律限制。然而,在实践中,除加拿大外,这些国家的央行对一级市场的参与有限。自1913年美联储成立以来,这一禁令就被写入了美国法律,尽管有时也有例外,比如在第二次世界大战期间,当时财政赤字

---

① 斯蒂芬妮·凯尔顿指出,在现代货币理论诞生之前,美国经济学家分成了两个阵营:"赤字鹰派"和"赤字鸽派"。"赤字鹰派"就是强硬派,主要是共和党人,他们把财政赤字视为国家财政管理不善的证据。支出和税收之间的任何不平衡都让他们恼火。他们警告债务危机迫在眉睫,并呼吁迅速采取行动控制财政赤字。这个标签意味着他们"赤字鹰派"的决心,至少在口头上是要平衡预算和消除国债。"赤字鹰派"嘲笑他们的对手——"赤字鸽派",指责"赤字鸽派"对国家不断增加的债务所带来的威胁过于乐观。"赤字鹰派"主要指责社会保障、医疗保险和医疗补助等福利项目是赤字不断增加的根源。"赤字鸽派"则指出,对富人的减税和花费数万亿美元的战争是政府债务的主要驱动因素。(KELTON S. The deficit myth: Modern Monetary Theory and the birth of the people's economy. New York: Public Affairs, 2020: 73.) 简单地说,"赤字鹰派"要求每年都要实现财政平衡。而"赤字鸽派"则认为,只要在一个经济周期内能够实现财政平衡,某些年份出现赤字是没有危险的,也是可以容忍的。"赤字鸽派"认为在长期内要实现财政平衡。现代货币理论认为,财政赤字是常态,不仅短期内(一个经济周期内)而且长期内都不可能实现财政平衡,财政平衡只能使经济持续处于紧缩状态;政策制定者应该关注的是平衡经济,减少甚至消除就业赤字、公共服务赤字和气候变化赤字带来的经济不平衡,而不是平衡预算。由于猫头鹰是智慧的象征,而且由于它"可以将头部旋转近360度,使其能够从不同的角度看待财政赤字",因此,斯蒂芬妮·凯尔顿将现代货币理论的财政赤字观命名为"赤字猫头鹰派"。

达到GDP的25%。"[1] 其二，中央银行可以为商业银行在央行账户中的超额准备金提供利息，无须发行国债。国际金融危机爆发后，美联储在2008年实施其利率目标时，没有全部采取发行国债吸干商业银行在其账户中所有准备金的惯常做法，而是为其一部分提供与购买国债相当的利率。这就说明了作为通货垄断发行者，主权货币政府的中央银行可以通过调节超额准备金利率达到维持目标利率的目的，而无须发行国债。但是，值得注意的是，就保证财政部开支顺利进行以及财政部与央行之间的政策协调来说，允许中央银行为财政部账户提供透支或在一级市场上购买国债，其效率不见得高于美国的中央银行独立制度，而且，这种重大改革并不意味着就实施了现代货币理论的功能财政等政策制定原则，它仍可能由健全财政所支配。

最后，基于现代货币理论，人们可以对具体经济政策的价值观进行解释性批判，揭开限制政府开支的新自由主义意识形态的面纱，为充分利用主权货币制度所提供的机遇创造前提条件。例如，现代货币理论学者已经揭示，资本主义国家政府的大多数基于预算和财政限制的选择实际上只是出于阶级利益的政治选择。通过揭露这些约束的自愿性，人们就会明白，当政客们声称政府已经用光了钱，因此有理由削减提高大众福祉的

---

[1] MITCHELL W, WRAY L R, WATTS M. Macroeconomics. London: Red Globe Press, 2019: 369.

项目时，他们实际上是在撒谎。又如，现代货币理论告诉我们，主权货币政府没有内在的财政支出约束，它们可以用自己的货币购买任何要出售的东西，雇用所有需要工作的失业工人。这种对主权货币内在规律性要求的揭示，迫使西方国家的政客们再也不能以"政府已经耗尽资金，不能为所有人提供工作"为自己辩护，他们将不得不寻找其他的理由为政府不能消除大规模失业的责任进行辩护。

三、二战期间美国经济政策的现代货币理论透视

我们在前面已经指出，美欧国家运用国家财政能力应对国际金融危机，特别是应对新冠疫情，都证实了现代货币理论所揭示的主权货币内在规律性的要求，但其政策都不是现代货币理论政策范式的，这就提出了一个问题：现实世界中是否存在符合"现代货币理论"世界观的政策实践？笔者认为，美国在第二次世界大战期间实施的经济政策，中国共产党在抗日战争、解放战争期间在山东革命根据地的货币斗争，是符合现代货币理论学派政策思维范式的两个典型的历史案例。就美国而言，除了南北战争（1861—1865年）期间诞生的绿背纸币时期，从19世纪初至1933年初，美国一直实行金本位货币制

度。1933年4月19日，罗斯福宣布废除金本位制，使美元具备了较完整主权货币的特征；而山东革命根据地发行的北海币不以贵金属或外汇为基础，完全符合主权货币的特征，这就为其施政者实践一种类似于现代货币理论学派的政策思维范式创造了条件。由于篇幅所限，本导论只讨论前者①。

迄今为止，学术界一直流传着这样一种说法：罗斯福新政未能使美国摆脱1929年爆发的"大萧条"，第二次世界大战才使美国走出了"大萧条"。这种说法虽然有一定道理，但没有深究其根源，因而未能揭示美国走出"大萧条"的真正原因。我们不能否认罗斯福新政在推动美国缓解"大萧条"方面做出的重大贡献，但是，"在1939年，（美国的——引者注）财政政策和经济政策已经大体稳定下来。在经历了10年的萧条之后，尽管失业人数已经比1932年减少了700万，但失业大军仍然有1 000万人之众……战争的到来迅速地改变了上面的一切。充分就业成为整个国家的目标，而且目标的紧迫性和可操作性都远远超过了大萧条时的水平"②。那么，这是如何发生的呢？

在第二次世界大战爆发前，罗斯福新政深受平衡预算教条的折磨，不仅罗斯福本人没有摆脱对财政赤字的负罪感，他

---

① 有关现代货币理论与山东革命根据地的货币斗争问题，笔者将有专文加以探讨。
② 斯坦. 美国的财政革命：应对现实的策略：第2版. 上海：上海财经大学出版社，2010：174.

"不相信政府支出是实现充分就业的唯一途径",而且,1939年的一份民意测验也表明了平衡预算的教条在美国选民中的支配性影响:不赞成平衡预算的公众只占17.4%,而赞成平衡预算的则高达61.3%[①]。实际上,在此之前的1937年,美国政府为了实施社会保障项目采取了(紧缩性的)增税措施,罗斯福为了实现平衡预算的竞选承诺,也减少了其他方面的政府开支,美国经济因此再次陷入了萧条,企业销售额一路下滑,工资大幅下降,失业率再次上升。在当时,罗斯福政府对于这种状况似乎一筹莫展。

但战争的到来彻底打破了平衡预算思维的羁绊,使美国经济迅速摆脱了"大萧条"。"在二战期间,(美国)政府支出迅速增长,从远低于GDP的10%到(20世纪40年代的)十年中期接近GDP的50%。实际上,赤字占GDP的比例从1940年的不到3%上升到了战争开支高峰期的26%。大萧条时期的通货紧缩在20世纪40年代早期转变为通货膨胀,在战争期间达到约10%的峰值。在1941—1945年,实际GDP平均增长率为12.12%。工业生产指数从1939年12月的8.9%的大萧条后峰值增长到1944年8月的17.25%,增长了93.8%。"[②]

战争破坏了平衡预算的原则,政府支出的大幅度增加实现

[①] 斯坦. 美国的财政革命:应对现实的策略:第2版. 上海:上海财经大学出版社,2010:114-115.
[②] NERSISYAN Y, WRAY L R. Can we afford the Green New Deal? . Journal of post Keynesian economics,2021,44 (1):68-88.

了充分就业，彻底地解决了"大萧条"问题，并使战前的通货紧缩转变为通货膨胀。战时财政的目标不再是对付通货紧缩，而是转向其对立面——如何避免通货膨胀。这证明了现代货币理论学者的世界观：政府开支不存在财政限制，而是面临资源限制或者说通货膨胀限制。这种思维与美欧国家应对疫情的世界观是不同的。美欧国家通过大规模政府支出应对疫情是被迫的，疫情的严重性迫使它们暂时放弃了政府开支必须通过税收或借债筹资的思维，但平衡预算的思维依然故我，它们将目前的通货膨胀归罪于政府财政救助措施并采取加息和财政紧缩措施就证明了这一点。

虽然美国在第二次世界大战爆发后打破平衡预算思维是被迫的，但山姆·利维撰写的《现代货币与战时财政部》一文，通过对第二次世界大战期间美国财政部高层官员撰写的报告、发表的演讲以及其他文件和相关媒体报道的研究，对美国财政部持有的经济世界观与现代货币理论进行比较，发现两者之间存在惊人的一致性，而两者之间的差异主要是由战争财政的特殊性所导致的。对于二战期间美国财政部高层官员的这种类似于现代货币理论学者思维的来源，有学者认为来自凯恩斯在1940年出版的小册子《如何筹措战费？》[①]。但山姆·利维对凯

---

① 凯恩斯. 如何筹措战费?（1940）//凯恩斯. 通往繁荣之路. 李井奎，译. 北京：中国人民大学出版社，2016.

恩斯是主要影响因素表示怀疑，在他看来，相当大的因素可能来自直接经验：战争的严峻考验使美国财政部从惨痛的教训中悟到了货币体系是如何运作的道理。在这里，笔者简要介绍该文的部分观点[①]。

首先，山姆·利维认为，二战期间的美国财政部赞同现代货币理论的基本观点，即政府开支的限制因素是实际资源约束而不是财政约束、资金约束。在现代货币理论中，这有时被总结为：任何在技术上可行的，在经济上都是可以负担得起的。美国财政部是这样表述这种观点的：战时财政的主要的实际问题在于物质层面，如果这些问题能够得到解决，那么货币层面的问题也都有可能得到解决，而且不太可能阻碍国防的成功。山姆·利维还认为，战时美国财政部甚至赞同现代货币理论的这样一种观点，即政府货币循环的周期始于政府支出，政府支出为经济提供资金，然后私人部门将资金用于纳税或购买政府债券。这些看法与目前支配人们思维的"税收为主权政府支出提供融资"的主流经济学理论截然相反。

其次，二战期间的美国财政部和目前的现代货币理论学者（后者借鉴了勒纳的功能财政理论）都认为，评估财政政策行动的标准是其对经济的直接影响（宏观经济总量和激励），而

---

① LEVEY S. Modern money and the war Treasury. Journal of economic issues, 2021, 55 (4): 1034-1065.

不是其对预算的独立影响。在此基础上，两者都认为，在充分就业的经济中，任何形式的额外支出都代表着通胀压力，而税收可以起到防止通胀的作用。时任美国财政部部长的摩根索指出：在强调个人所得税时，财政部考虑到了税收公平和税收帮助避免通货膨胀的必要性。它同其他机构一起研究了通货膨胀问题的严重程度以及这个问题同应征收的税款的数额和种类之间的关系。在不直接导致物价上涨和增加生活成本的情况下，个人所得税似乎是收回政府支出的收入接受者的购买力并实现反通货膨胀这个首要目标的最可取的手段之一。

最后，两者都反对加息对抗通货膨胀的理论和政策，提倡稳定、低利率的政策。"对于现代主流宏观经济学家来说，利率是对抗通货膨胀的主要工具，但美国财政部并不这么看。事实上，摩根索断然否定了战时高利率会对抗通货膨胀的观点：'以前有些人认为战时高利率是不可避免的；另一些人则认为，即使这不是不可避免的，它也在某种程度上有助于遏制通货膨胀。每个主要交战国的财政部部长都知道，这两种观点都不正确。战时高利率并非不可避免，也无助于遏制通货膨胀。只有增加生产或减少开支才能遏制通货膨胀。高利率无助于增加生产，也不会影响政府支出或普通消费者的支出。利率唯一能影响的支出类型是资本货物和住房。这些支出只占战时经济的很小一部分；无论如何，它们都受到直接控制。因此，在战时通过提高利率来努力控制通货膨胀，就像提高一个背后没有机器的杠杆.'摩根索认为,低利率对和平时期也很重要。"[①] 山姆·利维的这篇论文发表于2019年,目前美欧国家的通货膨胀是以2021年4月美国发生通货膨胀为开端的。比较一下,我们就会发现,时任美国财政部部长摩根索的这些观点与目前现代货币理论学者反对美欧国家通过加息治理当前通货膨胀的态度如出一辙。

山姆·利维的论文还谈到了两者在其他方面的类似性,也谈到了美国战时财政部为了应对通货膨胀而采取的独特行动,这就是在战争年代的特殊环境之下精心策划的一场声势浩大的说服大众增加储蓄的运动。自弗里德曼提出货币主义以来,主流观点一直认为央行对通货膨胀负有唯一责任。但在美国战时财政部的宣传中反复出现的信息却与之相反:每一个消费者都可以通过减少消费、增加储蓄在对抗通货膨胀中发挥自己的作用。"战时对通货膨胀的充分遏制表明,储蓄运动的说服方面是成功的。这一推动导致中等收入甚至较低收入的公民大量积累政府债券,造成了与战前或今天非常不同的政府债券分布。"[②]美国政府的这一成功历史经验丰富了现代货币理论学派的通货膨胀理论和政策案例库。

按照目前主流宏观经济学教科书的逻辑,我们将无法理解

[①②] LEVEY S. Modern money and the war Treasury. Journal of economic issues,2021,55(4):1034-1065.

二战期间美国的经济政策，因为这种经济学的基本理论是政府财政开支必须来自税收和借债，而当全面战争（总体战）爆发时，美国仍在"大萧条"的泥潭中挣扎，大多数家庭几乎没有储蓄可用于购买战争债券，而且几乎无法承担更高税收的负担。因此，主流宏观经济学的方法是不可行的。但美国战时财政部的官员们知道，国家是主权货币的垄断发行者，国家财政包括战时财政的资金不是问题，战时财政的关键问题是有多少资源可供国家货币来调动以及物资紧缺导致的通货膨胀问题。因此，战争爆发后，美国战时财政部就直接通过政府开支将货币注入经济，启动了战时资源动员，并将控制通货膨胀作为主要工作。美国政府大规模的财政开支大幅度增加了美国家庭的收入，不仅使他们的生活得到了保障，而且也增加了他们的储蓄。

在前面提到的大众储蓄爱国运动中，美国财政部在其制作的一个名为《自由的代价》的15分钟宣传片中动员美国民众说："……如今，比历史上任何时候都多的美国人在从事着战争生产的工作……这些战争生产工作每天都在向美国人的口袋里注入1亿美元。如果我们要制止生活成本的毁灭性上涨，如果我们要避免通货膨胀，如果我们要赢得这场战争，那么，每一分钱都可以省下来，用于购买战争储蓄券和国债……兄弟，趁钱滚滚而来，现在就该储蓄一毛钱了……每周都有越来越多的美国工人……加入那些为自由而储蓄一毛钱的行列中来……

一块钱存一毛钱。10%的储蓄用来控制不断上涨的生活成本,并在将来需要它们的时候再动用。"①

上述宣传片的话语明显地说明,美国财政部认为政府开支不需要美国民众的储蓄,而是美国政府的战争开支使"大萧条"时期美国的贫困家庭获得了"滚滚而来"的收入,现在他们可以"疯狂消费"了。与此同时,美国经济已经大大超过了充分就业水平,几乎所有可以购买的东西都被用于反法西斯战争的武器生产,但消费品供应是非常有限的,所以,美国财政部发动了鼓励爱国储蓄的"大众说服"运动来减少消费者支出,美国民众也给予了很大的支持。正如摩根索在当时指出的:"我认为,大多数美国人开始认识到,他们在对抗通货膨胀的斗争中有个人利益,就像他们中的大多数人很久以前就开始认识到的,他们的个人利益与轴心国战争机器的毁灭有关。"②然而,只靠爱国储蓄运动无法完全控制住通货膨胀,美国财政部将税收视为最有力的反通胀武器。通过税收回收政府开支发出的货币以降低消费者支出,这实际上是降低消费者或者说私人部门占用资源的能力,目的是在保证不发生通货膨胀的情况下,通过政府购买,将紧缺的资源用于确保反法西斯战争胜利的武器生产。税收的目的不是为政府开支筹集资金,而是减少

---

①② LEVEY S. Modern money and the war Treasury. Journal of economic issues,2021,55(4):1034-1065.

私人部门对实际经济资源的使用,以便通过非通货膨胀的方式将资源用于公共目的。美国战时财政部的官员们明白这一点,而现代主流经济学却对此茫然不知。

综上所述,笔者认为,在美国经济政策史中,最接近现代货币理论政策范式的是二战期间的美国经济政策,它说明美国走出"大萧条"并非因为战争,而是彻底打破平衡预算羁绊的结果,并为战后"黄金时代"(1945—1973年)奠定了基础。试想,假设在20世纪30年代前期,如果有一个人在美国看到成群结队的失业青年在大街上游荡,很多人因"大萧条"营养不良,而这个人却说这些失业青年中的白人在不久的将来都会有固定的工作,都会拥有一套满是电器的房子,车库里还有一辆车……完全疯了!但时隔二三十年,这个人的预言在五六十年代就完全变成了现实。这种魔幻般的变化是如何发生的?固然,我们可以将之归因于二战后转为民用的战时创造的新技术和新设备;归因于战时大众储蓄使美国民众在战后可以将储蓄大量用于消费支出,而这种大量消费为战时军事生产转为民用后的巨大产能提供了市场;归因于战后经济增长能够得以维持的良好的工资和福利,并在一定程度上要归功于罗斯福新政创造的机构以及二战前创建的基础设施。但是,如果美国政府没有彻底打破平衡预算教条的束缚,没有类似于现代货币理论政策范式的经济政策革命,这一切就不可能发生,这是战争使美国走出"大萧条"的真实原因。理解美国战时财政可以帮助您打开理解现代货币理论的大门!

四、运用现代货币理论应对我们时代的重大挑战

在有关现代货币理论的讨论中,存在着这样一种说法:现代货币理论与凯恩斯经济学一样是一种"萧条经济学"或"危机经济学",而以萨伊定律等为基础的西方主流经济学是一种"繁荣经济学"。还有一种说法认为,现代货币理论之所以有一定的应用空间,是因为它可以应对新冠疫情这种危急事件,疫情过后就不需要它了,这种说法实际上是"危机经济学"的一种举例。这些说法都是值得商榷的。众所周知,凯恩斯的经济思想只是在二战后才被人们较普遍接受的,一直到20世纪70年代初,新古典综合学派的凯恩斯主义经济学在美国居于支配地位,而这一时期不正是美国资本主义的经济繁荣时期吗?西方主流经济学认为,正是"滞胀"的危机导致了"凯恩斯主义经济学的终结"和新古典经济学的卷土重来。按照这种说法,新古典经济学应该是一种"危机经济学",但没有人会这样认为。现代货币理论揭示的主权货币制度运动规律难道不是一直适合于20世纪70年代以来的现代货币型经济吗?当然,它也适合于美国在1933年初废除金本位制到布雷顿森林体系

建立的这段时间以及历史上某些国家具有完全货币主权的时期。

实际上，将现代货币理论视作"萧条经济学"或"危机经济学"的人并没有真正掌握该理论学说。在美国经济思想史中，斯图尔特·蔡斯（Stuart Chase）是一位不大出名的经济学家，但他却是一位具有远见卓识和原创性的经济学家。1932年，他出版的《新政》成为1933年开始执政的罗斯福应对"大萧条"的参考；1942年，他出版了《我们旅行的道路，1914—1942——美国未来的指南》，现代货币理论创始人之一的米切尔称赞该书"为二战结束后政府在经济政策方面的行为提供了一份蓝图"。1943年，蔡斯在其《货币从哪里来？——战后金融问题》一书中称赞了苏联运用主权货币实现高速工业化在抗击德国法西斯中的关键作用："1925年，苏联经历了一场毁灭性的战争和一场激烈的内部革命。它的货币在失控的通货膨胀中被摧毁，它是世界上具有最严重金融风险的国家，它几乎没有黄金。然而，到1933年第一个五年计划结束时，苏联已经在工厂、新城市、城镇、水电开发、军备、住房和学校方面投资了大约600亿卢布。新工厂就矗立在那里，丑陋而结实。没有主权货币，苏联就不可能经受得住希特勒军队的猛攻。"[1] 斯图尔特·蔡斯

---

[1] CHASE S. Where's the money coming from?: problems of postwar finance. New York: The Twentieth Century Fund, 1943: 3.

举的这个例子与美国战时财政具有异曲同工之妙。

斯图尔特·蔡斯在举了苏联、意大利、德国、日本、美国等国家的例子后提出了这样一个问题:"货币从哪里来?"他写道:"一个大国在危机时期能够'负担得起'的东西不是取决于它的货币,而是取决于它的人力和货物……然而在其他时候,当危机不那么严重时,却找不到必要的货币来完成必要的任务,失业、不安全感和匮乏,所有这些都在拖累我们。这是一个令人费解的悖论。在某些时候,一个国家可以负担得起,而在其他时候,货币一点也不少,但它就是负担不起。在某些时候我们害怕国家破产,而在其他时候我们几乎不去想它。"[1]

斯图尔特·蔡斯提出的上述问题也是向目前将现代货币理论视作"萧条经济学"或"危机经济学"的人提出的问题。无论是在战时、危机时期,还是在和平、繁荣时期,主权货币国家的货币是从不会稀缺的,政府开支也从不会导致国家破产。真正的威胁是通货膨胀。在战时、危机时期,物资要比和平、繁荣时期匮乏得多,尚且能够实现充分就业;在和平、繁荣时期,物资丰富,反而不能实现充分就业并出现大面积贫困现象。原因何在?战时、危机时期的严峻考验使人们不得不抛弃平衡预算的教条,而一旦战时、危机时期过后,未能理解主权

---

[1] CHASE S. Where's the money coming from?: problems of postwar finance. New York: The Twentieth Century Fund, 1943: 3.

货币制度运动规律的西方主流经济学家们就又捡起了平衡预算的陈腐教条，它不仅不是"繁荣经济学"，反而是制造失业和贫困的经济学。而现代货币理论是应对危机或重大挑战并创造繁荣的经济学。

那么，我们这个时代面临哪些危机或重大挑战呢？在笔者看来，目前人类社会面临许多危机或重大挑战，其中有三个可能是最突出的。首先，人类生存的生态环境遭遇严峻挑战。气候变化、严重的环境污染、海平面上升、极端天气、长期干旱、巨大的森林火灾、渔业损失和海洋酸化、水资源短缺等使地球越来越不适合人类生存。其次，收入分配的两极分化正在使全球经济陷入有效需求严重不足的危机。自20世纪70年代末以来，新自由主义的支配性影响导致资本与劳动之间的收入分配差距越来越大，这是一种全球性的现象。以美国为例，自1970年以来，工人的实际工资几乎没有增长（仅增长5.7%），而劳动生产率却增长了162%，来自劳动生产率增长的国民收入的增加几乎全部以利润的形式为资本家所获得，这是导致美国社会分裂和所谓"民粹主义"兴起的主要原因。与之形成鲜明对比的是，1945—1973年之所以被称为美国经济增长"黄金时代"，原因不仅在于工人的实际工资增长与劳动生产率增长保持了同步，还在于政府提供了相当大部分的公共服务。最后，包括中国在内的广大发展中国家如何应对逆全球化的挑战。广大的发展中国家受美元霸权所支配，货币危机和经济危机频发，没有认识到基本的自给自足是参与国际分工的基础，没有认识到完整的货币主权是解决其货币危机和经济危机的基本条件。由于篇幅所限，笔者在这里只是以西方国家特别是美国的进步主义力量提出的"绿色新政"为例，简要地讨论现代货币理论在应对上面两大危机或挑战中的关键作用[1]。

美欧国家的进步主义力量认为，地球正面临着日益严重的生态和社会危机，这种危机源于资本主义制度固有的缺陷，特别是源自20世纪70年代末以来兴起的新自由主义。2018年10月，联合国政府间气候变化专门委员会发布了关于气候状况的综合报告。气候科学家们在报告中警告说，我们只有12年的时间来阻止气候变化的最坏影响。如果应对不力，人类将面临海平面上升、极端天气和一系列严重自然灾害的威胁，经济将受到重创，国家安全亦将受到威胁。绝大多数人为日常生活压力所迫，只关注眼前利益，很少注意到气候变化造成的严重经济损失，更不用说注意到它对人类生存的严重威胁，如印度百年不遇的热浪和2021年我国河南的大暴雨均与气候变化存在着密切关系[2]；认识不到气温升高导致永久冻土融化使封存在冻土层中的病毒有可能复苏的可怕后果。应对气候变化和

---

[1] 有关中国在财政货币制度方面如何应对逆全球化挑战的思考，请参见本书第十章。

[2] 陈溯. 河南暴雨与全球气候变化有何关联？：专访国家气候中心副主任贾小龙. (2021－07－26). http://www.sx—dj.gov.cn/a/kptd/20210726/51670.shtml.

生态环境的严峻挑战是人类和世界各国的共同使命，发达国家有义务向发展中国家转让绿色技术以共同应对这种挑战。但长期以来，发达国家不仅拒绝向发展中国家转让先进技术，反而一直推荐财政紧缩等政策，后者严重地阻碍了发展中国家运用主权货币的财政能力应对气候变化并解决自身许多重大经济问题。

"绿色新政"是受罗斯福新政的启发而提出的。"绿色新政"的支持者认为，现代社会面临的许多重大社会经济问题都是相互关联的，除了气候变化和生态危机外，不平等也在日益加剧。即使是在美欧发达资本主义国家，也有越来越多的人无法获得足够的食物、稳定的住所、负担得起的医疗和教育。在资本主义国家，失业、就业不足、工资压制、贫困和不平等加剧以及私人债务增加都导致了货币和实际资源方面的贫富差距不断扩大。在新自由主义时代，世界上除中国等少数国家以外的大多数国家的政府一直在对公共基础设施推行市场化和私有化的政策，并出售公共支付的资产以获取私人利润，因而导致许多国家的公共服务严重不足。因此，西方国家"绿色新政"的支持者坚持使用一系列在此之前被视为互不相关的计划来解决这些问题：发展可再生能源和遏制气候变化，改善基础设施，建立国家作为单一付款人的全民医疗保健制度，减免学生债务，实施公立大学的免费教育，增加对儿童、病人和老年人的照顾，实施就业保障。

西方发达国家进步主义力量倡导的"绿色新政"与我国倡导的社会主义生态文明建设、以人民为中心的发展思想存在某些相通之处。作为社会主义国家，我国不仅应该实现西方发达国家的"绿色新政"，而且理应做得更好。我国虽然在发展可再生能源和基础设施建设方面取得了令人瞩目的成就，也不存在严重的学生债务问题，但是，在全面建立单一付款人的全民医疗保健制度，实施公立大学的免费教育，并为低收入家庭的大学生提供助学金，增加对儿童、病人和老年人照顾的公共支出，建立就业保障制度等方面，仍面临打破西方主流经济学对人们思想的支配并实现一系列政策变革的严峻挑战，其中对现代货币理论的充分了解和采用其政策范式是一个基本的前提。

对于世界各国来说，首先要回答的问题是适合本国国情的"绿色新政"是否有必要。这个问题实际上就归结为是否有必要运用公共财政或国家财政的力量应对气候变化、弥合社会分裂并瓦解民粹主义运动。如果绝大多数人和政府认为有必要，那么，现代货币理论认为资金是不成问题的；如果没有必要，那么，我们就要问公共财政的目的到底是什么。在笔者看来，目前世界各国所面临的重大问题大多是由市场本身造成的，无法靠市场经济来解决，它必须诉诸得到广大民众支持的国家行动，而且，它也是解决世界各国有效需求不足问题的最直接和最基本的途径，因此，"绿色新政"势在必行。

但是，在西方国家，"绿色新政"一直遭到垄断资本、金融利益集团和西方主流经济学家的反对，他们对"绿色新政"的必要性提不出反对意见，而是认为政府无法为其提供必需的资金，因而是不可行的；而支持"绿色新政"的进步派政客仍受西方主流经济学和新自由主义所谓国家财政开支必须由税收收入和向私人借债提供资金的错误理论所支配。因此，目前有关"绿色新政"的大量讨论将注意力集中在如何解决其资金来源以及资金成本的计算问题上，这种计算集中在财政方面的估计上，加上各种计划的预计成本，从而得出结论："绿色新政"需要大幅增税进行支付，"绿色新政"需要巨额资金，而这些资金是无法提供的，因而是不可行的。但在现代货币理论学者看来，这种考虑问题的思路是本末倒置的，"绿色新政"的关键问题是实际经济资源问题，而不是资金来源和资金成本问题。

纳斯岩和兰德尔·雷指出，我们是否能够负担得起"绿色新政"或其他政府计划，并不取决于资金，而是取决于是否有切实的资源来实施它，因为国家作为货币的垄断发行者从不会缺乏资金。因此，计算"绿色新政"的成本就必须仔细核算"绿色新政"将需要的资源，并将这些资源与"绿色新政"将释放的资源以及已经过剩的资源进行权衡，在此基础之上再确定是否需要减少总需求，进而确定是否需要采取增税等反通胀措施。增税并不是因为我们在经济上负担不起"绿色新政"或其他政府计划，因为政府作为货币的垄断发行者，总是可以以更高的价格竞标资源,使资源不再供私人使用;增税的真正目的取决于我们是否需要限制总支出,以便以非通胀的方式为"绿色新政"释放资源,因为政府在"绿色新政"或其他政府计划上的支出将增加私人收入,私人收入的增加使私人有能力在与政府争夺稀缺资源时出价更高。因此,增税的目的是减少私人收入,从而消除私人对资源的竞争。按照这种思路,纳斯岩和兰德尔·雷估算出美国实施"绿色新政"的实际资源成本只占美国 GDP 的 1.3%,并讨论了预防通货膨胀的种种措施[1]。

纳斯岩和兰德尔·雷对"绿色新政"的讨论基于现代货币理论的基本理论:主权国家的财政不像家庭和企业的预算,政府利用其货币系统调动国家的实际资源,并将其中一部分转移到追求公共目标,税收是为了减少私人部门对实际经济资源的占有以避免通货膨胀。现代货币理论的这种逻辑来自凯恩斯的《如何筹措战费?》。凯恩斯的方法很简单,但也很深刻:计算可用于应对战争的资源,同时维持人口的消费需求。如果现有资源达不到所需,那么,在财政方面也无法找到解决办法。政府总是可以花更多的钱把资源转移到战争上,但如果不减少私人支出,结果将是通货膨胀,产生非自愿储蓄和超额利润,同

---

[1] NERSISYAN Y,WRAY L R. Can we afford the Green New Deal?. Journal of post Keynesian economics,2021,44(1):68-88.

时实际消费下降。为了防止这种不受欢迎的结果,政府必须通过减少私人需求来缓解竞争稀缺资源的压力。

凯恩斯在《如何筹措战费?》一书中的思想在前述美国战时财政的实践中得到了体现。山姆·利维指出:"在一个日益迫切地寻求应对气候变化的重大政策的时代,这些教训的重要性怎么强调都不为过。如果我们今天的公民和领导人能更好地理解我们的货币体系在第二次世界大战中所扮演的角色,那么我们就能重复这种动员,这一次不是为了战争,而是为了应对我们这个时代面临的挑战。"[1]纳斯岩和兰德尔·雷指出,我们应该把"绿色新政"视为道义上的战争,为此进行大规模的经济动员,"在这个过程中,我们可以实现我们经济的转型,以实现更高的就业、更低的收入不平等、更好的基础设施,并有可能启动美国经济的第二个黄金时代"[2]。

在经济学说史上,"大萧条"催生了凯恩斯革命。虽然凯恩斯的学说存在种种不足,但它为二战后美欧国家经济增长的"黄金时代"奠定了学理基础。以美国为例,凯恩斯主义的三大政策——充分就业、金融监管和政府投资对美国收入分配产生了巨大影响,较为平等的收入分配为二战后30年资本主义

---

[1] LEVEY S. Modern money and the war Treasury. Journal of economic issues, 2021, 55 (4): 1034-1065.
[2] NERSISYAN Y, WRAY L R. Can we afford the Green New Deal?. Journal of post Keynesian economics, 2021, 44 (1): 68-88.

经济的繁荣提供了有效需求的保障：从 1930 年到 1980 年，社会底层 90% 人口的财富份额从 15% 的低点增加到 35% 的高点；与此同时，占人口 0.1% 的富人阶层的财富份额从 25% 的高点下降到 5% 的低点。但是，这种命运的逆转是垄断资本和食利者阶层无法接受的，他们蓄意策划了一场反对凯恩斯革命的政变。在美国和英国，20 世纪 70 年代初期的石油危机创造了一个机会，芝加哥学派抓住了这个机会，发起了反对凯恩斯主义思想的货币主义"反革命"。这种"反革命"并不是基于科学或证据，而是基于宣传和营销，特别是与西方左翼力量由于接受了新自由主义的财政货币学说而无力反击具有很大关系。在金融资本主义利益集团的操纵下，在新自由主义思潮的推动下，撒切尔夫人和里根开启了新自由主义的经济时代，从而导致了我们现在面临的社会经济和生态危机。

正如凯恩斯革命之前的新古典经济学无法为"大萧条"或第二次世界大战之后西方国家的经济发展提供解决方案一样，今天的新自由主义和西方主流经济学不仅加剧了困扰现代资本主义的问题，而且也没有为解决这些问题提供任何有益的指导。目前的世界经济需要一场新的经济学革命和经济政策范式的革命。目前的现代货币型经济显然与凯恩斯的时代已有很大不同，经济制度、社会力量、技术、全球经济结构以及必须面对的挑战也存在很大不同。与凯恩斯革命因"大萧条"应运而生一样，现代货币理论是为了解决过去 40 多年新自由主义制造的问题而诞生的经济理论。但是，现代货币理论不是凯恩斯经济学的翻版，凯恩斯甚至不是现代货币理论的主要先驱——现代货币理论来自经济学说史中更广泛的传统，消除了凯恩斯革命内在的缺陷。

在笔者看来，现代货币理论作为一种新的宏观经济学理论体系，将引发"财政学的革命和宏观经济学的革命。相反，建立在布雷顿森林体系基础之上的主流财政、货币金融理论和目前在大学中所讲授的宏观经济学的大部分理论基本上都已经过时，需要用以现代货币理论为基础的财政、货币金融理论和宏观经济学所替代……现代货币理论的影响将超出经济学界，对政治学、社会学等社会科学许多领域都将产生重要影响，现代货币理论的意义和影响将超过凯恩斯革命，现代货币理论是非主流经济学最有希望完成对主流经济学革命的经济学流派，现代货币理论将成为对新自由主义经济学最后的沉重一击"[①]。因此，现代货币理论将成为目前和今后三五十年解决世界经济与我国重大经济问题的主要经济学说之一。

---

① 贾根良. 经济学的哥白尼革命:现代货币理论革命的断想. (2020 - 08 - 05). http://econ.ruc.edu.cn/kxyj/xssx/07ce4c3279788ceadb7.htm.

第一编
现代货币理论的基础原理

第一章
货币的本质：交易媒介还是债务[*]

早在 1720 年，英国经济学家约翰·罗（John Law）就曾指出："有充分的理由认为货币的本质还没有被正确地理解。"[①] 三个世纪过去了，约翰·罗的这一断言似乎依然适用。在这期间，货币的本质一直是货币经济学中一个争论不休的重大论题。从十六七世纪期间的货币金属主义者和反货币金属主义者之间的争论，到 19 世纪上半叶著名的通货学派和银行学派之争，再发展到 20 世纪下半叶的凯恩斯主义和货币主义之间的论战，均与对货币本质的论争息息相关。2008 年爆发的这场"大衰退"，在一定程度上又复兴了有关货币本质的关注和讨论，尤其是引发了对主流的货币本质观及其

---

[*] 原载《当代财经》2014 年第 10 期，标题为《基于交易与基于债务的货币本质观之比较》，作者是李黎力、张红梅，收入本书时有所更新和修改。

[①] 威尔斯. 后凯恩斯经济理论. 瞿卫东, 译. 上海：上海财经大学出版社, 2001：68.

货币理论的质疑和批判[1]。近年来在全球兴起的比特币热潮，同样与对货币的本质的理解密切相关。该电子货币因被视为一种更加安全、自由和高效的交易手段，而得到众多科技狂热分子的支持和鼓吹。

不同的货币本质观形成了对货币经济的不同理解，从而导致截然不同的宏观经济政策[2]。因此，讨论货币本质观具有重大的理论价值和现实意义，但它却往往被主流经济学所忽视，并被"一厢情愿"地视为一种不可能引发争论的"常识"。事实上，在经济思想史上一直存在着两种关于货币本质的理解的针锋相对的观点：一种是主流经济学界所秉持的"基于交易"（barter-based）的货币本质观，另一种则是非主流经济学界所坚持的"基于债务"（debt-based）的货币本质观。这两种截然对立的货币本质观导致对货币的起源、演进、职能和作用等存在截然不同的理解。本章试图对这两种不同的货币理论进行对比，以期增进对现代货币生产型经济（monetary production economy）的认识。

---

[1] GOODHART C A E. The continuing muddles of monetary theory: a steadfast refusal to face facts. Economica, 2009 (s1): 821-830.
[2] 史密森. 货币经济学前沿：论争与反思（修订版）. 柳永明, 王蕾, 译. 上海：上海财经大学出版社, 2004: 7.

一、货币本质观概述

货币的本质是货币经济学的基本问题,是对"货币是什么"的一个基本界定。从历史上看,有关"货币"的真实起源是无从知晓的,它消失在冰河融化时期那一印象模糊的时代中[①]。人们很久以前就已断定,货币早于文字记录,因为文字最早的例证似乎是货币债务的记录,所以我们可能无法揭示货币被发现的文字记录。因此,实际上,后人是根据自身对"货币是什么"的界定去辨识货币,去推断货币的产生和演进。换言之,我们在刻画货币的历史时,事实上是基于以货币的本质为核心的一套基本的货币理论;反过来,这段"杜撰"的历史又被用来为这套货币理论辩护,仿佛这段历史已成为真实的历史记录[②]。可见,货币本质观决定了对货币相关范畴的理解,包括货币的职能、货币的产生、货币的作用以及货币经济的性质等。

那么,货币的本质究竟是什么呢?在经济思想史上,大体

---

① KEYNES J M. A treatise on money. London:Macmillan,1930:13.

② HUDSON M. The archaeology of money:debt versus barter theories of money's origins//WARY L R. Credit and state theories of money:the contributions of A. Mitchell Innes. Cheltenham:Edward Elgar,2004:99-127.

存在着两种针锋相对的观点。一种是主流经济学界所秉持的"基于交易"的货币本质观。通常认为，这种主流的货币观传统发端自门格尔[1]，因而又被称为门格尔主义（Mengerian）。从这种本质观引申出来的货币理论通常被称为货币金属论。门格尔主义后来得到许多著名经济学家的明确继承和发展，包括杰文斯（W. S. Jevons）、米塞斯（von Mises）、阿尔钦（A. A. Alchian）、诺斯（D. North）、萨缪尔森（P. Samuelson）、清泷信宏（N. Kiyotaki）和布鲁纳（K. Brunner）等[2]。除了这些典型的拥趸之外，这种货币本质观事实上得到了主流经济学流派的沿袭和发展，从新古典经济学，到新古典综合学派、货币主义、理性预期学派、新凯恩斯主义，再到新货币经济学，都隐含地遵循着这种传统，故而这种货币本质观又被称作"隐含的主流观点"[3]。并且，这种货币本质观已经写入经济学教科书，成为深入人心的"常识"。

与主流货币本质观截然相对的，是来自非主流经济学界所

---

[1] MENGER K. On the origin of money. The economic journal, 1892（6）：239-255. 实际上，这种观点可以追溯到古希腊的亚里士多德。经济学鼻祖亚当·斯密同样持有这种观点。参见：熊彼特. 经济分析史：第1卷. 朱泱，等译. 北京：商务印书馆，2008：106.

[2] GOODHART C A E. The two concepts of money: implications for the analysis of optimal currency areas. European journal of political economy, 1998, 14（3）：407-432. 值得指出的是，马克思的货币本质观同样带有这种传统的印记，但同时包含非主流的债务（信用）货币本质观的要素。

[3] 史密森. 货币经济学前沿：论争与反思（修订版）. 柳永明，王蕾，译. 上海：上海财经大学出版社，2004：18.

坚持的"基于债务"的货币本质观。通常认为，这种非主流的货币观传统至少可以追溯到20世纪初德国新历史学派经济学家克纳普（G. F. Knapp）的"国家货币理论"[①] 和英国外交官英尼斯（A. Mitchell Innes）的"信用货币理论"[②]。与主流货币本质观得到一批杰出的经济学家拥护相比，这种非主流的"基于债务"的货币本质观更为各色边缘经济学家所继承和发展，并得到一些社会学家、人类学家和历史学家的支持，他们包括经济学家明斯基（H. P. Minsky）、凯恩斯（J. M. Keynes）、勒纳（A. P. Lerner）、古德哈特（C. A. E. Goodhart）、雷（L. R. Wray）、基恩（S. Keen）、戈德利（W. Godley）、摩尔（B. Moore）、赫德森（M. Hudson）、加尔布雷思（J. K. Galbraith），社会学家英格汉姆（G. Ingham）和人类学家格雷伯（D. Graeber）等。从经济学流派上看，该货币本质观主要得到非主流的后凯恩斯主义的继承和发展。具体而言，这种货币本质观可以从该学派中的国家货币理论（State Theory of Money 或 Chartalism）、现代货币理论（Modern Money Theory 或 Modern Monetary Theory，MMT）、信用货币理论（Credit Theory of Money）、内生货币方法（Endogenous Money Approach）、法国—意大利的货币周转方法

---

① KNAPP G F. The State Theory of Money. London：Macmillan，1924.
② INNES A M. What is money?. The banking law journal，1913（5）：377-408；INNES A M. The Credit Theory of Money?. The banking law journal，1914，31：151-168.

(French-Italian Circuit Approach) 以及资金流量方法 (Flow of Fund Approach) 等理论中找到[①]。

下文笔者将对这两种由来已久且针锋相对的货币本质观进行对比,重点将着眼于它们在货币理论相关范畴及政策含义方面理解上的歧见,而不是关注各自货币本质观的细节。关于这两种货币本质观的详细介绍可参见笔者[②]和其他学者[③]的相关论文。

二、两种不同的货币本质观比较

(一) 货币的本质

主流的"基于交易"的货币本质观将货币视作一种特殊的商品——交易的媒介,即人们普遍接受且都愿意拿来做交换的特定商品。该商品还充当着一种"一般等价物"(价值尺度),起着表现和实现其他一切商品价值的作用。这种传统观点认

[①] 雷. 货币的本质:后凯恩斯主义的观点. 郭金兴,译. 政治经济学评论, 2012 (1): 169-184.

[②] 李黎力. 货币国定论:货币理论研究的新进展. 北京:中国人民大学, 2011;李黎力,贾根良. 货币国定论:后凯恩斯主义货币理论的新发展. 社会科学战线, 2012 (8): 35-42.

[③] 刘新华,缐文. 货币的本质:主流与非主流之争. 经济社会体制比较, 2010 (6): 174-181.

为，在不同的时期和地点，有许多不同的商品充当着这种交易媒介。渐渐地，金和银等贵金属由于其内在属性更适合用作交易中介，而获得普遍认同并充当唯一的交易媒介，某种固定重量且具有公认成色的金属于是成为价值标准。而为了保证其重量和质量，政府有责任发行加盖其特殊印记的金属铸币。最后，为节约金属使用和运输成本，"信用"出现并替代了铸币。

持有"基于债务"的货币本质观的非主流学者则坚称，货币并不是一种商品，而是一种债务。他们[①]利用克洛尔（R. W. Clower）的著名论断"货币可以交换商品，商品也可以交换货币，但是，商品不能直接交换商品"推论出，货币不可能是商品。相反，货币的本质是一种制度化的社会关系——债权债务关系。货币不可能在未同时创造一种债务的前提下被创造出来，正是债务创造驱动了"货币化"的过程[②]。货币工具从来就不是商品，而总是债务，它以权力机构确立的记账货币表示，因而货币从本质上必然与某种权力机构——"国家"相关联。并且，由于债务是具有等级结构的，作为特殊债务的

[①] 雷. 货币的本质：后凯恩斯主义的观点. 郭金兴，译. 政治经济学评论，2012（1）：169 - 184.

[②] BELL S A, HENRY J F, WRAY L R. A chartalist critique of John Locke's theory of property, accumulation, and money: or is it moral to trade your nuts for gold. Review of social economy，2004（1）：51 - 65.

货币同样具有质的差异[1]。国家法定货币由于具有"税收驱动货币"(taxes-drive-money,TDM)的性质,因而处于债务金字塔等级结构的顶端,意味着社会的最终支付手段。

(二)货币的职能

由于主流的货币金属论将货币的本质看作一种特定的交易媒介物,"交易媒介"便自然而然地被这种理论界定为货币最根本的职能,作为"货币"的定义以及"货币"存在的根据,这正是主流货币理论被米塞斯称为基于交易的"交换货币理论"[2]的原因所在。现代货币理论中的效用函数中的货币模型(MIU)、现金先行模型(CIA)和货币搜寻模型(SMM)均是基于货币交易媒介的职能[3]。而交易当中等价交换的要求,使得货币这种交易媒介也可用作价值的尺度。并且,货币作为交易媒介的职能又可衍生出货币作为"价值贮藏"手段的职能,这源自主流货币理论中货币的商品属性。资产组合选择理论和世代交叠模型(OLG)均是从价值贮藏职能出发,探讨货币在经济中的角色。

---

[1] MINSKY H P. Stabilizing an unstable economy. New York:McGraw-Hill,2008:79.
[2] 熊彼特. 经济分析史:第1卷. 朱泱,等译. 北京:商务印书馆,2008:105.
[3] 石寿永. 现代货币理论模型研究. 经济学动态,2002(2):53-61.

与主流货币理论不同，非主流的"基于债务"的货币本质观因从债务角度来辨识货币，所以将抽象的"记账单位"功能视作货币的首要职能。这种职能又被称为货币的"虚拟货币"形式，成为信用论者研究货币的出发点和着重点。作为记账单位，（记账）货币首先得以量度债权和债务；作为支付手段，货币（物）能够清偿债务。这正是非主流货币理论被称为"信用货币理论"或"国家货币理论"的原因所在。在持有这种本质观的学者看来，货币作为交易媒介的职能，则是伴随且依赖于最初的记账单位的职能而产生的，充当交易媒介的事物只是一种国家管理的记账单位的实际体现。"价值贮藏"这一职能也重要，只不过一个人是以另一个人的债务的形式来贮藏财富。

（三）货币的作用

按照主流的货币本质观，货币的产生解决了物物交换的难题，从而降低了交易成本，促进了经济结构的演变和经济范围的扩大。但是，一旦货币出现之后，只要它运行正常，接下来货币变量的变化对基本物物交换的比率就再也没有什么影响了，经济过程就会像在物物交换经济中那样运转。因此，货币被称为"外衣"或"面纱"，（至少从长期来看）它是中性的，"货币分析"（monetary analysis）常常处于熊彼特所称的"实物分析"(real analysis)的从属地位[①]。真正重要的是隐藏在"外衣"或"面纱"后面的东西,即庞大的以物易物的体系和商品之间的交换比率。分析经济过程的基本特征时,不仅可以揭掉这种面纱,而且必须揭掉。这就是所谓的两分法。经济分析的首要工作就是研究直接交易,由纯粹实物交换所展示的市场机制的正常运转是不受货币因素影响的[②]。

然而,根据非主流的货币本质观,货币作为一种债务,体现的是一种复杂的社会债权债务关系,因而它不可能是中性的;相反,货币因素对于解释实际经济过程是重要的。在货币生产型经济中,货币不仅不是经济生活的"面纱",还是其中的一个重要决定部分,是经济分析中的一个真实变量,因而将货币面同实物面割裂开来的两分法是不恰当的。货币债务的可得性及其成本决定了投资的类型和规模,从而决定了经济的真实产出和收入。而且,货币债务由于具有等级结构,其质量同样会对经济活动产生影响[③]。货币既是一种债权(资产),又是一种债务(负债),债权总是设法与债务取得联系,因而资金流动的平衡至关重要。当一个核算单位获得的信贷不足以偿

[①] 熊彼特. 经济分析史:第1卷. 朱泱,等译. 北京:商务印书馆,2008:427.

[②] 米塞斯. 货币的非中立性//米塞斯. 货币、方法与市场过程. 戴忠玉,刘亚平,译. 北京:新星出版社,2007:75-84.

[③] 福利. 经济活动中的货币//伊特韦尔,等. 新帕尔格雷夫经济学大辞典:第3卷. 北京:经济科学出版社,1996:557-563.

还过去的债务时，融资困境便会产生。由此产生的流动性冲击若威胁金融体系的稳定，则只有政府能够提供所需的信贷，即社会的最终支付手段——国家货币[①]。因而，货币赋予了国家参与和调控经济的权力与手段。

（四）货币的起源和演进

主流货币理论由于将交易媒介作为货币最重要的属性和职能，因而从该职能出发基于交易来推断货币的起源和演进。在主流货币理论家们看来，货币起源于私人部门，它只是作为便利市场交易物而存在。货币的演进是以市场为导向的，是私人部门为克服物物交换所固有的交易成本而自发产生的反应。因而，主流货币理论家们创建模型，以展示私人部门如何为了使交易成本最小化，从而朝着货币经济的方向发展演化。这整个过程被置于私人系统内部，而无须政府参与。这意味着，基于物物交换的市场先于货币出现，货币必须合乎逻辑地产生于市场，是一种"自发的秩序"（spontaneous order）[②]，是市场追求自我利益的副产品，从而将物物交换中的相对价格转变为名义价格。就货币的具体演变形式而言，受效率和效用驱使，首

[①] BELL S A，NELL E J. The state, the market and the euro: Chartalism versus Metallism in the theory of money. Cheltenham: Edward Elgar, 2003: xii.

[②] MENGER K. On the origin of money. The economic journal, 1892 (6): 239-255.

先产生的是各种商品货币，随后集中到贵金属货币（铸币），最后则发展到发达的信用货币。

由于在货币的本质和根本职能的理解上同主流货币理论相左，非主流货币理论家提出了一种替代性的货币历史"重建"。在他们看来，货币的本质是债务，因而理应从债权和债务关系当中去寻求货币的起源；而记账单位作为货币的首要职能，自然而然，货币的产生便源自这种职能，它被用来作为量度债务的计价标准。具体而言，货币源自这样一种债务形式，即在平等社会向特权社会或等级社会转变期间，权力机构强加于下层阶级身上的债务，这些债务用权力机构所确立的记账单位（即记账货币）表示。因而，货币并非起源于私人部门，而是源自公共部门，它是公共部门的一种发明（或集体意向性，collective intentionality），用于量度债权债务，并实现将资源转移到公共部门的目的[1]。因而，货币的诞生早于市场的发展，诸如记账货币、价格表、债务、账簿等货币性构成（monetary constructs）都是市场交换与货币化生产的前提条件[2]。在货币的演变上则恰好相反，首先出现的是类似于当今的信贷体系，很久之后才出现铸币，而以物易物只是在人们使用铸币和

---

[1] SEMENOVA A. The origin of money：enhancing the chartalist perspective. Kansas City：University of Missouri-kansas City，2007.
[2] INGHAM G. The nature of money. Cambridge，UK：Polity Press，2004.

纸币过程中意外诞生的副产品①。

（五）货币的价值

主流的货币理论是从逻辑上由在其之前的物物交换理论直接引申出来的，故而认为，货币在逻辑上必须由某种商品构成，或由某种商品予以担保。因而，货币的交换价值或购买力的逻辑根源就是这种商品的交换价值或购买力，而不必考虑货币的作用。换言之，货币作为一种商品，本身具有不依赖其职能的交换价值，其价值由货币商品的内在价值（货币材料的价值）决定。具体而言，在出现许多特定商品充当货币的商品货币时期，货币的价值由这些特定商品的交换价值所决定。当这些特定商品集中到贵金属身上而步入金属货币时期，货币的价值自然地便由这些金属材质的价值决定。权力部门在金属货币上面加上印记只是出于方便，避免称重的麻烦。印记仅能说明并保证硬币中包含的这种商品的数量与质量，而不是它的价值的原因，货币金属论因此而得名。纸币出现之后，其价值依然由其可自由兑换的金属的价值决定。而在当代，"法定货币"（fiat money）的价值也应当由背后与其相对应的各种商品的价值决定。

---

① 格雷伯．债：第一个 5000 年．孙碳，董子云，译．北京：中信出版社，2012：40.

不同于主流货币理论，非主流的货币理论是从逻辑上由在其之前的债务理论直接引申出来的。这种理论声称，货币在逻辑上必须由某种债务构成，或由某种债务作为载体。因而，货币的交换价值或购买力的逻辑根源便是这种债务的交换价值或购买力，但须同时考虑货币这种特殊债务的作用。然而，货币作为一种债务，并不像商品那样本身具有内在价值，其价值也并非来自表面上看来的商品的内在价值（货币材质的价值），而是应当来源于外在所赋予的普遍接受性以及相应的购买力。具体而言，作为一种国家的产物，货币的价值来源于国家的主权[1]权力。国家（权力机构）强制征税并且决定以何种方式纳税（货币的载体）的权力，决定了货币这种债务形式的普遍接受性和价值，因而货币的价值与其材质无关。在商品货币尤其是金属货币时期，权力机构将金属作为其货币债务的载体，货币的价值并不是来自金属的内在价值，而是来自国家的规定，所以在实践中，金属铸币常常以高于其自身内在价值的价值流通。在信用货币尤其是法定货币时期，无内在价值的纸币成为债务的载体；是承诺接受纸币缴纳税收和相对于税收总额纸币发行的限制，才使纸币拥有了价值[2]。

---

[1] LERNER A P. Money as a creature of the state. The american economic review，1947（2）：312-317.
[2] WRAY L R. Understanding modern money：the key to full employment and price stability. Cheltenham：Edward Elgar，1998：159.

(六) 政策含义

主流的基于交易的货币本质观从商品交易的视角来看待货币，主张货币数量论，认为在某种意义上，一个商品货币体系才是理想的。货币政策的首要目标在于消除通胀压力，为此需借助一些非人为的力量对货币的增长率严加控制。在商品货币时期，其政策法则在于，货币应该牢牢地与一定数量的某种商品联系在一起，并能与这种商品自由兑换。在信用货币时代，其政策要点则在于，借助通货管理方案，力图使现实的信用体系"如同"以商品为基础的体系一样运行，即旨在设计一个可实践的体系，使其尽可能接近地模仿一种理论上的商品货币经济所具有的特性[①]。从"货币主义"旨在控制货币供应量的"单一规则"（single rule），到"新货币共识"（new monetary consensus，NMC）旨在钉住目标利率的"泰勒规则"（Taylor rule），均是试图保障当今的信用经济在一种类似过去的商品货币经济中自我稳定地运行。而在国际层面，国际货币体系同样是一个建立在纯粹市场基础上的中性体系，市场过程本身基于交易成本的节约产生了区域货币体系，因而放弃货币主权，加入区域货币体系是合意的。

---

① 史密森. 货币经济学前沿：论争与反思（修订版）. 柳永明，王蕾，译. 上海：上海财经大学出版社，2004：79.

从债权债务角度研究货币的非主流货币本质观则反对货币数量论,进而反对僵化的货币政策规则,而提倡相机抉择的货币管理原则,认为货币单位的价值不应该与任何特定商品的价值联系在一起。理想的货币体系是信用货币体系,应该内生地满足贸易的需要,即信用体系的作用甚至责任就是要满足工商业者对金融的需求。并且,对信用体系的约束是不现实的,而且很可能会因为给金融体系穿上一件"紧身衣"而对经济的繁荣造成损害。另外,信用体系却又是脆弱的,容易产生资产泡沫和债务通缩,此时货币政策应当注重发挥中央银行的"最后贷款人"职能,同时应该发挥财政政策在其中的"自动稳定器"功能,以维护信贷体系和宏观经济的稳定。换言之,货币政策管理更像是一门"艺术",而不是科学,它还需要相机抉择的财政政策进行协调配合,从而通过技巧娴熟的权变行动来确保经济行驶在通货膨胀与通货紧缩之间的安全轨道上,并避免金融危机发生[1]。在国际上,国际货币体系是一个非中性的制度体系,国内债务货币的等级特征同样表现在国际范围内的货币战争之中,因而应当坚持本国的货币主权,以保证国家政策的独立性和完整性。

---

[1] 史密森. 货币经济学前沿:论争与反思(修订版). 柳永明,王蕾,译. 上海:上海财经大学出版社,2004:79.

（七）方法论

主流与非主流货币理论在货币本质观之间的对立不仅仅体现在以上与货币相关的范畴概念之间的不同上，而且反映在研究方法论层面的分野上。主流的基于交易的货币本质观采用的是一种个人主义的方法论，遵循着理性经济人利益最大化的行为逻辑，并坚持以市场为导向的发展路径。在其观念图景中，人类社会是个体的集合，其与生俱来的习性便是以物易物。在这种市场交换活动中，每个理性经济人寻求自身利益的最大化，而在一只"看不见的手"的指引下，同时还增进了社会福利[1]。货币的起源和演进便是这种市场逻辑的结果。随着市场以物易物的发展，理性经济人会选择交易成本节约型的商品进行间接交换，货币由此在市场中自发地产生了，它不仅节约了个人成本，而且提高了整个社会的效率，带来了帕累托改进。主流货币理论进而将货币的这套逻辑起源理论应用到货币的历史起源上，从而构造出一种从简单到复杂的线性货币演进路径：现代社会制度比原始社会制度要更为复杂，原始社会制度遵循着现代社会制度的逻辑。

主流货币理论这套标准的市场逻辑遭到了非主流货币理论

---

[1] 斯密. 国民财富的性质和原因的研究：下卷. 郭大力，王亚南，译. 北京：商务印书馆，2008：27.

家以及钻研货币的人类学家、历史学家和社会学家的坚决反对。与其相对，他们那种基于债务的货币本质观采用的则是一种制度主义的方法论，遵循着社会建构与组织的行为逻辑，并坚持以国家为导向的发展路径。在他们的图景中，人类社会是一个复杂的"社会关系"的集合，其中债权债务关系是一种非常重要而又古老的社会关系。在这种关系中，人们之间以赔偿金（赎罪金）、费用、贡赋和税收等各种债务形式发生关联，这些债务实践背后又与道德、法律、习俗等制度密切相关，而最为重要的往往是权力及权力机构（国家）所扮演的角色。货币的起源和演进便来自这种社会的或者说国家的逻辑。随着债务实践的发展，由权力机构强制征收的普遍的"债务"或税收义务逐渐取代了过去对受害者的具体债务，所谓的"债务社会化"进程随之产生。债务社会化接下来便催生了权力机构创造货币单位的必要性和可能性，以实现征税工作的简化和标准化。货币（记账货币）由此诞生，权力机构发行的债务货币也随之出现，这不仅实现了债权债务的量度和偿付，而且也促进了私人市场的形成。同样，非主流货币理论于是也将货币的这套逻辑起源理论应用到货币的历史起源中，构造出一种并非从简单到复杂的非线性货币演进路径：原始社会制度要比现代社会制度更为复杂，它们往往掩盖了而不是暴露了社会制度的逻辑实质①。

三、如何看待两种货币本质观的分歧

马克思曾说过:"受恋爱愚弄的人,甚至还没有因钻研货币本质而受愚弄的人多。"② 这在上文所述的主流与非主流货币本质观之间的论争中体现得淋漓尽致。如表1-1所示,这两种货币本质观的鲜明差异具体源自它们"不同的范畴概念和经济学方法"③。对货币本质即根本属性的截然不同的理解,决定了它们对货币根本职能即存在意义的不同定义,同时也决定了它们所赋予的货币在经济中所发挥的不同作用。基于各自所形成的基本货币理论,两派刻画出有关货币产生和演进的两种针锋相对的货币历史。这种"虚构的"货币历史又同各自的货币理论图景相互支撑和强化,从而为各自迥乎不同的政策含义提供了基础和依据。并且,这些理论和政策范畴的歧见还不可避免地体现在方法论上的分野,同时又被这种不同的研究路径所"锁定"。

---

① 熊彼特. 经济分析史:第1卷. 朱泱,等译. 北京:商务印书馆,2008:446.
② 马克思,恩格斯. 马克思恩格斯全集:第13卷. 北京:人民出版社,1962:54.
③ INGHAM G. Money is a social relation. Review of social economy,1996(4):507-529.

表 1-1　主流与非主流货币本质观之间的简要对比

货币本质观 范畴与方法	主流货币本质观 （基于交易）	非主流货币本质观 （基于债务）
货币的本质	交易媒介物/商品	债权债务关系/债务
货币的根本职能	交易媒介	记账单位
货币的作用	中性	非中性
货币的起源部门	私人部门	公共部门
货币的演进动力	交易成本降低	债务量度及偿付
货币的演进顺序	基于物物交换的市场和相对价格→货币和名义价格	记账货币和价格→货币物和市场
货币的产生方式	自发的秩序 自下而上/市场→国家	集体意向性 自上而下/国家→市场
货币的价值	内在金属价值或背后支撑价值	国家主权
货币体系与货币政策取向	商品货币体系/规则	信用货币体系/权变
研究方法论	个人主义/市场的逻辑	制度主义/国家的逻辑

资料来源：作者根据相关文献归纳整理。

那么，我们该如何看待二者之间的这种由来已久的争论和分歧呢？首先必须指出的是，主流的基于交易的货币本质观所刻画的货币起源和演进缺乏充分的历史证据支撑，因而一直得到非主流经济学家以及人类学家、历史学家和社会学家的批评和质疑。如在以物易物研究方面最具权威性的人类学家汉弗莱（C. Humphrey）就曾得出如下确凿无疑的结论："从来没有人描述过纯粹的以物易物经济的例子，更不用说货币从中诞生的过程；所有可得的人类学的研究均表明，从来没有存在过这样的经济模式。"① 因而，尽管如前所提及的，如今已缺乏货币起源的详尽历史资料，货币的真正起源已无从知晓，我们只能通过一套基于货币本质观的货币理论去辨识货币，去"理性重建"货币的历史起源和演进，然而，这并非意味着我们可以恣意地忽视既有的历史事实和人类记录，相反，这种重建必须符合已有的历史记录。在这方面，主流经济学有关货币产生和演进所重建的基于交易的市场逻辑，不仅无法找到有效的经验证据支撑，而且有些部分甚至还违背了既有的历史事实。相比之下，非主流的基于债务的货币本质观及其历史观，却往往更加契合历史事实和人类记录，这可以从非主流货币理论家所援引的其他领域的（包括人类学家、历史学家和社会学家等）研究成果为其货币历史观"背书"看出。既然如此，主流经济学界和货币学界为何依然固守那种深入人心的"常识"，而忽视非主流的那种替代性的歧见呢？一个可能的原因在于，主流的货币理论或许从来就不希望成为一个符合实际、契合历史事实的理论，而是旨在成为一个标准化的理论，正如理论应该成为的那样。非主流的货币理论则缺乏这种标准化的经济逻辑，无法用数学模型来予以表达。主流经济学家只能倾向于忽视历史事

---

① 格雷伯. 债：第一个 5000 年. 孙碳，董子云，译. 北京：中信出版社，2012：29.

实，而构建一个基于交易的一般均衡模型①。

其次，主流与非主流经济学对货币本质观的不同理解，会通过"棱镜"的作用对货币经济体系形成截然不同的透视。主流货币理论将现代货币经济解读为一个物物交换体系，货币只是该体系中的一层"面纱"，不具有实质性作用，因而所秉持的是一种交换的逻辑。然而，与之相比，"基于债务"的非主流货币理论的出于生产的逻辑的解读却要深刻得多。在非主流货币理论家的视野中，货币经济的本质是信用经济，或货币生产型经济。生产过程本身以货币为起点，并以最终获得更多的货币为目标。这包含两层含义：一方面，生产的目的在于积累货币，而不是用生产的商品交换其他商品；另一方面，生产必须以货币开始，而不能以商品开始。根据他们的货币债务本质观，货币生产型经济体系本质上是一个具有等级结构的信用（债权债务）体系。生产者通过发行自身的债务获得融资（银行货币），之后出售生产的商品获得利润（银行货币或法定货币）来偿还债务。这意味着该经济体系由一张复杂的信用关系网络连接，不同的信用关系具有不同的可靠性和接受性，因而需要一种同时充当价值标准和最终支付手段的债务货币，以保障整个信用体系的正常运转。这种债务货币只能是国家发行的

---

① GOODHART C A E. The two concepts of money: implications for the analysis of optimal currency areas. European journal of political economy, 1998, 14 (3): 407-432.

法定货币,这种债务形式由于国家主权即"税收驱动货币"的机制而成为最具普遍接受性的支付手段。建立在这种计价货币基础之上的等级货币体系,是货币化生产体系正常运行的前提条件。无论金融创新、去除管制,还是技术进步,都无法改变这一点。这种债务的实物形式,无论是纸质票据、账簿记录还是电子代码,都是无关紧要的,重要的是政府在该体系中的中心地位。从这个意义上来说,"比特币"恰恰就忽视了政府在货币体系当中所发挥的作用,因而"一厢情愿"地通过网络技术手段来标榜"去中心化",实现摆脱政府控制的目的。这必然使得它缺乏信用保证,从而制约了它作为货币所应有的广泛接受程度。

最后值得反思和探究的是,为何在经济思想史上,关于货币的本质一直争论不休,而且至今依然悬而未决。主流经济学一直认定货币的根本属性在于充当交易媒介的商品,起源于以物易物,秉持的是市场的逻辑,将人们看成独立的个体,彼此不欠任何东西;非主流经济学却笃信货币的本质在于体现债权债务这种重要社会关系的债务,起源于原始债务,秉持的是国家的逻辑,认为每个人都处于债权债务关系当中,带有永远还不清的债务。这两种看法似乎大相径庭、水火不容,人类创建货币的真正可能性只能来自它们二者之间。然而,是否具有这样一种可能性,即货币的本质事实上包含着它们各自所笃信的两个方面?会不会商品和债务属性兼而有之?答案或许是肯定的！货币的诞生尽管不太可能源自以物易物，但却有可能源自基于信用的交易，即交易并非立即就互相抵销，而是建立在债权债务的基础之上。这使得货币的本质在商品和债务之间徘徊，并淋漓尽致地体现在硬币这种仍然被我们视为最典型的货币形式的货币物上。它完美地包含了货币的双重属性：一方面，由于由金银等贵金属构成，它本身是具有价值的商品；另一方面，由于印上了政府权威的标记，而带有政府债务的印记，其价值变得更高。主流的市场逻辑和非主流的国家逻辑的两分法同样是错误的。实际上，许多证据表明，国家和市场是同时出现的，国家创造了市场，市场需要国家，离开了彼此，两者都无法维系[①]。换言之，市场和政府均在货币的诞生中扮演了重要的角色，并影响着商品属性和债务属性在货币当中所具有的权重。在商品货币时代，货币更多地体现出它的商品属性；而在信用货币时代，货币则更鲜明地反映出它的债务属性。这意味着，货币的商品属性和债务属性是硬币的两面，一方为另一方的前提，并且随着货币的演进，这两种属性的重要性也会不断发生变化：债务属性会变得更加明显，而商品属性会变得更加模糊乃至最终消失。

[①] 格雷伯.债：第一个5000年.孙碳，董子云，译.北京：中信出版社，2012：70.

第二章
政府、银行与现代货币[*]

2019年以来，现代货币理论（MMT）在学术圈内外吸引了广泛关注和讨论。该理论并非新生事物，早在20世纪90年代便已产生，其思想渊源则可以追溯到19世纪末德国新历史学派的克纳普。它在十多年前那场"大衰退"之后便复兴流行起来，我们也正是在此期间将其引介至国内[①]，并一直予以关注和研究[②]。该理论因为美国政治讨论而被推向"风口浪尖"，

---

[*] 原载《学术研究》2020年第2期，标题为《政府、银行与现代货币——现代货币理论真的将财政与金融混为一谈了吗》，作者是李黎力，收入本书时有所更新和修改。

[①] 李黎力. 货币国定论：货币理论研究的新进展. 北京：中国人民大学，2011；李黎力，贾根良. 货币国定论：后凯恩斯主义货币理论的新发展. 社会科学战线，2012（8）.

[②] 李黎力，张红梅. 基于交易与基于债务的货币本质观之比较. 当代财经，2014（10）；贾根良，何增平. 特朗普减税、财政危机与美国经济的结构性问题. 江西社会科学，2017（11）；李黎力. 明斯基经济思想研究. 北京：商务印书馆，2018；贾根良，兰无双. 现代货币理论的财政赤字观与西方主流经济学的谬误. 教学与研究，2019（3）；李黎力. 现代货币理论的"历史"与"现代"（"货币与债务经济学"专栏）.（2019-05-17）. http://www.thepaper.cn/news Detail_forward_3457788；李黎力. 交易与债务：两大货币研究传统（"货币与债务经济学"专栏）.（2019-06-19）. http://www.thepaper.cn/news Detail_forward_3700184；李黎力. 现代货币理论的历史与逻辑. 政治经济学季刊，2019（3）.

引发了巨大争议和论战，并蔓延至我国学界。其中，孙国峰对MMT的批判十分引人注目。孙国峰先是在《经济研究》上撰文阐释货币创造的逻辑形成和历史演进，批判传统货币理论时顺带指出MMT存在"内在缺陷"[1]，然后在此文的基础之上又专文对MMT展开直接批判[2]。孙国峰认为，MMT主要在货币创造主体、创造层次和创造制度三个方面存在逻辑缺陷。但我们研究认为，在这三个方面孙国峰却基本上误解了MMT。鉴于孙国峰的批判在学界和政界的影响力，我们决定撰文与其商榷，厘清MMT的逻辑与要旨，以增进对货币金融乃至宏观经济学理论和政策的理解。按照我们的研究分工，笔者着重于从货币创造主体和货币创造层次这两个方面进行讨论。

一、货币创造主体辨析

孙国峰认为，MMT的第一大逻辑缺陷在于对当今现代货币体系下的货币创造主体认识错误。在他看来，"现代货币理论认为货币创造的主体为政府，是一种由央行直接购买政府债

---

[1] 孙国峰. 货币创造的逻辑形成和历史演进：对传统货币理论的批判. 经济研究，2019（4）.
[2] 孙国峰. 对"现代货币理论"的批判. 中国金融，2019（15）.

务来供给货币的财政主导模式"①;它仅适用于过去的"政府信用货币体系",因而"实际上不是'现代'的货币理论,而是'古代'的货币理论……违背了货币演进的历史规律……与现代经济金融的运行现实相悖,本质上是一种倒退"②。孙国峰声称,"实际上,现代货币体系是银行信用货币体系,而非'现代货币理论'所倡导的政府信用货币体系,是一种由银行信用扩张创造货币的金融主导模式……银行的货币创造逐渐成为了最主要的货币投放方式"③;"在银行信用制度下货币创造只属于银行……只有银行能够创造货币……所有货币都是银行通过贷款(资产扩张)创造的"④。因此,MMT夸大了财政在货币创造中的作用,忽视了银行作为货币创造中枢的核心作用⑤。

孙国峰的以上观点不仅对现代货币制度或体系及其货币创造主体的理解有些片面,而且对MMT的思想也有所误解。一方面,现代货币体系是信用货币体系,也是国家货币体系。所有货币均是信用货币,无论是政府货币还是银行货币,它们均是用国家确立的记账单位(记账货币)来表示。当今所谓的

---

① ② ③ 孙国峰. 对"现代货币理论"的批判. 中国金融,2019(15).
④ 孙国峰. 货币创造的逻辑形成和历史演进:对传统货币理论的批判. 经济研究,2019(4).
⑤ 孙国峰. 货币创造的逻辑形成和历史演进:对传统货币理论的批判. 经济研究,2019(4);孙国峰. 对"现代货币理论"的批判. 中国金融,2019(15).

"银行信用货币体系",事实上并未消除或取代过去所谓的"政府信用货币体系"当中的政府信用角色。换言之,当今银行货币和政府货币均在货币金融体系和宏观经济当中扮演着重要的角色和作用。我们不能仅仅根据当今货币统计当中"流通中的现金"(M0)与"银行存款"(M1 或 M2 减去 M0)单纯数量规模上的对比,就认定政府货币在现实中已无足轻重,认为如今是"金融主导"。我们可以具体从货币的创造主体和层次方面厘清这种误解。

从货币创造主体上看,在现代货币体系下,银行并非唯一的货币创造主体,政府同样是重要的货币创造主体。除了银行,政府也能创造货币。从理论和直觉上来说,我们所见到的法定货币便是由政府提供的,因而至少政府货币是由政府创造的。就实践和操作而论,政府支出便创造了货币,正像银行贷款创造货币一样。无论是财政部的操作(财政政策),还是中央银行的操作(货币政策),政府部门对私人部门的支出(如预付款、购买金融资产以及购买商品和服务)都会创造货币。例如,当央行实施量化宽松货币政策,执行资产购买计划时,便不仅增加了银行准备金,即基础货币,同时还增加了资产出售者在银行的存款,即创造了广义货币;同样,当财政部进行财政支出时,不仅会使银行持有的准备金增加,从而基础货币增加,同时还会使商品和服务销售者在银行的存款增加,即广义货币创造[1]。在这两种情况下,银行并非作为主动的货币创造者,而只是作为政府和私人部门之间交易的被动"中介",政府才是存款货币的创造者。可见,即便是银行存款货币,也并非全部通过银行"贷款创造存款"来创造。因此,仅仅依据广义货币的构成来判断货币创造主体是一种误导。事实上,孙国峰在文中指出,政府支出导致通货膨胀时,其实已间接承认政府支出也创造货币。否则,如果认为政府创造的仅仅是基础货币,那么按照孙国峰"贷款创造存款"的逻辑,至少目前还没有合意的理论来解释基础货币必然导致通货膨胀,因为传统教科书式的"货币乘数"理论是错误的[2][3]。

并且,既然承认政府和银行均创造货币,就没有充分的理由认定政府创造货币比银行创造货币更容易产生通胀,更无理

---

[1] 由几位央行专家在《英格兰银行季报》上发表的介绍现代经济中货币创造的著名报告,虽然意识到央行在创造货币当中的作用,但忽视了财政政策同样创造货币。请参见:MCLEAY M,RADIA A,THOMAS R. Money creation in the modern economy. Bank of England quarterly bulletin,2014(1):14-27。

[2] 相反,孙国峰所反对的"央行直接购买政府债务来供给货币的财政主导模式"事实上并非"'教科书'式的'铸币税'过程,势必造成严重的通货膨胀"。这是因为,央行向财政部直接购买政府债务只是注入基础货币,在财政部不支出的情况下,并不会向私人部门注入货币,因而也就与通胀或所谓的"铸币税"没有必然的联系。

[3] 在与政府支出相对的政府税收方面,孙国峰同样误解了它与货币变化,从而与潜在通胀变化之间的关系。与政府支出相反,政府向私人部门征税恰恰类似银行收回贷款,意味着货币的回流和"销毁",从而降低了私人部门的购买力,因而与孙国峰认为的会造成和加速通胀相反,它会起到稳定物价和遏制通胀的作用。孙国峰在分析这一问题时,将货币与实物混淆在一起。

由武断地断定"政府信用创造与生产脱节,难以满足经济活动的需求;银行可以通过贷款创造存款货币组织当下生产"①,"政府的负债主要用于消费,并不生产商品"②。这在很大程度上是一种偏见,这种偏见很可能受政府和银行货币创造的差异误导。银行"贷款创造存款"货币创造,通常被认为取决于银行客户(主要是企业)的贷款需求,因而这种货币是"内生货币";而政府"支出创造存款"货币创造,则在很大程度上往往不受非政府部门需求的直接影响,因而对私人部门而言具有某种"外生性"。然而,我们并不能据此就引申为银行创造货币就一定是生产性的、组织企业生产,而政府创造货币就势必是非生产性的、与生产脱节。现实情况也可能恰恰相反。十多年前的美国次贷危机和"大衰退"所揭示的银行的非生产性,以及这些年关于"企业家型国家"研究所揭示的政府生产性角色,是典型的例证,在此不必展开③。

另一方面,孙国峰对 MMT 的相关认识存在误区。MMT 并非像孙国峰认为的"忽视了银行作为货币创造中枢的核心作用",而是在认识到和深入研究银行信用货币运行的基础之上,

---

① 孙国峰. 对"现代货币理论"的批判. 中国金融,2019 (15).
② 孙国峰. 货币创造的逻辑形成和历史演进:对传统货币理论的批判. 经济研究,2019 (4).
③ 关于此问题,可以参见:贾根良. 开创大变革时代国家经济作用大讨论的新纲领:评马祖卡托的《企业家型国家:破除公共与私人部门的神话》. 政治经济学报,2017 (1)。

着力于将政府货币与银行货币统一起来分析国家货币体系的运行，致力于探讨具有货币发行权的主权货币国家如何利用货币这种"公共产品"去实现合意的社会目标。事实上，"贷款创造存款"内生货币理论，是大部分 MMT 倡导者所隶属的后凯恩斯主义的标志性理论和共识性基石之一。他们（如明斯基）很早便对这一问题展开了广泛而深入的研究，成为主流外生货币理论的坚定批判者[①]。MMT 不仅认同后凯恩斯主义的内生货币理论，还像孙国峰所指出的，"继承并扩展了……A. Mitchell Innes 的内生货币理论"[②]，将传统的国家货币理论与信用货币理论有机结合起来考察。这在下文第二部分货币创造层次方面得到鲜明的体现。

并且，MMT 也并未主张孙国峰意义上的只有政府创造货币的"政府信用货币体系（或制度）"。"大衰退"复兴了 20 世纪 30 年代西蒙斯（Henry Simons）、费雪（Irving Fisher）等主张的基于"百分之百银行准备金制度"的"芝加哥计划"（the Chicago Plan）的讨论，推动了像"积极的货币"（positive money）这样的货币改革组织的货币改革运动。他们深刻地认识到银行"贷款创造存款"货币创造给宏观经济稳定和发展所带来的危害，因而主张改革银行体系，堵住银行"无中生

---

① 关于明斯基，具体可参见：李黎力. 明斯基经济思想研究. 北京：商务印书馆，2018。

② 孙国峰. 对"现代货币理论"的批判. 中国金融，2019（15）.

有"创造货币的能力,从而实现孙国峰意义上的"政府信用货币体系"①。相比之下,现代货币理论者的信奉尽管也意识到银行创造货币所带来的问题,但认为"这个水龙头不能关掉",它对于保持市场经济的活力和韧性十分重要,作为替代可以依靠"大政府"和"大银行"对该"水龙头"进行调控和疏导②。

二、货币创造层次剖析

孙国峰认为,MMT 的第二大逻辑缺陷在于对现代货币体系下的货币创造层次辨别不清。"现代货币理论由中央银行直接创造信用货币来购买政府债券创造货币的主张实际上混淆了银行信用货币制度下货币创造的层次","现代货币理论错误地将存款货币和基础货币视为并列平行关系"③。在他看来,"中央银行发行的基础货币和银行创造的信用货币是相互独立的","中央银行的基础货币创造行为对银行的货币创造行为形成支

---

① INGHAM G, COUTTS K, KONZELMANN S. Introduction:"cranks" and "brave heretics": rethinking money and banking after the Great Financial Crisis. Cambridge journal of economics,2016,40(5):1247-1257.
② 李黎力. 明斯基经济思想研究. 北京:商务印书馆,2018.
③ 孙国峰. 对"现代货币理论"的批判. 中国金融,2019(15).

持和制约，但不能替代银行的货币创造行为"①。为此，他根据其"贷款创造存款"理论提出和阐释了体现这种货币创造层次的"信用货币金字塔"。

这一批判同样既对现代货币体系下的货币创造层次的理解有所偏差，也对 MMT 的债务和货币层级观不甚了解。一方面，就货币的创造层次而言，中央银行创造的基础货币与银行创造的存款货币的确分属两个不同的层次，但并非完全"相互独立"，而是密切相关。如上所述，无论是财政部还是央行，政府对非银行私人部门的支出操作都会同时带来基础货币和广义货币的增加，因而二者的创造是同时发生的。并且，中央银行的基础货币创造行为也并非对银行的货币创造行为仅仅"形成支持和制约"，而是恰恰"替代银行的货币创造行为"②。因为在这种情况下，银行充当的只不过是央行与非银行私人部门之间的"中介"，而不是通过"贷款创造存款"来主动创造货币。

另一方面，就对 MMT 的认识而言，孙国峰不仅有所误解，而且并不熟悉。如上所述，MMT 清楚地认识到中央银行直接购买政府债券创造的仅仅是基础货币，而不是广义货币，因而并未将不同货币层次混为一谈。并且，MMT 也从未像孙

---

① 孙国峰. 货币创造的逻辑形成和历史演进：对传统货币理论的批判. 经济研究，2019（4）；孙国峰. 对"现代货币理论"的批判. 中国金融，2019（15）.

② 孙国峰. 对"现代货币理论"的批判. 中国金融，2019（15）.

国峰所声称的"主张"这一做法,而只是通过具体而客观的剖析说明,现实当中对央行所施加的禁止直接购买的制度和政治约束并不会改变现代货币运行的逻辑,其结果与消除这些约束所产生的结果实质上相同①。②

更重要的是,MMT 学者很早便提出了债务和货币的层级理论③,其中的"债务和货币金字塔"要比孙国峰所论述的"信用货币金字塔"更系统、全面、深刻地阐释和刻画了货币创造的层次。根据这种层级观,货币本质上是一种债务而不是一种商品,因而才会有孙国峰在文中所提及的"货币购买商品,商品购买货币,但商品不购买商品"这句著名的有关货币的命题,而非孙国峰眼中"完全不符合现实的强假定"④。也正因如此,货币并不需要任何本身具有价值的物体作为载体,而是可以依靠纸张甚至电子符号来表现。但并非所有债务都是货币,只有那些具有普遍接受性的债务才能成为货币。并且,

---

① 雷. 现代货币理论. 张慧玉,等译. 北京:中信出版社,2017:121-128.

② MMT 学者指出,虽然中央银行并非直接从财政部购买新发行的债券,但它利用公开市场购买现有债券,为私人银行购买新证券提供所需准备金,最终结果与中央银行直接从财政部购买完全相同。并且,财政部和中央银行事实上能够轻松绕过这种自我施加的约束。

③ 可参见:李黎力,贾根良. 货币国定论:后凯恩斯主义货币理论的新发展. 社会科学战线,2012(8);雷. 现代货币理论. 张慧玉,等译. 北京:中信出版社,2017:102-105;李黎力. 现代货币理论的历史与逻辑. 政治经济学季刊,2019(3)。

④ 孙国峰. 货币创造的逻辑形成和历史演进:对传统货币理论的批判. 经济研究,2019(4).

即便具有普遍接受性，货币性债务的接受程度也不尽相同，不同的债务承诺并非同等有效。它们之间会出现相互转换，因为通常一方无法用自己发行的债务欠条来偿还它对另一方的债务，而必须用第三方的债务来偿付和结清。这意味着债务及货币性债务具有层级结构，不同层级之间会发生转换关系。

如图 2-1 所示，债务和货币呈现出一个简化的四层级金字塔体系，从下到上依次代表家庭（个人）、企业、银行和国家的债务及货币，其接受程度递增。每一层级的债务向更高层级接受程度更高的债务形式转换。通过转换，处于金字塔低层级的实体利用更高层级实体发行的债务来支付和偿还债务。比如，我们所熟悉的企业或家庭（个人）用自己的债务换取上一层级银行的货币性债务（即存款）来支付[①]；银行则用自己的债务换取上一层级政府的货币性债务（即高能货币、法定货币）来清算。

那么，为何国家债务特别是国家法定货币位于金字塔顶端，以至于在该体系中，所有层级的债务和货币均用国家确立的记账货币（如人民币元）表示，且国家发行的货币（如人民

[①] 我们通常称企业或家庭为"借方"、银行为"贷方"，称银行接受借方的债务欠条为"贷款"，称银行的欠条为"货币"。但事实上双方均是债务人和债权人，互为借贷关系，只是因为债务和货币层级才会产生这种"歧视"。参见：WRAY L R. Money//HARCOURT G C, KRIESLER P. The Oxford handbook of post-Keynesian economics, volume 1: theory and origins. Oxford: Oxford University Press, 2013: 138-151。

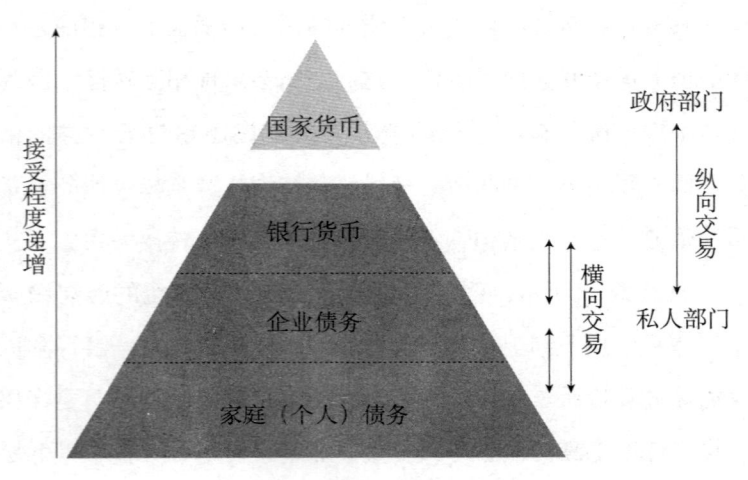

图 2-1　债务和货币金字塔体系

资料来源：作者自行绘制。

币）均具有最高程度的普遍接受性呢？答案并非在于法律的规定，而在于国家强制征税并决定接受何种方式纳税的权力，即所谓的"税收驱动货币"确保了国家货币是最令人接受的债务形式，赋予了政府创造"最后承诺"的能力，以至于使主权国家能够发行自己的货币性债务来清偿债务，其仅有的"义务"在于接受它自己的货币性债务。MMT 学者强调，税收[①]在逻辑上足以驱动货币而为人们所接受，尽管可能并无必要，并认

---

① 此处的"税收"是广义上的，指代任何对统治机构的非互利性义务，包括狭义税收、罚款、规费和贡赋等，参见：李黎力. 现代货币理论的历史与逻辑. 政治经济学季刊，2019（3）。

为历史记录也确实表明这些税收义务是货币的起源①。但我们要明确，MMT学者并不认为税收是驱动货币的必要条件。只不过既有的理论无法令人接受，包括主流的"鲁滨逊漂流记"式的基于交易的解释以及诉诸"无限追溯"的解释②。在这方面，孙国峰的批判——"工业革命导致生产规模迅速扩张，货币的需求不再是自上而下由税收驱动，而是自下而上由生产驱动，交易、贮藏、支付和消费等均构成了货币需求的主体，纳税仅占其中一小部分"③，显然误解了"税收驱动货币"的逻辑，没有弄清楚"必要"条件与"充分"条件之间的区别，更将货币普遍接受性的来源与现实货币需求的来源混为一谈。

至于位于下一层级的银行货币为什么也被人们普遍接受，以至于成为当前占据主导地位的货币形式，其根本原因也恰恰在于国家接受它们用来纳税并对它们提供担保，而并非孙国峰所指出的"银行作为发放贷款以创造货币的专业机构，对借款经济主体有监督能力"④。从这个意义上来说，银行货币（以及整个金字塔体系下面层级的"货币"）均是对政府货币的"杠杆化"。它们的货币性债务承诺均有赖于有需要时或在未来

---

① 瑞．解读现代货币．刘新华，译．北京：中央编译出版社，2011：第3章．
② 雷．现代货币理论．张慧玉，等译．北京：中信出版社，2017：63.
③ 孙国峰．对"现代货币理论"的批判．中国金融，2019（15）.
④ 孙国峰．货币的创造的逻辑形成和历史演进：对传统货币理论的批判．经济研究，2019（4）.

某种情况下支付政府货币性债务[①]。

此外，MMT还分析了货币创造的基础货币层次与广义货币层次之间的相互作用，而不是像孙国峰那样将二者完全对立和隔离开来。如图2-1右边所示，MMT学者将政府部门（包括财政部和央行）与私人部门之间的关系称为"纵向交易"，包括政府支出创造基础货币和广义货币；把私人部门内部的交易称为"横向交易"，包括银行"贷款创造存款"创造广义货币。换言之，MMT讨论了货币创造或供给过程的纵向部分和横向部分。货币创造的纵向部分在于政府法定货币的创造，其中货币从政府经由财政部购买商品、服务或者央行购买资产，自上而下地垂直注入私人部门；货币创造的横向部分则在于银行存款货币的创造，其中货币依靠银行"贷款创造存款"内生地水平式创造，它们可被视作对政府法定货币的一种"杠杆化"[②]。

三、关于部门收支分析的讨论

在批判MMT有关货币创造和运行存在以上逻辑缺陷的过程中，孙国峰还认为MMT所采用的部门收支分析（sectoral

[①] 此处"杠杆化"不同于传统"货币乘数"理论中的"乘数"，具体请参见：瑞.解读现代货币.刘新华，译.北京：中央编译出版社，2011：第5章。

[②] 瑞.解读现代货币.刘新华，译.北京：中央编译出版社，2011：第5章。

financial balances，SFB）或存量—流量一致性（stock-flow consistent，SFC）的分析方法是不恰当的、错误的。该方法"只看到了国民经济核算账面上的平衡，而忽略了货币创造的内在机制与动态过程"①，"将银行的资产负债表和居民、企业、政府的资产负债表进行简单加总，从而混淆了作为货币创造主体的银行与其他主体会计记账的区别，进而模糊了信用和货币，得出了政府扩大赤字以提供货币的政策结论"②，"据此得出在国际收支平衡的前提下，政府部门赤字等于私人部门盈余的结论势必是错误的……产生了一种掩盖在部门名义均衡之下的隐性剥削"③。在他看来，"在分析货币创造时，对银行和中央银行应当采用资产负债表的方法来分析，而对其他主体则应采用收入支出表的方法来分析"，"只有这样才能正确刻画动态的货币—经济运行机制"④。

上述有关 MMT 部门收支分析方法的"成见"，从本质上来自对货币创造层次"独立性"的"执念"，不仅没有正确认识到这种方法的原理和适用性，而且没有意识到这种方法的价值和重要性。在现代货币经济中，所有经济主体和部门的收支

---

①③ 孙国峰．对"现代货币理论"的批判．中国金融，2019（15）．
② 孙国峰．货币创造的逻辑形成和历史演进：对传统货币理论的批判．经济研究，2019（4）．
④ 孙国峰．货币创造的逻辑形成和历史演进：对传统货币理论的批判．经济研究，2019（4）；孙国峰．对"现代货币理论"的批判．中国金融，2019（15）．

活动均是货币收支活动,其中包括占主导地位的财政和信贷(或金融)收支[①]。而且,它们的收支是紧密联系在一起的,"此收彼支,彼收此支,由此及彼,连绵不绝,从而形成一个割裂不了的系统。这个系统……就是我们通常说的货币流通"[②]。MMT所采用的部门收支分析方法,正是从"货币流通"这一层面来分析不同部门(通常划分为国内政府部门、国内私人部门和国外部门这三个部门)之间的货币流量的循环流转以及与之相对应的资产负债存量的勾连变化,因而对任何经济单位和部门均需将其资产负债表和资金流量表结合起来分析。可见,这并非从孙国峰所着眼的"货币创造"这个不同的层面来讨论问题,但的确是在"货币创造的内在机制与动态过程"[③]研究的基础之上所开展的深入分析。

根据宏观经济学的核算原则,总支出必然等于总收入。一方的支出必然构成另一方的收入,一个部门的赤字必然对应于另一个部门的盈余,一个部门的金融负债必然对应于另一个部门的金融资产。整个宏观经济所有部门的收支结余总和为零,因而不可能出现所有部门同时存在盈余或赤字的情况。按照基本的宏观核算恒等式——"本国私人部门结余+本国政府部门结余+国外部门结余=0",那么"据此得出在国际收支平衡的

---

① 黄达. 财政信贷综合平衡导论. 北京:中国人民大学出版社,2009:5.
② 同①7.
③ 孙国峰. 对"现代货币理论"的批判. 中国金融,2019(15).

前提下，政府部门赤字等于私人部门盈余的结论"便是自然而然的，何以"势必是错误的"①呢？"政府扩大赤字"如上所述意味着基础货币和广义货币的创造，它们作为净金融资产的积累，构成了私人部门盈余增加的对应结果。在具体的存量—流量一致性分析当中，MMT学者也并非如孙国峰所指出的"将银行的资产负债表和居民、企业、政府的资产负债表进行简单加总"，而是更多着眼于各个部门之间存量和流量上的相互联系和动态演变②。

更重要的是，由于拒绝接受这种部门收支分析方法和国民核算逻辑，孙国峰狭隘地着眼于银行和政府在货币创造层次上的差异，而忽视甚至于无法理解和区分这两种货币创造及运行方式对经济所产生的截然不同的实质性影响③。根据资产负债表和资金流量表分析，银行通过"贷款创造存款"创造存款货币的同时，必然对应着企业或家庭部门债务的创造，带来的仅是私人部门内部资产负债的转换而不是净金融资产的增加。银行创造的这种"内部货币"的扩张因而在很大程度上意味着私人部门债务的累积和杠杆率的上升，从而导致金融脆弱性增加，容易滋生债务危机和金融危机。相比之下，财政部"支出

---

① 孙国峰. 对"现代货币理论"的批判. 中国金融，2019（15）.
② 具体可参见：张云，李宝伟，苗春，等. 后凯恩斯存量流量一致模型：原理与方法. 政治经济学评论，2018（1）.
③ 除了上文所提及的，孙国峰毫无根据地隐含地区分了这两种货币创造方式在导致通货膨胀方面的差异。

创造货币"在导致"外部货币"扩张的同时却不会相应地带来私人部门债务的增加,而是增加了私人部门的收入和净金融资产,从而有助于降低私人部门杠杆率,减少金融脆弱性。央行货币创造虽然为私人部门提供了更为安全的金融资产,却不会像财政政策那样改变私人部门金融资产的规模,而只是改变了私人部门金融资产的构成,因为货币政策只是涉及金融资产之间的交换,而不是如财政政策那样涉及金融资产与实物资产之间的交换[1]。由于仅仅着眼于货币层次,并把二者人为割裂开来,孙国峰未能认识到格利(John Gurley)和肖(Edward Shaw)所做的"外部货币"与"内部货币"区分在分析宏观经济运行中的重大价值。

相反,作为 MMT 的重要组成部分,国民经济核算恒等式及部门收支分析进路和方法的重要性和价值得到了 MMT 支持者的大力强调[2]。该方法可以用来检验理论模型及其预测在存量—流量方面是否具有逻辑一致性,以判断政策药方是否逻辑相容而具有可行性。例如,在一个封闭经济体中,政府既要推行私人部门节俭(即盈余)的政策,又想实现政府盈余,那么显然是自相矛盾的。除了确保政策在理论逻辑上可行外,宏观

---

[1] 明斯基从部门收支分析角度系统地阐述了政府支出和赤字对经济的影响和作用,可参见:李黎力. 明斯基经济思想研究. 北京:商务印书馆,2018:265-266。

[2] WRAY L R. Modern Money Theory//The new palgrave dictionary of economics. 3rd ed. London:Palgrave Macmillan,2018:8894-8905。

核算恒等式还为理论的建立提供了框架，通过纳入相互依存的不同部门之间流量与存量的因果关系，可以分析各部门收支失衡的动态演变和可持续性，预判未来宏观经济运行的可能性。例如，有 MMT 学者曾利用这种部门收支分析，根据美国私人部门、政府部门和国外部门收支情况的发展演变情况，成功预测到了 2007 年美国次贷危机的爆发[①]。

诚然，MMT 所主张和青睐的这种分析方法也具有局限性，特别是考虑到 MMT 学者重点是将宏观核算恒等式作为概念化政府部门与私人部门之间经济关系的手段，更多着眼于探讨政府操作对私人部门的影响。其结果是，该核算框架和部门收支分析不足以解读和判断国内私人部门内部具体子部门的动态变化[②]，从而也就不足以研究像孙国峰所指出的金融财富在私人部门内部的分配。但要想深入考察这些问题，却依然离不开具体部门的资产负债表分析和资金流量分析的结合。

因此，当前 MMT 所采用的部门收支分析进路尽管有所局限，但却是一个富有价值的"透视镜"。我们不能"因噎废食"，将"货币创造"与"货币流通"混为一谈，狭隘地围守"货币创造"层次之隔而将这种视角和方法拒之门外，而是应

---

① 贝泽默. 信贷危机和经济衰退：一种范式检验. 李黎力，等译. 经济资料译丛，2012（4）.
② FIEBIGER B. A constructive critique of the Levy Sectoral Financial Balance approach: resurrecting a "Robin Hood" role for the state's taxing-and-spending functions. Real-world economics review, 2013（64）: 69 – 80.

在充分利用该方法的基础上寻求其他更为中观和微观的"棱镜"和方法来予以补充。

四、结语：国家在货币创造中至关重要

在经济思想史上存在着两大由来已久的货币研究传统[①]。一种是"基于交易"的研究传统。这种传统将货币的本质视为一种特殊的商品（交易媒介），从交易媒介这一货币的根本职能出发去私人部门当中追寻货币的起源。货币是私人部门为降低物物交换的交易成本而自发形成的产物，并按这种市场的逻辑而不断演化，一旦产生之后便成为实物经济的"面纱"而变得"中性"。与之截然不同，另一种是"基于债务"的研究传统。这种传统将货币的本质视为一种特殊的债务（信用关系），从记账单位这一货币的根本职能出发，去公共部门当中探求货币的起源。货币是公共部门为了量度和偿付债务而有意发明的产物，并按这种国家的逻辑而不断演化，一旦产生后便成为货币经济的"要素"，发挥着"非中性"的重要作用。前一种传统自古代产生以后便得到众多著名经济学家的支持以及主流经济学流派的沿袭和发展，并被写入当代流行的经济学教科书而

---

① 参见本书第一章。

成为深入人心的"常识"。后一种传统虽然同样历史悠久,却更多为各色边缘经济学家尤其是后凯恩斯主义非主流学派所继承和发展,并得到一些人类学家、历史学家和社会学家的支持。在货币创造这一问题上,这两大传统分别对应主流的"外生货币理论"传统与非主流的"内生货币理论"传统。在凯恩斯那个时代,银行"贷款创造存款"的内生货币理论传统成为当时的"共识",并被写入 20 世纪五六十年代的教科书。但在 20 世纪 70 年代"货币主义"等的影响之下,40 年的共识逐渐失势,取而代之的是"存款创造贷款"以及政府通过基础货币和"货币乘数"控制货币供给的主流外生货币理论传统,该传统至今依然是大多数主流教科书的"常识"[1]。

从以上历史视野观之,孙国峰同 MMT 学者一样,近些年均在致力于重建和复兴上述古老的基于债务的内生货币非主流研究传统。但从对 MMT 以及孙国峰的一些批评文章[2]来看,主流传统依然深入人心,似乎是一种"颠扑不破"的"真理",非主流传统的复兴依然任重道远。尤其是当我们目睹孙国峰在推动这种传统复兴的过程中忽视和低估了 MMT 恰恰重视和凸显的"国家"要素时,我们认为非主流传统的复兴大业亟待

---

[1] CHICK V, DOW S C. Post-Keynesian theories of money and credit: conflicts and (some) resolutions//HARCOVRT G C, KRIESLER P. The Oxford handbook of post-Keynesian economics, volume 1: theory and origins. Oxford: Oxford University Press, 2013: 152-166.

[2] 王永利. 信用货币:从何而来,谁的信用. 经济观察报, 2019-07-13。

"厘清共识"和形成"统一战线"。与孙国峰所认为的 MMT"夸大了财政在货币创造中的作用,忽视了银行作为货币创造中枢的核心作用"相反,我们恰恰认为,孙国峰夸大了银行在货币创造中的角色,忽视了国家在货币创造当中至关重要的作用。MMT 所得出的结论也与孙国峰所称的"不符合现代市场经济内市场发挥资源配置决定性作用的本质"[1] 相反,它不仅符合这一本质,而且符合"更好地发挥政府作用"的内在要求。之所以会形成这种误解和偏差,其原因主要在于,孙国峰理想化地将"财政"与"金融"(或信贷)完全对立起来。但事实上,在当今乃至未来的现代货币制度下,"财政"与"金融"是密切相关的。早在 30 多年前,黄达先生便从综合平衡问题出发,对二者关系进行了颇有价值的探索[2],我们要倍加珍惜这些成果。

---

[1] 孙国峰. 货币创造的逻辑形成和历史演进:对传统货币理论的批判. 经济研究,2019(4).
[2] 黄达. 财政信贷综合平衡导论. 北京:中国人民大学出版社,2009.

第三章
欧债危机：丧失货币主权的危机*

一、引言

2008年全球金融危机爆发后，各国政府运用积极的财政、货币政策对宏观经济进行逆周期调控，由此导致政府赤字与债务规模不断膨胀。在欧元区，由于各国以欧元计价的政府赤字与债务规模受到《马斯特里赫特条约》及欧洲中央银行（ECB）"不救助"原则的严格限制，诉诸"市场"的大规模欧元借贷成为一些国家不得已的选择。但在经济衰退的大背景下，所谓"主权债务"难以避免地出现了违约，市场对这些国

---

* 原载《南开学报（哲学社会科学版）》2012年第5期，标题为《欧债问题溯源：偿付危机还是丧失货币主权的危机？》，作者是刘新华。

家偿付能力的疑虑因此亦不断加剧，这使债务违约风险最终转变为债务危机，并在欧元区内迅速蔓延，区内一些国家（如希腊）深深地陷入"债务超限—财政紧缩—衰退加剧—偿付能力降低—债务危机"的恶性循环之中。然而，迥异于欧元区的境况，以美元计价的美国政府赤字与债务水平远高于欧元区诸国。为了应对经济衰退，美国政府一轮一轮地推出"量化宽松"政策。虽然该政策广受诟病，但人们并未将其与欧债危机等量齐观。由此不难设想：如果欧元区国家仍在使用本国货币，"量化宽松"政策似乎也可以"宽松"地推出，即便刺激经济的效果不显著，但亦不至于转化为如此严重的债务危机。这提示我们：欧元区出现如此严重的债务危机，除了从危机国自身经济体系寻找问题之外，还需特别注意从"欧元"这一特殊的货币中另寻"隐情"。

欧元的货币理论基础即"最优货币区理论"最早由蒙代尔提出，他认为，如果某个地区要素能够自由流动，就可以组成一个最优货币联盟[1]。麦金农进一步指出，单一货币能够有效配置资源，实现内外均衡，但其实施范围要与开放度和要素流动程度相匹配[2]。弗兰克尔和罗斯的最优货币区内生性假说认

---

[1] MUNDELL R A. A theory of optimum currency areas. The American economic review, 1961, 51 (4): 657-665.
[2] MCKINNON R I. Optimum currency areas. The American economic review, 1963, 53 (4): 717-725.

为，即使是不完全符合最优货币区标准的国家，也会随着产业分工深化、经济周期趋同而最终达标[1]。然而，欧债危机的发生使最优货币区理论在欧洲的实践引发深入反思。索罗斯指出，欧元区拥有共同的中央银行，但各国征税权并未交予一个共同的机构，货币一体化使欧元区各国经济结构差异扩大而非缩小，市场力量很难维持欧元区的协调运行[2]。克鲁格曼亦认为欧洲货币一体化的负面效应远高于市场一体化带来的正面效应，最优货币区理论坚持"一个市场、一种货币"的货币改革逻辑迫使各国放弃自主的财政、货币政策，这使系统性危机的发生在所难免[3]。兰德尔·雷则从欧元本身存在制度缺陷入手，认为各国放弃本国货币转而使用欧元必然使其赤字与债务规模受到严格约束，而紧缩政策只能进一步恶化各国政府的资产负债表[4]。

在国内的相关探讨中，已有研究注意到货币的多维内涵。赵柯认为，货币天然是一种权力，货币除了市场逻辑之外，还有一套政治逻辑，而后者有助于理解货币问题的本质。现实中

---

[1] FRANKEL J A., ROSE A K. The endogeneity of the optimum currency area criteria. The economic journal, 1998, 108 (449): 1009-1025.

[2] SOROS G. The crisis & the euro. New York review of books, 2010, 57 (13).

[3] KRUGMAN P. Can Europe be saved. The New York times, 2011-01-12. http://www.nytimes.com/2011/01/16/.

[4] NERSISYAN Y., WRAY L R. Does excessive sovereign debt really hurt growth?: a critique of This Time is Different, by Reinhart and Rogoff. Annadale-on-Hudson, NY: Bard College, 2010.

货币体系的演变往往没有遵循以"效率"为原则的市场逻辑，而是充满着国家间的博弈和斗争。欧元的创建在本质上是一项政治工程，欧元是一种没有国家的货币，缺乏国家主权的强制力及有效的信用担保使欧元成为一种典型的"弱政治性"货币[①]。刘元春等通过欧债危机发生的直接原因、制度缺陷和相关救助机制的考察，提出欧元区不满足最优货币区条件，政治利益的不统一和民族利益的要求使得欧元区无法应对大规模的经济冲击[②]。谢世清认为，丧失货币主权导致各国无法面对冲击有效启动"印钞机"为政府赤字和债务融资，债务违约与危机不可避免[③]。曹宏苓从制度经济学的视角认为，强制性货币制度变迁增加了治理与交易成本，货币一体化的发展必须考虑各国经济发展的初始条件，有效渐进地进行制度创新及改革[④]。

二、主权货币与赤字、国债等主权债务

在区域货币一体化理论中，货币与主权完全隔离，货币被

---

① 赵柯.货币的政治逻辑与国际货币体系的演变.欧洲研究，2011（4）.
② 刘元春，蔡彤娟.论欧元区主权债务危机的根源与救助机制.经济学动态，2010（6）.
③ 谢世清.从欧债危机看"中国式主权债务危机".亚太经济，2011（5）.
④ 曹宏苓.欧元危机与引发机制研究：基于新制度经济学视角.世界经济与政治论坛，2010（6）.

视为主权无涉、为市场服务并提高交易效率的媒介。在市场法则下，只要债务无法偿付，就一定会陷入危机。危机的化解只能借助市场的力量或者国际金融组织的救助。不同于这种主流的货币理论，以明斯基、兰德尔·雷等为代表的后凯恩斯经济学家通过对英尼斯、克纳普、凯恩斯、勒纳及古德哈特等人货币理论的继承和发展，提出"现代货币理论"，其核心的"主权货币理论"（sovereign currency theory）是"一个国家、一种货币"思想的延展和深化[①]。其凸显了货币丰富的制度内涵：货币的本质体现为一种债权债务关系，主权货币是主权政府债务（I-Owe-You），货币并非制度无涉，现代货币与国家主权的结合体现出一国的"公共控制力"和"经济调控力"，主权货币是一国政府合理配置资源、调控宏观经济、保证经济社会可持续发展的根本保证[②]。拥有主权货币国家的政府支出不存在经济意义上的"财政约束"，主权政府能够支付得起以本国货币计价的支出[③]。

对这一理论的理解可以从一国政府支出的本质和过程入

---

① GOODHART C A E. The two concepts of money: implications for the analysis of optimal currency areas. European journal of political economy，1998，14（3）：407-432.

② 刘新华，绿文. 货币的本质：主流与非主流之争. 经济社会体制比较，2010（6）.

③ WRAY L R. Understanding modern money: The key to full employment and price stability. Cheltenham: Edward Elgar，1998.

手。当一国政府支出时,财政部开出一张支票,收款人通过商业银行兑现该支票。由于财政部与各银行在央行都有一个用于清算的准备金账户,所以这一过程一方面表现为财政部在中央银行准备金账户中的准备金减少,另一方面则表现为收款人的开户银行在中央银行准备金账户中的准备金增多,同时收款人在其账户行的存款增加。这样,政府财政支出的最终结果体现为银行体系准备金的增多。如果财政部在中央银行的准备金账户中没有准备金或准备金不足,中央银行则会通过在其资产负债表中贷记"购买财政部支票"[①] 和借记"货币发行"来满足财政支出对准备金的需求。也就是说,只要中央财政根据经济发展情况有支出需求,就不会存在准备金的约束。财政支出本身就确保了主权货币的发行,从而导致银行体系准备金的增加。

现金及准备金是中央银行的基础货币[②],所以政府支出过程就是主权政府创造货币满足经济体和经济发展需要的过程。在中央银行的资产负债表中,由于货币是中央银行的负债,货币也就成为主权国家的债务。既然主权货币的发行就是在创造

[①] 这是中央银行资产业务操作的一种类型。
[②] 按照金字塔结构的货币信用层次构成,中央银行发行的货币位于金字塔的顶端,是最权威的负债形式;商业银行信贷创造的银行货币是银行负债,其信用水平低于中央银行货币;私人负债的信用等级处于低端。低层次的债务清算需要使用高层次负债,即私人负债的清算需要通过银行货币,而银行间清算需要通过中央银行货币。

国家债务，那么这一国家负债又是如何被清偿的呢？在现代国家中，税收系统是一种有效的偿付机制。税收由国家强制执行，它因此而成为经济主体所欠国家的债务，确保了货币这一国家负债的清偿与回笼。也就是说，国家首先主动负债（发行货币或者债券），而税收偿付是经济发展的结果，并不是政府支出的货币来源。但需要指出的是，税收的首要功能并不在此。由于税收的前提是国民手中持有货币，所以税收首先创造了国民对货币的需求，并赋予货币价值，税收制度因此也成为国民接受和使用国家货币的有效制度保障。

基于以上两方面的考察，可以看出政府支出增加了银行体系的准备金，而税收回笼资金则减少了准备金。这样，政府的"赤字"就体现为央行货币的净投放，也是一国债务的净增加，与此同时也体现为银行体系准备金的净增加。但是，银行体系准备金的超额供给会导致银行间同业拆借利率下降甚至为零，使宏观利率政策难以发挥调控经济的作用。针对这种情况，央行通过公开市场操作在二级市场上销售国债，用其吸纳银行体系中超额的准备金。这样看来，商业银行从中央银行购买国债资产并向公众销售，不但吸纳了经济体内的现金和存款货币，同时也为公众提供了一种以生息资产替换手中不生息的货币资产的选择。

事实上，政府赤字、国债与主权货币都是国家的债务。那么，"用国债为赤字融资"这一人尽皆知的"道理"也就可以表述为用债务来为债务融资,这显然是自相矛盾的。由此看来,主权国家其实并不是通过"发行国债"来为其政府融资。在现实操作中,一国主权货币发行的过程支持了这种观点。一般情况下,一国财政部发行的国债是中央银行货币发行的"证券准备"①。按照货币发行程序,中央银行货币发行的过程表现为央行资产负债表中资产方的国债增加,而负债方的货币发行增加。这样,财政部在一级市场发行的国债就转换为中央银行的负债,即高能货币。事实上,中央银行的货币发行离不开财政部的国债准备。而在明斯基看来,一国财政部和中央银行都属于一国中央政府的范畴,财政部的"国债"与中央银行"货币"本质上并无区别。

综上可见,货币发行权与征税权的统一保证了一国负债的权威性和自主性,体现了一国财政与货币政策不可割裂的紧密关系。进一步地,以主权货币计价的国家债务是一国主权政府能够控制的;只要公众存在对国家货币的需求,主权政府必然按需供给其负债(货币、政府赤字或国债)。债务的偿还则体现为税收的缴纳和货币的回笼,这会根据经济周期的变化自主实现,主权政府的支出(或者赤字)及税收本

---

① 代表国家进行货币发行的唯一出口是中央银行,而中央银行的货币发行必须有"现金准备"和"证券准备","现金准备"多表现为黄金与外汇储备,"证券准备"中的证券多数为财政部发行的国债。由于"现金准备"存在较强的"硬约束",多数国家只有"证券准备"。我国目前采取的是比例准备制,即现金与证券准备各占一定比例。美国采取的是完全的证券准备制。

质上应该是创造或者合理分配真实资源的过程,与债务融资和偿付并无关系,因此以主权货币计价的主权债务并不存在偿付危机。拥有货币发行权的一国政府的自主负债能力是其调控经济、保证经济有序运转的必要条件,而充分条件则是主权政府如何保证"好"的负债,也就是主权政府如何有效促进就业、减少收入分配不均衡,实现一国经济健康可持续的发展。

三、欧元的非主权性与欧洲中央银行的不救助原则

如果货币发行权并不归一国主权政府所有,也就是说,一国政府丧失了"主动负债"的权力,这就使主权政府失去了使用"公共垄断权"(public monopoly)来调控与发展经济的能力。在欧元区内,各国政府没有欧元发行权而只有使用权,无法按需创造负债,即进行主动的货币发行,欧元区国家的货币主权边界从各国独立的中央银行和政府决定转变为由欧洲中央银行和欧洲议会决定。这样,虽然欧元区内各国在政治等其他层面拥有主权,但货币发行权的"上交"会使一国政府在经济面临波动时,自主调控经济的能力被严重削弱。

虽然欧元区内各国的中央银行仍然担负着国内支付与清算

职能，但货币发行与货币政策却统一在欧洲中央银行手中。这样，各成员国在形式上与拥有主权货币发行权的国家内部的地方政府就没有本质上的区别。例如，美国国内的各州虽然使用美元但不能发行美元，因此州政府存在严格的预算约束，一旦支出大于收入，必须对外借债，或是诉诸美联储，或是求得财政部的转移支付，或是求助于市场。需要指出的是，美国联邦政府和美联储会根据各州的经济情况，适时、灵活地按需提供资金支持；欧元区国家却无此"待遇"，欧洲中央银行作为"最后贷款人"的职能受到相关制度的严格限制，如果各国之间没有达成统一、协调的救助机制，政府的超限赤字支出只能通过市场借贷获得。

　　由此不难看出，使用非主权货币的欧元区国家与一个在其内部使用外币的国家并无本质区别。"美元化"的货币局制度实践就提供了非常值得借鉴的经验。例如，采取货币局制度的阿根廷并没有从美联储那里获得最后救助的保证，这为阿根廷金融危机埋下了隐患。与货币局制度相比，虽然《马斯特里赫特条约》规定了欧洲中央银行的不救助原则，但在危急关头，"最后救助"也并不是不可能的。问题在于，由于各国经济结构、经济发展水平存在显著差异，为了确保公平和标准统一，欧洲中央银行保持其不偏不倚的"独立性"成为最优选择，因此欧洲中央银行被明确禁止为各成员国融资[①]。这意味着，欧洲中央银行无法真正发挥中央银行的职能，无法作为"国家的银行"为政府提供救助，这是欧元货币制度设计中存在的一个严重缺陷。相较于欧元区，美联储与政府的关系则很密切。美联储公开市场操作保证了其与财政部的高度配合，确保政府的支出能够顺利完成。

值得注意的是，欧元的货币主权虽然上收到欧洲中央银行，但财政主权及财政政策的制定权仍留给了各国。一般认为，这种货币政策与财政政策"分家"的制度安排将有效避免政府利用货币政策去补救其错误的财政政策（如中央银行通过印制钞票为超额财政赤字融通资金）。因此，欧元区各国财政部不能直接向中央银行发售政府债券。而当各国税收收入不能满足支出需求时，政府为赤字融资须与私人机构一样诉诸市场，这样其负债能力就完全取决于市场的判断和评级，市场根据其估算的各成员国债务违约风险和欧盟中央银行进行救助的可能性来决定是否持有各成员国债务。一旦成员国无法按照严格的市场规则清偿债务，债务危机就成为无法逃避的现实。

在现实操作中，欧洲中央银行虽然保持了不在一级市场上

[①] 金融危机发生后，欧洲中央银行被迫放宽规定，允许在二级市场上购买葡萄牙、意大利、爱尔兰、希腊、西班牙（PIIGS）的国债。

购买各成员国债务的独立性，但在二级市场上表现得十分活跃。尽管二级市场国债买卖也是欧洲中央银行对其成员国的一种债务救助方式，但这与一级市场的"最后贷款人"功能却存在本质区别。二级市场的间接救助将各成员国直接推向"市场"，按照"市场标准"获得资金的成本和风险无疑比直接救助大得多，诱发系统性危机的可能性也相应地增大。但是，欧洲中央银行并不认为这是个致命的"错误"，反而认为这正是欧洲货币一体化的"最鲜明特点"——这样的制度设计可以有效避免各成员国"倒逼"欧洲中央银行为其不审慎的政府赤字融资。在堵住这一救助通路的情况下，各国政府面对苛刻的市场规则就必须严格遵守标准化的"赤字和债务"上限，这将会促进欧元区整体效率的提高，从而进一步促进经济的一体化。

吊诡的是，欧元区各国放弃货币主权而追求市场效率和一体化的初衷反倒因债务危机破坏了市场效率并影响了一体化进程，呈现出一种以德国和希腊为代表的强、弱失衡和主导、依附共生的结构性矛盾。在欧元区内部，德国批评希腊等国政府债务和国民债务膨胀导致其贸易逆差；而希腊等国则认为德国遵循"重商主义"原则，认为其不断扩大的出口和贸易盈余牺牲了他国利益。在争吵的背后，已然凸显出欧元区内国家不平衡发展格局所造成的种种结构性矛盾，这与欧元设计的初衷背道而驰。

四、"一个市场、一种货币"还是"一个国家、一种货币"

最优货币区理论的提出有这样一个问题导向:到底采取什么样的汇率制度能够保证世界贸易的均衡发展。在蒙代尔看来,稳定的货币秩序的最重要因素是货币政策的可预见性,其中就包括了均衡的汇率水平、稳定的汇率预期。因此,在地理位置相近、经济发展规模和结构相似的区域内使用一种货币将更有利于贸易与经济的均衡发展。货币一体化不但能规避汇率风险,还能够进一步促进区域内各经济体的相互融合。这样,货币一体化与经济一体化是相互促进、相辅相成的关系。货币一体化凸显了"一个市场、一种货币"的思想,这一思想认为货币选择主要取决于市场状况和市场需求,因此货币空间应根据实际货币交易网络划分,每个货币空间就是其功能性权威的影响范围,即完整的市场在货币层面体现为一个统一的"货币圈"。当一个国家的政府无法更好地发挥货币职能时,货币权的让渡将有利于经济发展和国民福利水平的提高,其解决方案就是将货币权上交给更高层的超国家机构。唯有如此,货币才能真正服务于市场。无论这个市场有多大,涉及多少个国家,只要是一个相对统一的大市场,单一货币就是最佳的选择。

不难发现,"一个市场、一种货币"的思想是新古典经济学在货币层面的具体体现，鲜明地体现出主流的观点：货币起源于市场，货币的主要功能是降低交易成本、减少风险和不确定性，货币承担着交易媒介、计价单位和价值储藏的职能，解决的是经济运行中的"效率"问题。

且不论货币到底是起源于市场还是信用的创造，在现实世界中，它并未完全遵循市场的逻辑，甚至在不少情境下与"效率"原则背道而驰。欧债危机的发生已使人们开始质疑欧元的整体"效率"。虽然贸易强国如德国借助欧元降低了不确定性，促进了经济发展，但必须看到，德国的欧元贸易顺差是以区内他国的贸易逆差为代价的。因此，从长期来看，区内经济将会严重失衡，缺乏外部需求支撑的贸易强国最终也会被牵连其中。

最优货币区理论在欧元区出现的困境使"一个市场、一种货币"的思想受到挑战。在西方发达国家，相较于欧元这种非主权货币，美元作为一种主权货币，在金融危机后的世界货币体系中的地位不但没有削弱反而进一步得到巩固。以美元计价的美国政府赤字和债务无须诉诸市场就能够进行自主的安排，从而优化政府与私人部门的债务结构，促进经济走出衰退。这种在实践上的巨大反差说明，与"一个市场、一种货币"相比，在主权货币理论框架下提出的"一个国家、一种货币"的货币制度赋予了一国政府更大的经济政策的调整空间——"自己的货币，自主的政策"——这使宏观政策可以根据一国经济发展的具体情况进行灵活和动态的调整，而不受种种所谓标准（如债务标准、赤字标准）的约束。说到底，一国经济发展是其自身国情的函数，有悖于所谓市场逻辑的政策可能最终有利于一国经济发展的历史逻辑。然而在"一个市场、一种货币"思想指导下设计的欧元则剔除了现代货币最为重要的主权内涵，欧元实际上成为区内各国使用的"外币"。这意味着，欧元区内国家将一系列重要的、本可以内生决定的经济制度与经济政策"外生化""标准化"。当经济遭遇各种冲击之时，其运用货币、财政、汇率政策的空间必然受到来自外部的种种约束与限制，自我进行宏观经济调控的能力被严重削弱，债务危机的发生事实上已成为时间上的问题。

人们一般将欧债危机称为"主权债务危机"，认为主权国家的信誉是借债和偿债的根本保障。一旦债务出现违约，信用评级被调低，主权债务危机就会发生。应该认识到，国家信誉是一国综合国力的集中体现，而在一国综合国力中，国家掌控本国经济发展的能力又是重要的一环。从欧元的制度设计来看，欧元区内各国在货币政策上的去主权化严重削弱了国家掌控本国经济发展的能力。从这层意义上讲，欧元区一些国家的信用评级不断被市场调低，在经济衰退、过高的福利水平以及偿付能力下降等表象原因之下，货币的"去主权化"才是更为深刻的制度根源。希腊甚至试图放弃欧元,选择可以自主决策的"主权性"货币,回归到"一个国家、一种货币",这无疑是对欧债危机根源的最好解释。需要补充的是,虽然欧元区的债务危机是非主权欧元制度安排下必然出现的危机,但"过度失控"的金融创新与发展以及私人债务的"无限膨胀"是危机愈演愈烈及无法有效化解的微观原因,而对于这一问题的论证将会在后续的研究中展开。

五、结语

欧元这一货币设计存在先天缺陷:只有货币使用权而没有发行权。这使一国本可以内生、自主决定的各项政策"外生化""标准化",由此施加给欧元区国家的财政、利率及汇率约束使各国政府调控经济的能力大大弱化,而对内紧缩进一步伤及经济体的持续发展与抗风险能力,债务危机在所难免。但从理论上而言,这并不意味着欧元命中注定地要走向解体。在欧元区,如果政治意义上的主权能够脱离现在的国家并与欧元相匹配——出现了"欧洲国",那么,希腊等国的债务危机就转化为一国之内的区域经济问题。但现实地分析,向"欧洲国"的跨越远比向"欧元"的跨越更为艰难、复杂。因此,短期来看，如果要避免欧元解体、区内经济产生大的震荡并波及世界，就必须针对区内不同国家的经济结构特点重新调整经济指标（如赤字、债务上限）的标准化约束体系（事实上，欧元区对希腊的大规模救助已是公开地违背了《马斯特里赫特条约》）。这无疑是一个复杂的博弈过程，但短期内若不能得当处理，欧债危机将会真正转化为欧元解体的危机。这样，从长期来看，要么欧洲向"欧洲国"迈进，要么欧洲回到"马克""法郎"时代。但无论是哪一种结果，经历种种艰难后，欧洲的经济一定要在一体化和多样化、多元化之间寻找到一种平衡。这应是欧元实践或是欧元试验在全球化、一体化浪潮中为世界经济发展所提供的真正借鉴。

第四章
货币的属性与私人数字货币的本质[*]

一、引言

随着 2009 年以来基于区块链底层技术的"私人数字货币"[①]——比特币、莱特币等的相继问世，全球交易支付领域频频出现以此类"币种"作为支付手段的情况，似乎一种新的货币形态正呼之欲出；但与此同时，私人数字货币价格的暴涨暴跌以及部分国家的严厉监管，又引起了社会各界对其货币性

---

[*] 原载《经济社会体制比较》2019 年第 3 期，标题为《货币的债务内涵与国家属性：兼论私人数字货币的本质》，作者是刘新华、郝杰。

[①] 本章所述"私人数字货币"是指以比特币、莱特币等为代表的基于区块链底层技术、分散"发行"的加密数字货币，姚前在其诸多文献中称之为"私人数字货币"，此处采用此种提法。参见：姚前. 理解央行数字货币：一个系统性框架. 中国科学（信息科学），2017（11）。

质的重重疑虑。尽管我国早已禁止私人数字货币的投资、支付等相关活动，但不可否认人们对其本质认知中的诸多疑虑仍未消除，模糊不解之处依然存在，而与此相关的货币本质问题也再一次地亟待澄清。

然而，正如凯恩斯所言，"货币比我们之前所想象的还要古老，它的起源消失在冰河融化时期的那一模糊印象中，很可能追溯到间冰期人类历史上某些如天堂般美好的时代"[1]。千百年来，伴随着货币所经历过的贝壳、金银条块、铸币、纸币、电子货币等诸多形态的更迭，有关货币起源与本质的争论也从来未绝于耳。有关货币的争论历来主要沿着两个方向展开，一方是传统主流的交易起源观，另一方则是与之长期对立却始终未能"登堂入室"的债务起源观。然而，不可否认的是，人类学、历史学等诸学科已经表明，传统的关于货币交易起源与商品本质的认知存在与历史逻辑的严重背离，债务起源与国家因素才是解读货币的"正途"[2][3]。为此，本章将首先基于当前主流学界关于私人数字货币本质的争论，对传统的货币商品本质观作简要评析，继而结合历史事实与理论逻辑，阐述货币的债务内涵与国家属性，并由此拓展对私人数字货币本质

---

[1] 凯恩斯. 货币论：上卷. 何瑞英，译. 北京：商务印书馆，1986：17.
[2] KNAPP G F. The state theory of money. London：Macmillan，1924：38.
[3] 格雷伯. 债：第一个5000年. 孙碳，董子云，译. 北京：中信出版社，2012：21.

的解读。

长期以来,传统理论大多秉持货币的商品本质观,认为货币作为一般等价物必须如传统贵金属货币那样拥有自身价值基础,或者必须如现代信用纸币那样以国家信用为其价值支撑。不无凑巧地,私人数字货币生成过程的两大特征恰好分别对应了这两点认知的逻辑框架,因而成为主流学界剖析其本质属性的着力点。具体而言,一方面,私人数字货币的产生需要大量的电力耗费与计算机设备投入,致使学者们就此争论其作为货币的价值基础;另一方面,其生成过程完全"去中心化"、不由国家或任何机构集中发行,又使得各类文献不可避免地涉及其是否具备信用支撑的问题。

在私人数字货币是否具有自身价值方面,有部分观点表现得极为肯定。其中,哈耶克追随者的主张较为新颖,如塞尔金创造性地将比特币定性为合成商品货币(synthetic commodity money),以其兼具商品货币和法币的"双重优势"而可作为一种新型基础货币[1];闵敏和柳永明也基于米塞斯"回归定理"肯定了比特币产生过程中的物质耗费所形成的价值[2];其他学者如庄雷和赵成国,也对"挖矿"消耗的计算处理能量持

---

[1] SELGIN G. Synthetic commodity money. Journal of financial stability,2015,17:92-99.

[2] 闵敏,柳永明. 互联网货币的价值来源与货币职能:以比特币为例. 学术月刊,2014(12).

肯定态度，认为其构成（私人）数字货币的价值，使数字货币锚定于网络技术能力[1]；贾丽平同样认可物质耗费所带来的价值，承认私人数字货币作为未来货币的可能性[2]。然而，大多数学者如汉利、雅麦克将比特币定性为一种投机品，认为其生产过程中的物质耗费并不能形成"内在价值"，且从货币交易媒介职能的角度考察，其当前的价值仅取决于在商品交易中的作用[3][4]；李翀严格区分了使用价值、价值和交换价值，认为比特币除交换价值外不存在任何使用价值，其生产所投入的劳动也不能形成价值，因而与真正的商品货币有着本质不同[5]；刘津含和陈建以私人数字货币未与黄金建立稳健联系为由，判定其缺少价值依托。[6]

在私人数字货币是否具备信用支撑的问题上，也有部分学者持肯定观点。如哈维坚持认为比特币的信用来自其使用者，尽管缺乏政府和真实商品在背后的支撑，但也不能阻碍其作为

---

[1] 庄雷，赵成国. 区块链技术创新下数字货币的演化研究：理论与框架. 经济学家，2017（5）.

[2] 贾丽平. 比特币的理论、实践与影响. 国际金融研究，2013（12）.

[3] HANLEY B P. The false premises and promises of Bitcoin. (2018 - 07 - 04). https://arxiv.org/abs/1312.2048.

[4] YERMACK D. Is Bitcoin a real currency? An economic appraisal//LEE D K C. Handbook of digital currency：Bitcoin, innovation, financial instruments, and big data. Amsterdam：Academic Press, 2015：31 - 43.

[5] 李翀. 比特币会成为货币吗？. 当代经济研究，2015（4）.

[6] 刘津含，陈建. 数字货币对国际货币体系的影响研究. 经济学家，2018（5）.

货币使用[1]；卢瑟和怀特也类似地将比特币的价值归结于市场需求并看好比特币的未来前景[2]。然而，大多数观点却以缺乏国家"背书"为依据，对私人数字货币的信用属性予以否定。如克鲁格曼指出，比特币并不由国家创造或背书[3]；盛松成和蒋一乐也认为，比特币没有集中发行方，缺乏国家强制力的保证[4]；易宪容同样认为，比特币的技术设计本身就缺乏制度保证，也不存在信用担保[5]；李秀辉则针对比特币的性质指出，其仅代表比特币社区精英们的私人信用，缺乏国家信用支撑，因而不具有货币性质[6]；姚前也认为，私人数字货币本质上是一种加密股权，既无价值基础也缺乏国家信用背书，因而难以成为货币[7]；此外，姚前还指出，私人数字货币缺乏稀缺性，也不能如央行信用货币那样实现公众利益均等，因此不满足可

---

[1] HARVEY C R. Do cryptocurrencies such as Bitcoin have a future？Yes：don't judge Bitcoin by its early，inevitable problem. Wall Street journal，2015，265（49）．

[2] LUTHER W J，WHITE L H. Can Bitcoin become a major currency？. Fairfax County，Virginia：GMU，2014.

[3] KRUGMAN P. Bitcoin is evil.（2017-08-22）. https：//hallingblog. com/2017/08/22/bitcoin-is-evil/.

[4] 盛松成，蒋一乐．央行数字货币才是真正货币．中国金融，2016（14）．

[5] 易宪容．区块链技术、数字货币及金融风险：基于现代金融理论的一般性分析．南京社会科学，2018（11）．

[6] 李秀辉．货币形态转变的机制与趋势：从交子与比特币的比较说起．社会科学战线，2016（12）．

[7] 姚前．法定数字货币的理论与技术逻辑：货币演化与央行货币发行创新．（2017-09-27）. https：//mp. weixin. qq. com/s/VhCSDaec6fbd7dxxBstNAw.

使其作为货币的一致同意规则[①];戴金平和黎艳同样认为(私人)数字货币同时缺乏内在价值与信用支撑,缺乏货币的普遍接受性与价值稳定性两个本质特征[②];王娜尽管肯定了比特币等数字货币所内含的私人劳动的社会性,却仍认为其缺乏国家的强制规定[③]。

不难总结,当前多数观点在价值判定问题上莫衷一是,因而缺乏对私人数字货币本质的解释能力;而在货币的信用支撑问题上,传统视角又显然止步于国家信用,未能进一步挖掘国家信用的"源头",并且其对货币从金属形态到信用纸币的本质认识有着内在逻辑的"断点",难以解释货币从依赖自身价值到诉诸国家信用的历史转变[④]。深究其中缘由,不可否认,传统理论有关货币起源于解决"需求双重耦合困境"的论证,从一开始就缺乏坚实有力的事实依据和逻辑支撑。正如格雷伯所指出的,《国富论》及经典教科书中所讲述的物物交换"故事",实际上均采用了人为"想象"的虚构方式[⑤];而在15—17世纪的人类大航海时代以及此后长期的殖民扩张过程中,

---

[①] 姚前. 共识规则下的货币演化逻辑与法定数字货币的人工智能发行. 金融研究, 2018 (9).

[②] 戴金平, 黎艳. 货币会消亡吗:兼论数字货币的未来. 南开学报 (哲学社会科学版), 2016 (4).

[③] 王娜. 马克思主义政治经济学视角下两种数字货币的本质及发展趋势. 经济纵横, 2017 (7).

[④] 李黎力, 贾根良. 货币国定论:后凯恩斯主义货币理论的新发展. 社会科学战线, 2012 (8).

[⑤] 格雷伯. 债:第一个5000年. 孙碳, 董子云, 译. 北京:中信出版社, 2012:23-29.

也没有任何人宣称在地球上哪怕任意一个角落发现过以物易物的经济模式。另外，从逻辑上讲，物物交换在人们的交易习惯中首先面临着信任与信息不对称问题，交易双方通常都希望通过交易甚至欺诈手段来谋求自己的最大利益，因此以物易物最终只能导向"一次博弈"而不能形成货币制度①。

由此可见，无论是在史实依据方面还是在行为逻辑方面，传统的关于货币交易起源与商品本质的认知都难以"站稳脚跟"。实际上，在自亚里士多德、亚当·斯密，到英尼斯、克纳普、凯恩斯等的文献典籍中，早已明确货币起源与演进中的国家、制度与文化因素，债务的逻辑在其中全线贯穿。为此，下文将重点阐释货币的债务内涵与国家属性，进而以此为基础，避开主流观点中有关私人数字货币价值基础的讨论，从货币的国家信用支撑的"源头"，也即货币的债务本质出发，剖析私人数字货币的根本属性。

二、货币的债务内涵：历史与逻辑

《国富论》面世以后，大量学者对其中有关"以物易物"的例子进行了考证，发现在物物交换模式的表象背后，实质上

---

① 张杰. 金融分析的制度范式：制度金融学导论. 北京：中国人民大学出版社，2017：170.

是以所谓的媒介商品为载体的债务体系；而其他的考古发现同样证实，在更普遍的情形下，古代先民们通常以记账、借贷等方式完成交易，由此逐渐演化出今天所看到的货币体系。

（一）货币起源：债务的表示与流通

据考证，早期欧洲商业活动普遍将交易信息刻录在被称为"符木"的榛木棒上，以记账方式完成交易[①]。无独有偶，古代中国也存在类似的以"傅别""质剂"缔结债务关系进而达成交易的情形[②]；不难理解，这种构建债务关系的内在逻辑实际上与兄弟、族人之间的礼尚往来多有交叉相通之处[③]。然而，不得不承认，单纯债务关系的构建还不足以充分刻画货币的"面貌"，因为相比于货币在流通中的记账与清偿功能，双方之间债务关系的缔结既无法形成对市场上其他债务和商品的计价与表示，也不能使双方交易彻底完成，反而，为完成交易的偿债行为却将使债务本身不复存在，所谓货币起源亦将无从谈起。

那么，人类社会早期广泛存在的借贷、债务体系，又是如何"催生"出货币的呢？所幸的是，5 000多年前苏美尔人的楔形文

[①] INNES A M. What is money？. The banking law journal，1913（5）：394.
[②] 段颖龙. 东周钱币起源"契券"考. 中国社会经济史研究，2015（1）.
[③] 李秀辉. 货币与礼物：社会交往的两种逻辑——兼论货币的真实起源. 社会科学战线，2015（6）.

字泥版上有关债务体系的记录，为此提供了较为明确的答案。

不言自明的是，债务作为一种人与人之间的关系，通常以一定形式表现出来。据格雷伯考证，早期苏美尔的神庙管理者为方便宫廷内部记账而创设了标准统一的单位体系，以"锡克尔"和"米那斯"为单位的白银最早被用以记录应付给神庙劳动者的报酬，并且1锡克尔银等于60米那斯银，等价于1蒲式耳大麦，表示劳动者一个月的酬劳[1]。由此可见，神庙、宫廷的债务与账目（即管理者对劳动者应付报酬的债务）首先通过"单位化"的白银予以表示和衡量。若干单位的白银实际上也意味着神庙管理者按其所规定的白银与大麦的比价关系，履行相应义务的承诺；劳动者获得一定单位的白银或宫廷账本上以"单位白银"（锡克尔银或米那斯银）所载的一条记录，便意味着可在将来面向神庙或宫廷实现特定权利[2]。由此，债务基于白银与大麦的比价关系表现出来，白银则是债务的表现形式（细分为计价形式与凭证载体）。

---

[1] 格雷伯.债：第一个5000年.孙碳,董子云,译.北京：中信出版社, 2012：39.

[2] 关于白银所意味的神庙管理者的义务，一种理解为，白银实际上是管理者所发放的记录资源分配的凭证，劳动者可凭借白银从神庙领取一定量的大麦，因此可谓以货币表示的"分配解"；而另一种理解为，白银是税务部门（包括神庙）承诺接受的支付手段，公众持有白银即拥有了偿付自身税收负债的权利，因此可谓以货币表示的"税收解"。参见：张杰.金融分析的制度范式：制度金融学导论.北京：中国人民大学出版社，2017：176, 185。二者虽有不同，但实际上均意味着神庙管理者必须履行的特定义务，并无实质差异。后一种观点较为系统且受众较多，将在下文重点展开。

至此，以白银表示的债务尽管因前述原因仍不能刻画货币的"面貌"，却无疑为其通往货币之途夯实了基础，债务由此突破了神庙与劳动者两者的关系，更为广泛地在其他经济主体间使用和流通。一方面，不仅债务的度量单位（锡克尔银和米那斯银，也即债务的计价形式）被神庙管理者用以记录其他债务（罚金、费用等）、规定部分劳务与商品的价格，而且私人间的交易往来也普遍使用"单位白银"记账①，由此抽象虚拟的"单位白银"逐渐成为计价标准并发挥记账职能。另一方面，白银本身（即债务的凭证载体）也被用作支付手段在私人交易中广泛流通②，使得其中所蕴含的对神庙管理者的"求偿权"亦随之转移，私人债务也得以最终偿付，由此白银借以发挥了货币的清偿（支付）职能。

　　基于这一过程，白银终于表现出在今天看来的货币的样子。由此也不难总结，人类社会之所以能从早期的借贷、债务体系中"催生"出货币，首先在于债务的"单位化"表示，而

---

① 格雷伯. 债：第一个5000年. 孙碳，董子云，译. 北京：中信出版社，2012：39-40. 关于苏美尔的单位白银，除格雷伯的记述外还有其他类似的表述：谢克尔（Shekel）和迈纳（Mina）。并且彼时的《埃什南纳法令》以此规定了一系列债务、商品或劳务的价格，如1谢克尔银等于600塞拉的大麦、360谢克尔重的羊毛，一个月的劳务费用为1谢克尔银，一个人咬掉他人的鼻子或戳瞎他人的一只眼则罚没1迈纳银，等等。参见：欧瑞尔，克鲁帕提. 人类货币史. 朱婧，译. 北京：中信出版社，2017：15。

② 伊格尔顿，威廉姆斯. 钱的历史. 徐剑，译. 北京：中央编译出版社，2011：20-24。

债务借助其凭证的广泛流通以及在流通中记账与清偿职能的发挥，才最终完成向货币"身份"的转变。

（二）货币的债务内涵

如前文所述，货币起源于债务的表示与流通，因此对于货币的债务内涵，显而易见的是货币作为债务的表现形式所蕴含的最初债务人的承诺或义务，于货币持有者而言，即象征着可实现的特定权利（如凭借苏美尔白银可领取报酬）。然而，由于债务经广泛流通才最终成为货币，因此货币的债务内涵在流通过程中表现出更为深层的意义，其中货币的记账与清偿职能是理解其债务内涵的两条重要线索。

其一，从货币记账职能的角度考察。细究前文所述苏美尔"单位白银"所表示的债务，不难发现，其具体体现为神庙管理者通过规定白银与大麦的比价关系而描述的自身应付劳动者报酬的义务，由此便将原本无形、模糊的管理者的债务（即劳动者的权利）通过以数字精确表示的、单位化的白银表现了出来。换言之，货币（如"单位白银"）实际上构建了现实事务（如债务关系）与抽象数字（如若干单位）之间的联系，让现实和虚拟交织在一起[①]；而构建的方式，即是由初始债务人

[①] 欧瑞尔，克鲁帕提．人类货币史．朱婧，译．北京：中信出版社，2017：43-45．

规定货币与现实事务之间的比价关系,并以货币单位表示出来。

至此不难理解,一种货币单位之所以被用作私人交易中的记账手段,原因在于其背后的比价关系告诉了人们其所表示的价值几何、面向初始债务人可实现的权利有多大,由此便为人们衡量其他一切事物提供了一个基准。顺此继续向下深究,可以发现,由于此类基准或比价关系源于初始债务人的承诺,因此人们使用某一货币单位,根本而言是出于对初始债务人的认可与信任[1];假使初始债务人所规定的比价因不能维持而频繁波动,其货币记账职能的发挥就一定会被削弱。所以,从记账职能的角度看,货币的债务内涵在于人们对其背后的比价关系,进而对初始债务人承诺的信任。

其二,从货币清偿职能的角度考察。例如在苏美尔社会中债务凭证(即白银本身)作为支付手段而广泛流通的情形下,当某一债务的凭证被债权人转手给"第三方"以偿付对"第三方"的某项负债时,债务便完成了一次向货币"身份"转变的"惊险跳跃"。转手流通即意味着"第三方"对债务发行人,即初始债务人的信任;而随着转手次数的不限次增加,信用链条便基于初始债务人的信用扩展开来,通用的支付手段也由此产

---

[1] 格雷伯.债:第一个 5000 年.孙碳,董子云,译.北京:中信出版社,2012:47.

生，货币体系亦随之形成①。由此，货币即表现为一种可转让的债②。历史上，英尼斯所述的"符木"即在使用中被剖分为"干""蒂"两部分并分别由债权人和债务人持有，而"干"曾被广泛转手用于支付货款或清偿其他债务；另外，斯密所谓的在苏格兰地区充当交易媒介的钉子，实际上也是当地工人持有的雇主的债务，可用以转手偿付拖欠酒吧的账款③。所以，从清偿职能的角度看，货币的债务内涵又体现为初始债务人的信用在各经济主体间的传递与扩展，根本而言也即人们对初始债务人的普遍信任。

然而，关于货币的记账与清偿职能，还需强调，从苏美尔白银仅仅充当记账符号、并未真正流通用作清偿手段的历史事实看④，货币的清偿职能虽然必须具备，却并不一定需要实际履行，只需依据货币单位所标示的其他债务、商品或劳务的"价格"，即相应的货币本身与这些事物的比价关系，便足以借助任何物品完成债务的清偿。此中缘由，则在于前文所述人们

---

① 张杰. 金融分析的制度范式：制度金融学导论. 北京：中国人民大学出版社，2017：181-182.

② 韦森. 货币的本质再反思. 财经问题研究，2016（10）.

③ 格雷伯. 债：第一个5000年. 孙碳，董子云，译. 北京：中信出版社，2012：38.

④ 苏美尔社会中真正的白银实际上大多并未流通，只是存放于神庙或宫殿的国库中，仅有"单位白银"作为计价符号被刻录在陶土泥板上履行记账职能，且人们日常债务的清偿也是偿付与以"单位白银"记录的债务等价的大麦或其他物品。前文提及的苏美尔社会中发挥清偿职能的白银，是指"没有在国库中储藏的多余部分"，其量虽少但具有代表性意义。参见：伊格尔顿，威廉姆斯. 钱的历史. 徐剑，译. 北京：中央编译出版社，2011：22.

对货币单位背后的比价关系以及初始债务人的信任。由此可见，债务的衡量、记录与清偿，均离不开货币记账职能的发挥。因此，货币作为记账手段才是其债务内涵的最核心体现，也是有关货币的"原始概念"①。

由以上分析不难总结，货币的债务内涵除了体现为最初债务人的承诺或义务之外，更重要的，在于货币流通中记账与清偿职能所体现出的人们对初始债务人的普遍信任；并且，毫无疑问，记账职能的发挥在整个过程中占据主导地位，体现着有关货币的最初始、最本质的债务内涵。

三、货币的国家债务属性

诚如上文所述，既然货币表征着人们对初始债务人的普遍信任，或更具体而言货币记账职能的发挥体现着人们对初始债务人有关比价关系的承诺的信任，那么随之而来的问题是：人

---

① 凯恩斯. 货币论：上卷. 何瑞英，译. 北京：商务印书馆，1986：7. 货币的记账与清偿两种职能（分别对应于货币单位与货币本身），恰好分别契合了凯恩斯关于"记账货币"与"货币物"的论述。不难理解，这二者是"透视"货币概念的两个不可或缺的维度；然而，这两个维度并非有着同等"地位"，而是"记账货币是货币理论中的原始概念"，货币物"只能相应于记账货币而存在"，苏美尔白银不实际流通的例子正体现了这一点。此处重点强调记账货币，并非否认具有清偿职能的货币物对于构成"货币"定义的重要作用，而是仅仅为了凸显二者关系中记账货币的根本性地位。

们为何愿意相信那个最初的承诺，即为何相信初始债务人所承诺的那个比价？再次审视上文有关苏美尔神庙、宫廷的债务的历史，不得不说人们的这种信任与国家有着千丝万缕的联系。正如凯恩斯所言，"提到契约和定价，我们就引入了……国家和社会因素"①。

（一）货币起源进程中的税收标准化需要

如前所述，既然货币最本质的内涵在于作为一种计价单位发挥记账职能，我们或许可以先追溯一下此类单位从何而来。实际上，早期货币单位大多源于以一定数量的谷粒所确定的重量单位，国家、王权宣告了与某重量单位（或一定数量的谷粒）等重的贵金属即为一个货币单位②。恰如凯恩斯所述，"直到13世纪的一枚英国纯银便士币还仍被政府定义为重量等于小麦粒32颗"③。

货币单位之所以由国家基于谷粒重量来定义，前提在于早期法典中对"赎罪金"（wergeld）的详细规定形成了人们的债

---

① 凯恩斯. 货币论：上卷. 何瑞英，译. 北京：商务印书馆，1986：8.
② 瑞. 解读现代货币：实现充分就业与价格稳定. 刘新华，译. 北京：中央编译出版社，2011：57.
③ 同①16.

务观念以及不同债务的赔付标准或度量单位①，其中就包括以一定谷粒数量所确定的重量单位②。然而，"赎罪金"所描述的毕竟主要针对具体债务，因而不存在将所有赔偿普遍标准化的内在激励，故也难以直接形成货币单位。但是进一步地，古代泥板上更为普遍的、以大麦的标准重量单位所表示的公众税收负债的有关记录，则更为明确地揭示出，货币单位的产生直接导源于国家税收的标准化③。对于征税而言，国家较之实物税更简便易行的办法是，国家宣告与某重量单位（或一定数量的谷粒）等重的贵金属为货币单位，然后规定其与各类实物税的比价关系，并以货币单位对各类税种"标价"，进而将繁杂琐碎的实物税统一为标准化的货币税。由此，国家可更为方便地通过标准化货币"赊购"所需的各类商品和劳务，再将这些

---

① 瑞.解读现代货币：实现充分就业与价格稳定.刘新华，译.北京：中央编译出版社，2011：58-59. 早期法典如两河流域的《乌尔纳姆法典》《埃什南纳法令》，以及后来日耳曼人的《野蛮人法典》（Barbarian Law Codes）等，均对人身伤害、偷盗、绑架、荒耕等行为的赔偿与罚款进行了详尽规定，而作为主要赔付手段的谷物、牲畜、贵金属等物品则根据不同类型的赔付要求进行了精确划分，相应的赔付标准也大体形成，进而带来了一套近似不同物品间等价关系的度量办法。参见：格雷伯.债：第一个5000年.孙碳，董子云，译..北京：中信出版社，2012：60-61.

② 如古埃及的基本重量单位是60×60×3粒小麦的重量，吕底亚或爱维亚岛的重量单位是60×60×2粒大麦的重量。参见：瑞.解读现代货币：实现充分就业与价格稳定.刘新华，译.北京：中央编译出版社，2011：57.

③ 瑞.解读现代货币：实现充分就业与价格稳定.刘新华，译.北京：中央编译出版社，2011：59-60.

货币以税赋的形式收回[①]。

所以，赎罪金形成了人们对债务进行价值计量的观念，而早期国家则出于课税的需要进一步促进了计量单位的标准化并进而形成货币单位；由此也可看出，货币单位背后所意味着的比价关系，来源于国家对实物税进行标准化的有关规定[②]。

（二）税收机制保障下货币的国家债务特征与广泛接受性

既然货币的产生源于国家对税收标准化的需要，那么其中所包含的货币单位对各类实物税的"计价"，或曰货币本身与各项实物税的比价关系，就毫无遗余地彰显了国家的承诺，即接受这一货币作为公众纳税的工具。

由于税收本身即为公众对国家的负债，其偿还自然可以采取国家直接征收实物税的方式。但如前文所述，国家可通过创设标准化货币单位并接受相应货币为纳税方式，来更为简便地实现税收权利，由此便以缴纳国家货币的形式代替了公众的实物税收负债。因此，公众持有国家货币便获得了清偿自身实物

[①] 瑞.解读现代货币：实现充分就业与价格稳定.刘新华，译.北京：中央编译出版社，2011：60.

[②] 尽管前文提到比价关系产生于单位白银对苏美尔宫廷债务的表示和衡量，但诚如前述，宫廷债务与国家接受为纳税方式，均意味着国家的特定义务，均是形成货币单位背后比价关系的来源，只是后一种观点较为系统，接下来将重点论述。

税收负债的权利,而与此项权利对应的国家义务,就仅仅是接受该货币作为公众对其税收负债的偿付手段[①]。由此可见,一旦国家使用某种单位(货币单位)对税收进行标准化并要求以此单位所对应的物品(即货币本身)作为税收偿付方式,这一物品于国家而言便意味着一种债务;而公众缴纳货币税的行为,实际上就是以国家债务抵销自身的税收负债。

由此,在这一"税收逻辑"下,人们对国家货币的需求与信任便不言自明,即被国家税务机构接受为支付方式,决定了对国家货币的普遍需求与信任[②]。这一机制背后毋庸置疑的逻辑是,任何机构或个人都必须接受自己的债务作为对方对自己另一项债务的偿付手段[③],也只有这种债务人不得不接受以期实现自身权利(也是抵销对方债务)的债务,才能保证在交易

[①] WRAY L R. The neo-chartalist approach to money//Bell S A, Nell E J. The state, the market and the euro. Cheltenham: Edward Elgar, 2003. 此处为何用以缴税的货币物(如白银)意味着公众清偿税收负债的权利以及国家的义务,而不是直接作为税收品,是公众的负债与国家的某项权利? 在此处有关实物税赋转换为货币税赋的解释上,格雷伯给出了更具抽象意义的阐释。他指出,税收(包括起初的实物税或贡品)源于人类对神明,进而对社会的某种原始债务,这种债务唯有通过超脱现实的物品献祭、自我牺牲的方式来偿还;而国家作为超自然力量的代理人,通过创造货币并要求人们以之缴税(部分具有偿还原始债务的意味)解决了人类的"牺牲悖论"。因此,人们持有国家接受的税收支付方式(如白银),一定程度上就意味着获得了部分偿付自身原始债务的权利。参见:格雷伯.债:第一个5000年.孙碳,董子云,译.北京:中信出版社,2012:56-59。

[②] KNAPP G F. The state theory of money. London: Macmillan, 1924: 95.

[③] WRAY L R. Modern Money Theory: a primer on macroeconomics for sovereign monetary systems. New York: Palgrave Macmillan, 2012: 275.

转手时被作为一种对第三方的权利而获得广泛认可和接受。因此，国家货币作为税务机构不得不接受的支付方式，是其能获得普遍信任的根本所在。这也是现代纸币背后的国家信用的"源头"。

关于国家货币作为国家债务的论点，此处还需赘言。尽管历史上如同苏美尔白银的"称量货币"客观上具有分散开采、"可自由取得的非垄断"特征①，但这并不影响其如同国家集中发行的铸币、纸币一样作为国家债务的本质②，因为由前文的分析不难看出，确定为国家债务表现形式的标准并不完全在于其本身是否集中发行，而在于税务机构是否以其单位对税收进行标准化并宣布接受其为税收偿付方式。由此可见，不论是可自由获取的"称量货币"，还是政府集中发行的铸币、纸币等，除了发行机制不同外，在国家债务属性和税收机制担保方面没有本质不同，无一例外地意味着国家债务，并且因税收机制保障

---

① 凯恩斯. 货币论：上卷. 何瑞英，译. 北京：商务印书馆，1986：7，9-11. 据凯恩斯的表述，"称量货币"实际上是一种"商品货币"，具有"可自由取得的非垄断"特征，历史上的国家铸币属于这一范畴；而与此相应的还有"不兑换纸币"和"管理货币"，二者均属于"表征货币"，具有"以记账货币计价的债务支付证券"的特性，且或多或少地由国家提供担保，国家发行的纸币即属于这一范畴。

② 相比于文中所述的表示国家债务的"称量货币"（如苏美尔白银），历史上国家集中发行的铸币、纸币实际上更为明确地表现出了货币的国家债务属性。世界上最早的金银铸币——吕底亚王国"狮币"便是国家出于供养军队的目的而发给士兵的一种国家借据，国王通过要求以该铸币纳税来促使臣民向军队提供补给换取铸币。参见：瑞. 解读现代货币：实现充分就业与价格稳定. 刘新华，译. 北京：中央编译出版社，2011：52.

而在私人债务清偿中作为对第三方的权利被普遍接受。

(三) 国家货币流通的层次结构与"横向网络"

基于上述讨论，货币所表征的人们对初始债务人有关约定比价的承诺的普遍信任，便有了一个清晰的"面貌"，即国家承诺按其所规定的某种单位对税收的"计价"，接受所对应的物品为税收偿付手段，而这一承诺（债务）因国家不得不履行而赢得了公众对其的普遍认可与信任。这一过程大致如图4-1所示。

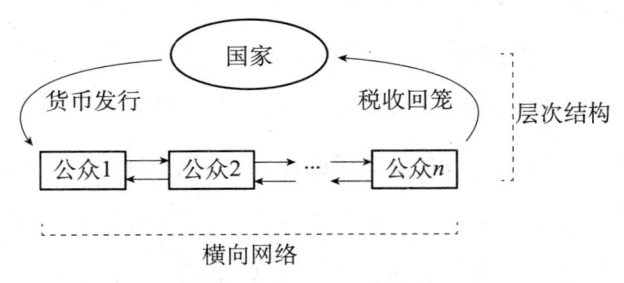

图4-1 国家货币的流通过程

如图4-1所示，国家通过将税收以某种单位计价并承诺接受所对应的物品为税收偿付方式，使得其债务向公众发行，由此构成国家债务发行环节；而国家履行其承诺，接受公众以其债务缴纳税收，使得其债务从公众中间以税收形式得以回笼，由此构成国家债务清偿环节。在国家债务发行与清偿环节之间，公众因缴税义务与国家债务的税收偿付功能，在私人债务计量与清偿中广泛使用国家债务，由此使得国家债务充分表现出作为货币的各项职能。

从国家与公众关系的角度考察，国家货币作为国家的债务，也是公众的资产，由国家发行流出，在公众间仅作为资产使用、流通之后，又最终由国家集中回笼，可见国家货币的流通可分为在国家层面作为债务的集中发行、回笼环节和在公众层面仅作为资产的使用、流通环节，由此构成国家货币流通的"层次结构"。从公众与公众之间关系的角度考察，国家货币对所有公众而言均为一项资产，因此货币流通体现为平等主体间"资产—资产"的"横向网络"，如商品买卖的交易活动即为不同资产之间的简单置换。

此处必须强调的是，国家货币在国家层面作为债务的发行与回笼，是国家货币在公众层面作为资产被广泛接受和稳定流通的必然保证。换言之，国家规定货币与税收的比价关系并据此作出接受为税收偿付方式的"最后承诺"（promise of last resort）[1]，进而最终履行其承诺并作为其债务的"最终偿付人"，对其债务在公众层面作为货币资产的使用、流通起到了宏观意义上的"锚定作用"[2]。不得不说，这一"锚定作用"

---

[1] INGHAM G. The nature of money. Cambridge, UK: Polity Press, 2004: 2-8.
[2] 不难理解，宏观"锚定作用"即意味着国家通过货币发行与税收回笼，从宏观层面主动调节、稳定其最初税收标准化承诺中所设立的比价关系，以维持货币的币值稳定。

是保证国家货币价值稳定、易于被公众广泛接受和认可的根本保证。

四、私人数字货币的非债务属性与商品本质

私人数字货币近年来被一些商家接受并部分履行货币职能的事实，使其作为未来货币变得可能而备受关注，多数学者也因此重点讨论其是否具备作为货币的价值基础与信用支撑。然而，这一思路多构建于货币的商品本质的分析框架下，缺乏符合历史逻辑的说服力，因此有必要基于前文对货币的债务与国家属性的梳理总结，对私人数字货币的本质展开分析。

（一）私人数字货币的非债务属性

私人数字货币分散"发行"的特征使其在产生（"挖矿"）方面类似自然金属，因而首先可以肯定的是，其本身并非任何主体集中发行的"债务支付证券"。然而，如前所述，确定为债务表现形式的标准并不完全在于本身是否集中发行，而在于是否如同贵金属"称量货币"那样，被国家用以对税收进行"计价"并承诺接受为税收偿付方式。为此，鉴于私人数字货币的分散"发行"方式与贵金属货币极为类似，有必要探究其

是否被任何经济主体用作自身债务的计价单位并承诺接受作为支付方式。

细究前文所述国家规定实物税与货币物的比价关系（即以货币单位将实物税标准化）并承诺接受相应货币物为纳税手段的过程（见图4-2），不难发现，其中包含了构成国家负债（也是国家货币发行）的两个重要前提："因资产而负债"和"确定比价关系"。一方面，国家是"因资产而负债"，即债务的发行并非凭空而来，国家享有向公众征收实物税的权利，是其设立货币单位对税收进行标准化并向公众作出相应接受承诺的前提；另一方面，国家接受某物品纳税并非随行就市，而是明确规定了多少单位的该种物品（如白银）可以算作所接受的特定量的实物税收，然后才承诺按此规定的比价关系接受相应物品为纳税方式[①]。如国家未对此比价关系作出规定，实际上也就未对公众使用该物品能实现怎样的税收权利作出承诺。基于这两个前提，国家负债状态才得以构成，国家货币也才得以作为国家债务的表现形式发行出来，并进入公众的"资产端"，象征着偿付税收负债的权利。

对于私人数字货币，不难看到当前存在着三类使用情况：一是全球不少商家宣布接受其为付款方式；二是部分地区政府

[①] 前文所述货币记账职能作为其债务内涵的最核心体现，也正在此。债务人以货币单位表现自己的债务，也即确定自身债务与货币物之间的比价关系。

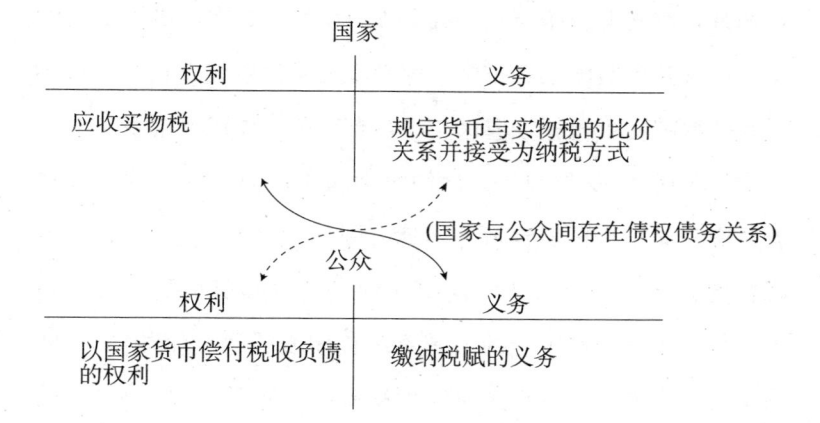

```
                            国家
        权利          |          义务
   应收实物税         |   规定货币与实物税的比价
                      |   关系并接受为纳税方式
                      
                        (国家与公众间存在债权债务关系)
                       公众
        权利          |          义务
   以国家货币偿付税收负债  |   缴纳税赋的义务
        的权利         |
```

图 4-2　国家以货币单位标准化税收并接受其货币为纳税方式

注：此处讨论的仅为国家货币所涉及的国家和公众关于税收的权利与义务，并非严格的资产、负债情况，因此仅借鉴资产负债表的方法，使用"权利"与"义务"概念。下文同理。

接受其为税收偿付方式；三是部分非法网站上诸如毒品、枪械、雇佣杀手等交易以私人数字货币直接标价和结算。尽管如此，私人数字货币仍然不能如同贵金属货币表示国家债务那样表现任何经济主体的债务。原因在于：

其一，对于宣布接受私人数字货币付款的商家而言，首先可发现其实际上是通过一些中介机构将私人数字货币转换为法定货币后才计入银行账户[①]，且商品仍以国家货币计价，因此

[①] YERMACK D. Is Bitcoin a real currency? An economic appraisal//LEE D K C. Handbook of digital currency: Bitcoin, innovation, financial instruments, and big data. Amsterdam: Academic Press, 2015: 31-43.

并非真正意义上的接受私人数字货币付款。其次，更为重要的是，尽管其仿照国家宣布接受称量贵金属为纳税方式，宣布接受私人数字货币付款，但这一"宣布"并不构成严格意义上的负债（承诺）。这是因为，从国家"因资产而负债"的角度来看，商家对于潜在消费者并不拥有任何权利（或资产），也不存在构成自身负债状态的前提条件，所以其所谓的"宣布接受"的"承诺"并不能计入其资产负债表的"负债端"，也即商家与潜在消费者不存在债权债务关系［见图 4-3（a）］。因此，商家的"宣布接受"仅类似于一种商业广告宣传，并非严格意义上的债务，而所"宣布接受"的私人数字货币也不是债务的表现形式，具有非债务属性。

其二，对于接受私人数字货币为纳税方式的部分政府而言，首先可以发现的是，政府在接受私人数字货币后将其兑换为国家货币再计入税收[1]，且税收仍以国家货币而非私人数字货币计价。由此可见，尽管政府由于享有征税权利而似乎可以

---

[1] 例如，美国亚利桑那州允许纳税人以比特币方式纳税，但该州税务局在收到比特币后 24 小时内将其转换为美元，并由政府承担比特币缩水风险，参见：用比特币纳税！美参议院通过亚利桑那州重大法案！.（2018-02-12）. http://finance.sina.com.cn/stock/usstock/c/2018-02-12/doc-ifyrmfmc 2062333. shtml。此外，网络传言所谓的德国可用比特币纳税也言过其实，德国政府仅将比特币定义为一种"合法方式的对等物"，视其为"记账单位"（unit of account）只是出于对其交易进行征税的需要，参见：德国财政部表示，作为支付手段时不会对比特币征税.（2018-03-01）. http://www.sohu.com/a/224621538_100083424；ARTHUR C. Bitcoin now 'unit of account' in Germany. The Guardian，2013-08-20。

根据"因资产而负债"的逻辑判定私人数字货币为政府债务的表现形式,但不可否认的是,依据前文所述构成国家负债的另一前提——"确定比价关系"判断,政府未以私人数字货币对税收进行"计价",即未规定税收与私人数字货币之间的比价关系,这意味着政府并未就多少单位的私人数字货币可算作多少税收作出承诺,而是采取随行就市的办法。为此,私人数字货币仍然不能如国家货币那样表现为政府的某种债务,仍然具有非债务属性。实际上,此种情况下国家"因资产而负债"仍是以国家货币作为债务的表现形式〔见图4-3(b)〕。

其三,对于非法交易以私人数字货币直接标价和结算的情形,不难发现其与商家宣布接受私人数字货币付款的情况同理,即非法交易中的卖方对于潜在的买方同样不拥有任何权利(或资产),因而也不存在可使其创造自身负债的前提。为此,其所谓的"宣布接受"也不能构成自身债务,私人数字货币也不具有债务属性〔见图4-3(a)〕。基于此,此处私人数字货币对商品的"标价"体现的也不是对债务的"计价",而不过是一种私人数字货币与商品之间随行就市的相对比价关系。此外,交易以私人数字货币结算也仅是为利用高度匿名技术躲避政府追查,实际上结算之后仍由卖方在交易所转换为国家货币。

由上述分析可见,私人数字货币虽通俗名义上被冠以"货币"之称,但实际上并未能作为计价单位对任何经济主体的债

商家或非法交易的卖方	
资产	负债
商品 其他资产	原有负债与 所有者权益

部分政府	
权利	义务
应收税收	以国家货币计 价并接受

潜在消费者	
资产	负债
比特币 其他资产	原有负债与 所有者权益

公众	
权利	义务
以国家货币纳税 比特币	纳税义务 其他负债与 所有者权益

(a) 商家与潜在消费者不存在债权债务关系

(b) 税收仍以国家货币计价

图 4-3　私人数字货币并非任何经济主体债务的表现形式（以比特币为例）

务进行表示，为此也不存在被任何主体承诺为自身债务偿付方式的可能。由此，其本质上就并非任何债务的表现形式，具有非债务属性，故而本质上也不是货币[①]。

（二）私人数字货币的商品本质与横向流通特征

如果说私人数字货币并非货币，那么应当如何对其定性呢？基于前述对私人数字货币非债务属性的判断，可以从其与国家货币被接受为支付手段的性质比较中发现，国家货币被接

[①] 凯恩斯有关"货币只能相应于记账货币而存在"的观点也阐释了这一逻辑，即私人数字货币的单位由于未被用作任何债务的计价单位也不能作为记账货币，为此私人数字货币本身也不能是货币。

受为税收偿付方式,是国家货币作为国家债务表现形式的"回笼";对于私人数字货币而言,尽管其可被商家、部分政府以及非法交易的卖方接受为支付方式,却由于其本身并非任何债务的表现形式,因而诸类主体的接受行为并非将其作为某种债务表现形式的"回笼"。

  既然如此,对私人数字货币被接受为支付手段的性质当如何理解呢?凯恩斯的相关论述为这一问题提供了极具说服力的解释,即"仅仅在现货交易中用作方便的交易媒介的东西可能接近于货币……但如果全部情形就是这样的话,我们便还没有超出实物交换的阶段"[①]。由此不难理解,私人数字货币被接受为支付手段的情形,其实具有实物交换的性质,而私人数字货币即为其中暂时用以方便交换的一种媒介,没有超出实物或商品的范畴。实际上,从现实的交易情形中也不难看到,商品与政府享有的征税权利均处于资产负债表的"资产端",私人数字货币对交易双方而言也意味着某种以国家货币计价的资产,因此,私人数字货币用以支付的情形本质上是"资产—资产"的简单置换。当交易发生时,双方的两种资产发生等量增减变动(见图4-4所示);而在此过程中,私人数字货币本质

---

  ① 凯恩斯. 货币论:上卷. 何瑞英,译. 北京:商务印书馆,1986:7.

上也仅为方便交换的一种资产性质的商品①。

非法交易卖方			部分政府		
资产		负债	权利		义务
商品 −		原有负债与	应收税收 −		国家货币
比特币 +		所有者权益	比特币 +		

消费者			公众		
资产		负债	权利		义务
比特币 −		原有负债与	国家货币 +		纳税义务 −
商品 +		所有者权益	比特币 −		其他负债与所有者权益

(a) 非法交易卖方与消费者的资产负债表变动　　(b) 部分政府与公众的权利义务变动

图 4−4　交易双方不同资产的等量增减变动（以比特币为例）

基于这一判断，更不难理解前述非法交易中以私人数字货币所作的标价，实际上仅为不同商品间简单的相对比价，且这一比价随商品的相对供求关系上下波动。然而不得不说，这也是私人数字货币非债务属性的结果：由于无任何主体对这一比价作出承诺或规定，换言之，即无任何主体对私人数字货币所能稳定兑换的商品、权利或价值等作出"最后承诺"，因此不存在"最后偿付人"将其作为自身的某种债务，通过"承诺兑

---

① 显而易见，这一情形与苏美尔社会中可用任何物品偿付以"单位白银"计价的债务的情况如出一辙，即私人数字货币之于国家货币，如同各类清偿物之于苏美尔白银，国家货币实际上仍作为记账单位和最终清偿手段发挥货币职能，而私人数字货币不过是以国家货币标价的、暂时用以方便交换的一种商品。

现"（即一种债务回笼机制）来维持其比价的稳定情况，它与其他商品的比价只能随行就市。由此不难总结：一方面，从债务发行的角度考察，私人数字货币不同于国家货币，实际上并无任何主体对其比价作出规定和承诺，其具有非债务属性，因而其并不能作为债务表现形式被"发行"出来；另一方面，从债务偿付的角度考察，私人数字货币具有非债务属性，对其而言，如同国家作为"最后偿付人"所提供的类似税收机制的"回笼"渠道也无从谈起，因而其只能在各经济主体间横向流通而不能如同债务一样被某一主体最终"回笼"。

简言之，非债务属性使得私人数字货币缺少如同国家货币的发行环节，而无所谓"最后偿付人"则使之缺失类似税收机制的"回笼"渠道。由此，相比于国家货币流通的"层次结构"和"横向网络"，私人数字货币不具有在国家层面作为债务被集中发行与回笼的环节，仅具有在公众层面作为资产横向流通的特征（见图4-5）。

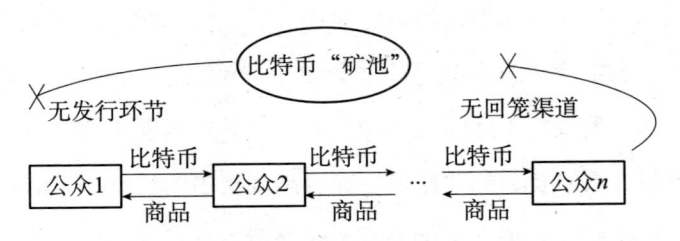

图4-5 私人数字货币仅具有横向流通特征（以比特币为例）

（三）国家能否采用私人数字货币充当国家货币

如前所述，私人数字货币因未被国家用作货币单位与税收偿付方式而从根本上不能作为国家债务的表现形式，那么，如果国家以其中某一种单位（如比特币的单位 BTC）对税收进行"计价"并接受为纳税手段，它可以是货币吗？理论上讲或许可以，私人数字货币将如同历史上的白银一样成为广泛流通的货币。但是，在此情况下更关键的问题在于，国家确定与维持币值的货币主权将由于私人数字货币分散"发行"、基于全网络自由跨境流动的特征而受到削弱，经济体系中的信用创造也将因私人数字货币的固定总量与递减的增速而被"挤出"，由此致使整个经济体系的稳定运行与发展受到制约。

一方面，在国家债务（货币）发行的根本问题上，尽管私人数字货币被国家用作税收"计价"单位与缴税方式仍能"催生"其国家债务属性，但首先要解决的现实问题是：国家如何以私人数字货币对税收进行"计价"？换言之，即如何确定税收与私人数字货币之间的比价关系？尤其在当前比特币、以太币等私人数字货币的"挖矿"算力高度集中的情况下，如何与诸多"挖矿"者关于比价关系形成均衡？其次，即便国家通过其强制力或通过将私人数字货币生产收归国有而确定了某一比价关系，但必须承认国家仍然无法控制这一比价关系，即无法维持其货币（债务）的币值稳定。究其原因，不得不说是由于私人数字货币可基于全网络自由跨境流动，且国家无法在技术层面予以阻止，从而导致其作为国家所确立的记账单位的职能受到严重冲击，表现出国内货币供给不稳定与物价波动等一系列问题，最终致使国家丧失对货币与信用的控制，货币主权由此被削弱。毋庸置疑，这与历史上分散开采、全球流通的白银货币的"天然缺陷"完全暗合。如前所述，早期苏美尔国家以单位白银所进行的价格管控实际上并不能维持，而我国明清时期的"银两制度"、南京国民政府发行的银元，也都曾导致国内货币体系深受国际白银市场扰动，白银外流、银贵物贱、严重通缩等问题接踵而至[1]。

另一方面，在私人债务清偿对货币的需求问题上，总量固定、增速递减的私人数字货币难以适应经济往来中投融资与贸易活动不断变化的货币需求。究其原因，不得不说货币虽然有着债务内涵与国家属性，但除此之外，还内生于市场经济体系（尤其现代银行派生货币更是如此），通过银行"贷款创造存款"的信贷机制，使得货币供给取决于市场主体对银行信贷的需求。反观私人数字货币，其总量固定、增速递减的技术特征无疑是"排斥"了货币本该派生于市场活动的内生机制，使其

---

[1] 张宇燕. 通货危机与王朝倾覆. （2017 - 11 - 11）. https：//mp. weixin. qq. com/s/OXwQaue-DRNzUdSuEF58yA.

完全外生于市场经济体系，不能适应市场主体的内在货币需求而灵活调节，甚至极易在需求不断增长的情况下导致私人数字货币的大量贮藏进而丧失应有的货币职能。由此，其不仅将致使历史上贵金属货币时代屡屡出现的"钱荒"再次发生，更致命的是，从中"挤出"了经济体系中的信用成分，从而限制市场主体基于自身信用开展生产经营的可能，导致经济体系中信用秩序的扩展受到羁绊[①]。

基于上述分析，接受私人数字货币为国家货币实际上是贵金属货币思维的回潮[②]，与现代货币经济格格不入，私人数字货币并不能有效履行应有的货币职能。

五、结语

历史地看，货币从来都是债务的象征，是国家的产物。货

[①] 张杰. 金融分析的制度范式：制度金融学导论. 北京：中国人民大学出版社，2017：379.

[②] 李秀辉. 货币形态转变的机制与趋势：从交子与比特币的比较说起. 社会科学战线，2016（12）. 此处借助历史上贵金属货币（白银）的"种种不是"否定私人数字货币良好发挥货币职能的可能，并非抹杀贵金属货币的历史作用。贵金属尽管有着部分缺陷，但能充当货币自有其历史必然性：（1）金银象征日月，有宗教祭祀意义，参见彭信威. 中国货币史. 上海：上海人民出版社，2007：47；（2）贵金属易于防伪，参见瑞. 解读现代货币：实现充分就业与价格稳定. 刘新华，译. 北京：中央编译出版社，2011：60。因此，贵金属充当货币是特定历史条件使然，只是在现代经济中不再适应市场需求。

币本质上作为债务的表现形式（细分为计价形式与凭证载体），通过在转手流通中发挥记账与清偿职能才得以最终完成向货币"身份"的转变。其中尤为重要的，是人们对货币在流通中作为计价单位的记账职能，以及计价单位背后债务人的比价关系承诺的信任，这一信任是货币债务内涵的最核心体现，也是货币得以顺畅使用、流通的关键。遵循历史的逻辑，不得不承认这一信任自货币产生之初就源于国家有关税收的规定，即国家通过其货币单位对税收进行计价并承诺接受其货币作为税收偿付方式，从而使得货币作为其债务发行出来，这一债务（货币）也因为国家不得不以税收形式回笼而获得广泛接受。值得强调的是，国家货币作为国家债务表现形式的集中发行与税收回笼，是其维持价值稳定、易于被公众广泛接受和认可的根本保证。

基于此，将私人数字货币与国家货币进行比较，不难总结：私人数字货币并未作为任何主体债务的表现形式，因而不是货币，充其量不过是以国家货币标价的、暂时用以方便交换的一种商品。如果以此种商品充当国家货币，将导致国家货币主权遭到削弱，并制约整个经济体系中信用秩序的扩展。毋庸讳言，这一基于货币国家债务属性的本质分析避开了主流观点关于私人数字货币是否具备本身价值的无谓争论，也为部分观点中所述的"国家信用"追本溯源，寻得了历史与逻辑支撑，同时其对不同形态货币的本质认知也具有前后逻辑的一致性。

不得不说，私人数字货币的产生与发展，恰好迎面对接了自 2008 年以来因全球金融危机而兴起的货币宽松浪潮。面对各国币值频繁波动、国家法币危机频现等诸多问题，私人数字货币支持者们将去中心化、总量固定、不依附于任何主权国家的比特币等诸多"币种"奉若至宝，以为货币终于告别了依赖央行信用的形态，而发展演化到了基于算法信任的阶段，并且认为哈耶克曾提出的"货币非国家化"思想也终于能够依托技术变革实现了。然而，从货币发展演化的历史事实看，私人数字货币的相关技术设计构造的仅仅是一个货币自由主义的"乌托邦"[①]，在真实的货币经济中根本站不住脚。诚然，私人数字货币不可伪造、点对点传输等技术特征反映了在当前经济发展智能化、网络化背景下，货币朝向加密数字形态演变的趋势，但不可否认，这种演变只是货币技术形态的优化，却并不能改变其作为债务表现形式的本质属性。因此，可以预见，私人数字货币的未来定位只能是一种商品（或至多作为投资品），并不存在所谓的"解决总量固定、增速递减等技术问题后就可成为货币"的可能，而这也应是当前对私人数字货币的本质认识中亟需澄清之处。

然而，经济发展对货币加密数字形态的需求也值得注意。

---

① 盛松成，翟春. 货币非国家化理念与比特币的乌托邦. 中国金融，2014 (7).

毋庸置疑，这预示着货币形态自历史上铸币、纸币、电子货币之后的又一次重大转变。对于国家而言，一方面，巩固国家货币主权、强化国家货币信用仍是此次转变的应有之义；另一方面也应借鉴私人数字货币的底层技术，推进国家货币形态的优化升级。当前，各国积极研发的央行数字货币正契合了这一逻辑，将极大增强国家对货币流通的追踪与监控，有利于解决货币政策传导机制不畅、逆周期调控困难等问题[①]，进而促进国家货币的币值稳定与职能发挥。此外，由于现代货币实际上也是国家基于发行、回笼机制引导经济资源流向的一项重要制度安排，因此，在当下货币形态的数字化进程中积极研发央行数字货币，对于提升国家经济调控能力、发挥国家在经济建设中的积极作用亦具有重要意义。

---

① 姚前. 法定数字货币对现行货币体制的优化及其发行设计. 国际金融研究，2018（4）；姚前，汤莹玮. 关于央行法定数字货币的若干思考. 金融研究，2017（7）.

第二编
财政、货币与通货膨胀

第五章
功能财政论[*]

考察西方经济思想史会发现，针对重要经济问题的理解往往绵延不断地呈现出三种主张或态度：保守的、激进的与温和持中的。但在有关财政理论与政策的认识中，人们则普遍认为：国家财政如同家庭理财，长期入不敷出、举债度日必然导致"破产"。由此，财政思想形成了两种主流观点：一种认为财政赤字和国家债务对于经济社会总会产生负面影响与冲击，赤字政策造成通货膨胀，引致利率上升，挤出私人投资，而国家债务又给后代留下沉重的负担。较为温和的另一种观点认为，在具体的经济情势下（如面临经济衰退），增

---

[*] 原载《社会科学战线》2015 年第 12 期，标题为《"功能财政论"：从阿巴·勒那到后凯恩斯经济学》，作者是綥文，收入本书时在原文的基础上有所修改与更新。原标题中的"阿巴·勒那"在本书中译为"阿巴·勒纳"。相关内容与讨论另可参见：綥文．永远的常平仓：中国粮食储备传统的千年超越．北京：社会科学文献出版社，2020。

第二编　财政、货币与通货膨胀　　145

加赤字和国家债务是合理的政策选择，财政平衡应着眼于经济周期而不应是一个财政年度；虽然赤字增加了后代的负担，但赤字政策所形成的各种资产（如基础设施）对经济的长期发展则是有利的。

事实上，除以上两种主流观点之外，对于财政赤字的理解尚有一种非主流理论：阿巴·勒纳的"功能财政论"（functional finance），以及一些"后凯恩斯"经济学家的宏观经济主张——我们可称其为"新功能财政论"。他们都认为：税收并不是财政的"收入"来源，政府发行债券亦不是为财政支出"融资"，财政政策因此不必陷于作茧自缚的收支平衡约束之中，而应盯住经济稳定的宏观效果。初闻这一与"经济常识"背道而驰的观点，不免感到匪夷所思，但若对这一在20世纪形成的非主流经济思想的所以然条分缕析，我们不难从中获得独特的启示和观察宏观经济的新视角。不过，由于这一思想流派属于非主流经济学一脉，国内学界至今对其仍缺乏较为清晰与全面的认识。本章的主旨即在于探究功能财政论的演化及其理论与政策内涵，并进一步从一个批判的视角对其进行相应的评析，以期在引入非主流分析框架的基础上，深化和拓展国内对宏观经济理论与政策的研究。

一、打破"常识"的财政观

阿巴·勒纳（1903—1982 年）[①] 是富于原创力和想象力的经济学家[②]。在他的思想体系中，对主流经济学最具挑战性的就是"功能财政论"。这一理论极大地影响了其身后非主流经济学重要流派"后凯恩斯经济学"（post-Keynesian economics）的发展[③]。功能财政论的基本思想在勒纳发表的《经济方

[①] 阿巴·勒纳，美籍犹太裔经济学家，早年从事过多种职业，后就学于伦敦经济学院。凯恩斯的《就业、利息和货币通论》出版后，勒纳发现他的一些观点与凯恩斯不谋而合，并认为凯恩斯的宏观经济学为解决西方社会的严峻问题提供了解决路径。《就业、利息和货币通论》出版不久，勒纳撰写的《凯恩斯先生的就业、利息和货币通论》（1936）引起了广泛关注，这或许使他成为凯恩斯圈子之外第一个能够深入理解《就业、利息和货币通论》的人。[参见 SCITOVSKY T. Lerner's contribution to economics. Journal of economic literature，1984，22（4）：1547—1571。] 1937 年移居美国后，勒纳的一系列重要成果相继问世。代表性作品有著作《统制经济学》（1944）以及论文《瑞典人经济学的进阶之石》（1940）、《经济方向盘》（1941）、《功能财政和联邦债务》（1943）、《作为国家产物的货币》（1947）等。

[②] SCITOVSKY T. Lerner's contribution to economics. Journal of economic literature，1984，22（4）：1547.

[③] 晚近对后凯恩斯经济学较为详尽的讨论可参见 ARESTIS P. The post-Keynesian approach to economics：an alternative analysis of economic theory and policy. Aldershot：Edward Elgar Publishing，1992；KING J E. A History of post Keynesian economics since 1936. Cheltenham：Edward Elgar Publishing，2002. 国内的研究参见：张凤林，等. 后凯恩斯经济学新进展追踪评析. 北京：商务印书馆，2013.

向盘》[①] 一文中就已提出，但正式将其命名为"功能财政"则是在《功能财政和联邦债务》这篇经典文献之中。勒纳指出："新的理论就像每一个重要发现一样，其实非常简易，但就连有学养的教授们都因固有观念的束缚而难以接受它。"[②] 顺此逻辑，勒纳提出了一个看似合理但又难以让人接受的财政观，即政府财政政策的主旨应是关注"结果"、"效果"或"功能"："政府的支出和税收、债务的借偿、货币的发行与回笼都应该着眼于这些行为施加于经济的结果而不应建立在传统的稳健或是不稳健的教条之上。只以效果来判断这一原则已经被运用于人类活动的许多领域，其中为人所知的就是以科学方法来反对经院哲学。以对经济的效果或功能来评判财政措施的这一原则我们可以称之为功能财政。"[③]

在勒纳看来，财政政策的核心理念是施政之功效，至于在这一过程中收支是否"平衡"则不应成为约束条件。也就是说，政策的"效果"而非"量的正负"才是财政立制之本。如果财政政策始终纠缠于收支之间是"盈余"还是"赤字"这些进出（多少）的标准，而忽视要实现的目标，则是一种本末倒

[①] LERNER A P. The economic steering wheel//COLANDER D. Selected economic writings of Abba P. Lerner. New York：New York University Press，1983：271-277.

[②③] LERNER A P. Functional finance and the federal debt. Social research，1943，10（1）：39.

置的做法。那么,财政政策要发挥怎样的功能并获得怎样的效果呢?在功能财政论的第一条定律中,勒纳指出:"政府的职责是在当前的价格水平上保持国内对商品和劳务的总支出水平既不高也不低,使其正好可以消费掉所生产的所有物品。如果总支出高于这一水平将会出现通货膨胀,而如果低于这一水平将会出现失业。"这样,财政手段就有了内在的规定:"为了消除失业和通货膨胀,对支出的调整(其中包括政府在内的每一个经济社会的主体)可借助两种途径:当总支出过低时,可使用政府支出政策;当总支出过高时,可使用税收政策。"① 基于这样的认识,勒纳旗帜鲜明地指出:"功能财政完全反对传统的'稳健财政'信条,以及在一个自然年度或是一个任意时期内维持预算平衡的原则。"② 勒纳为何将财政效果如此"上纲上线",而抛弃早已在古典政治经济学那里就确立的财政传统?与同时代的凯恩斯一样,勒纳认识到自由放任的资本主义经济是一个不稳定的系统③。在《经济方向盘》一文中,勒纳描绘了这样一幅经济图景:资本主义经济好似一辆在公路上行驶的汽车,它既无驾驶员,也无方向盘。当汽车碰到路沿,前

---

① LERNER A P. Functional finance and the federal debt. Social research, 1943, 10 (1): 39-40.
② 同①41.
③ LERNER A P. Mr. Keynes' "General Theory of Employment, Interest and Money". International labour review, 1936, 34 (4): 435-454.

轮将调转方向朝着另一个方向冲去，之后又会调转方向撞回公路的这一边①。勒纳借此隐喻了资本主义经济在"衰退—失业"与"高涨—通胀"之间的反复波动，而财政政策应发挥经济运行的方向盘作用，其目标纯然是要让宏观经济保持平稳前行，而在此目标之下不应有预设的收支平衡作为"驾驶标准"。

  由此看来，勒纳的功能财政论可被进一步理解为"内生财政论"。言之"内生"，是因为资本主义经济波动源自系统的内在不稳定性，财政政策也就被内生地赋予了祛除失业痼疾和稳定宏观经济的职能。但是在勒纳看来，凯恩斯的赤字政策并未真正革了传统财政教条的命，赤字更多的是宏观治理的权宜之计。也就是说，凯恩斯虽然开辟了财政（赤字）理论的新道路，但只走了一半②，勒纳则是沿着凯恩斯的道路继续前行，与传统教条坚决地分道扬镳。勒纳显然更为彻底，也比凯恩斯走得更远；他以釜底抽薪的方式打破了收支平衡教条，明确地

---

  ① LERNER A P. The economic steering wheel//COLANDER D. Selected economic writings of Abba P. Lerner. New York：New York University Press，1983：271.

  ② 据勒纳回忆，1944 年凯恩斯在华盛顿对美联储的一次演讲中将勒纳的建议——能够诱导出足量总支出的赤字总能以增加国债的方式为其融资——斥为"骗人的谎话"。但是"一个月后，凯恩斯收回了他的指责"。参见 COLANDER D. Was Keynes a Keynesian or a Lernerian？. Journal of economic literature，1984，22（4）：1572-1573. 从中可以看出，在赤字问题上，凯恩斯踏在了两条船上：一方面，凯恩斯仍未彻底摆脱传统的预算平衡观；另一方面，凯恩斯在其理论框架下也不难推出类似勒纳的结论，否则他不会后来又收回了对勒纳的指责。

提出财政政策应以效果优劣而不应以支出多少、收支平衡为标准的全新财政观。然而，这一激进主张初听起来实在让人觉得不可理喻，功能财政论因此在数十年间几乎成为宏观经济学被遗忘的角落，直至美国的一批后凯恩斯经济学家在20世纪90年代将其再次复活——为了便于讨论与区分，我们将晚近的这一思想发展称为"新功能财政论"。

虽然新功能财政论继承了勒纳的主要观点，但自20世纪中叶后凯恩斯经济学逐步形成之后，其核心主张和研究旨趣也为新功能财政论的发轫提供了不可或缺的思想养料。首先，后凯恩斯经济学重要创始人罗宾逊强调，凯恩斯革命的实质是将在逻辑时间中运行的"均衡观"转换为在历史时间和不确定性中运行的"历史观"[1]，戴维森后来将此发展为批判新古典经济学理论内核的"非遍历性"（non-ergodicity）概念[2]。这些重要的认识从根本上否定了资本主义经济自然趋于充分就业的均衡思想，为新功能财政论的干预政策奠定了经济哲学基础。其次，后凯恩斯经济学接续凯恩斯的传统，否定了新古典经济学的货币中性论和二分法，货币金融问题成为后凯恩斯经济学重要的研究领域。沿此进路，新功能财政论从探讨货币的本质入手，寻找到理论构建和政策路径的一个重要切入点。再次，

---

[1] 罗宾逊. 凯恩斯革命的结果如何//罗宾逊. 凯恩斯以后. 林敬贤，译. 北京：商务印书馆，2015：8.

[2] DAVIDSON P. Rational expectations: a fallacious foundation for studying crucial decision-making processes. Journal of post Keynesian economics，1982，5(2): 182-198.

后凯恩斯经济学重视就业和收入分配研究[①]，并从理论和实践两个方面指出新古典和凯恩斯主义政策不仅无助于改善失业和贫富分化问题，还会进一步造成宏观经济的不稳定。在新功能财政论那里，这一认识为宏观政策指明了方向，富有激进色彩的完全充分就业（或零失业）成为最鲜明的政策主张。

由上可知，（新）功能财政论与凯恩斯经济学有着紧密的联系，它接续了凯恩斯革命，因此严格说来凯恩斯是这一理论脉络的重要始源。作为一套发端于凯恩斯而又具有创见的理论体系，（新）功能财政论富于批判性的"立"必然要求合乎逻辑的"破"，这就要涉及对一系列问题的重新释读与厘辨，以回应人们的重重疑惑，（新）功能财政论由此而构建出一套完全不同于主流经济学的理论框架。

二、政府债券、税收与货币的非正统解读

将个人和家庭的收支常识简单地套用于对国家财政的理解，这在理论上其实缺乏充分的依据。由于长期浸淫于传统经济观

[①] 凯恩斯在《就业、利息和货币通论》第 24 章《对〈通论〉可以引起的社会哲学的简要总结》中指出："我们生活于其中的经济社会的显著弊端是：第一，它不能提供充分就业，以及第二，它以无原则的和不公正的方式来对财富和收入加以分配。"[凯恩斯. 就业、利息和货币通论（重译本）. 高鸿业，译. 北京：商务印书馆，2011：389.] 这一重要结论为后凯恩斯经济学所充分重视，并强调将李嘉图传统与凯恩斯经济学有效结合起来。

念中,抛弃财政收支平衡的原则总是一个令人难以置信的主张。其中的关键之处就是如何理解政府债券和税收的职能。勒纳认为,政府发行债券和税收行为并不是为了获得支出所需货币而采取的必要手段,它们事实上只是宏观调控的政策工具。

在功能财政论的第二条定律中,勒纳重新解读了政府债券的功能:"政府借债仅仅是需要让公众少持有货币而多持有债券,因为这是政府想要达到的效果。若不这样操作,利率就会降到很低的水平并引致过度投资(解决方式是让持现金者的现金'被借走'并将其冻结),从而带来通货膨胀。反之,政府借出货币(或偿还其部分债务)也仅仅是因为需要增加货币供应或是减少公众手中持有的政府债券。"[1] 这一定律表明,政府向公众发行债券在一定程度上讲是一种货币政策,即"为了实现一个可获得最佳投资量的利率水平"[2]。在随后的文献中,勒纳对此作出了进一步解释:赤字支出让货币存量不断增加并推动利率下降,政府因此必须设法阻止利率下降,有一种直接的办法可以做到,那就是政府将其支出的货币借回来[3]。看来,政府向公众"借钱"是为了用债券资产置换过多的流动性,以减少货币供应量,从而稳定宏观经济:"政府借钱的目

---

[1] LERNER A P. Functional finance and the federal Debt. Social research,1943,10 (1):40-41.

[2] 同[1]41.

[3] LERNER A P. Economics of employment. New York:McGraw-Hill,1951:10-11.

的是减少经济体系中的流动性，提高利率，减缓投资。政府借债其实是一种紧缩工具，借此对抗通货膨胀。"[1]

继勒纳的独特解读之后，新功能财政论对政府"举债"的政策效果进一步展开论证。论者认为，政府发行债券的真实政策含义是以让公众持有一种货币的替代性资产的方式减少银行体系的准备金存量，将同业拆借利率稳定在一个目标水平上。贝尔通过会计报表分析发现，政府的赤字支出会增加银行体系的准备金总额，产生"准备金效应"：如果银行系统的准备金过多，同业拆借市场的货币供给将大于需求，其利率就会下降直至为零。同业拆借利率作为资金批发利率，其变动会通过套利关系直接影响到各种市场利率，因此政府发行债券的真实目的是调节准备金存量，将这一重要的利率维持在一个以目标利率为中心的合理区间之内[2]。传统观点认为，政府的赤字支出会引致利率上升，挤出私人投资。但按照以上分析，新功能财政论得出了一个与主流经济学完全相反的观点，即赤字政策不仅不会产生"挤出效应"，还会因"准备金效应"使利率下降，对投资产生"挤入效应"。这正是勒纳曾指出的赤字政策会引

---

[1] LERNER A P. The burden of the national debt//METZLER L A, PERLOFF S, DOMAR E D. Income, employment, and public policy: essays in honor of Alvin H. Hansen. New York: W. W. Norton & Co., 1948: 270.

[2] BELL S. Functional finance: what, why, and how? Annandale-on-Hudson, NY: Bard College, 1999; BELL S. Do taxes and bonds finance government spending?. Journal of economic issues, 2000, 34 (3): 603–620.

致投资过度和投资效率下降的问题,而应对之策就是用政府债券置换回银行体系的准备金,即引导公众通过购买有息资产的方式减少准备金存量[1]。照此理解,政府发行债券相对于政府赤字支出就是一种事后操作,而并非为支出进行融资的事前行为,这就彻底颠覆了传统的认知。另外,论者还指出,公众向政府缴税使银行体系的准备金转移至央行的财政部账户,这也会吸纳银行体系因政府支出而增加的准备金,从而产生类似于政府债券销售的效果。因此,财政政策要比人们以往所认识的更能影响货币供应量。这意味着,对于货币政策而言,维持一个相对稳定的利率水平其实需要财政政策的紧密配合[2]。

如果说(新)功能财政论对债券的解释已超乎"常理",那么其对税收性质的认识则更是"离经叛道"。基于功能财政论的第一条定律,勒纳得出一个"颇有意味,同时亦足以让很多人感到吃惊的推论:税收政策绝不是因为政府需要货币支出才实施的。根据功能财政论的原则,税收政策只以其效果来判断优劣"[3]。这一效果就是通过调节纳税人的支出水平,实现

---

[1] 由于超过中央银行规定的准备金一般不会有利息收益,所以为了提高资金使用效率,银行乐于购买政府债券。照此看来,如果中央银行对超额准备金支付利息,这其实就是一种变相的债券发行。

[2] BELL S. Do taxes and bonds finance government spending?. Journal of e-conomic issues,2000,34(3):603-620.

[3] LERNER A P. Functional finance and the federal debt. Social research,1943,10(1):40.

第一定律所说的"国内对商品和劳务的总支出水平既不高也不低"的目标。勒纳为什么一反传统地认为税收不是政府支出的一般条件？如果我们将勒纳对"货币"的理解与这一问题相联系，就会发现其中的奥秘。在《大英百科全书》(第 14 版)"货币"条目中，勒纳曾对货币的性质作出如下解读："（货币的）普遍接受性并不是容易被建立起来的，它是一个渐进的过程。如果越来越多的人愿意接受一种特别的支付手段，就会使其他人愿意接受它。如果非常重要的卖者或债权人接受一种特别形式的货币作为支付手段，普遍接受性就能很快地建立起来。例如，政府宣布接受某种支付手段缴纳税收，那么纳税人就会接受之，因为要用它来缴税。这样，其他人也会进一步接受之，因为可用该支付手段从纳税人那里购买所需之物，或是清偿所欠债务。同样，这些人也可用该支付手段完成对其他人的支付，如果后者也要向纳税人进行支付的话。"[①]

勒纳曲折的表述无非是在强调：货币的可接受性是货币成为货币的基本条件与属性，而国家的税收创立了能够让货币被普遍接受的特殊制度，因为如果国家强制要求以某种货币缴税，那么对于纳税人而言就需要通过各种经济活动获得这种货币，这就使得对该货币的需求一波一波地扩散到经济社会的每

---

① LERNER A P. Money//YUST W. Encyclopedia britannica：a new survey of universal knowledge. 14th ed. Chicago：Encyclopedia Britannica Inc.，1946：693.

一个角落。勒纳对货币的这一独特解读源自德国历史学派克纳普的国家货币理论[1],他在伦敦经济学院时对这一理论的印象就极为深刻[2]。在勒纳看来,现代货币是国家的产物,因为实现货币广泛流通机制的关键在于税收[3],也就是说货币是国家借助税收制度创造出来的。将勒纳对货币的认识与主流财政思想相比较,就会发现税收是为支出融资的观点可能站不住脚了。在勒纳看来,税收的目的纯然变成了持续地创造某种货币需求和调节各种支出。在这样的解释框架下,财政政策就完全摆脱了传统理论对税收的教条式理解与束缚。

受到戴维森、明斯基和克雷格尔(J. Kregel)等人的影响,美国的后凯恩斯经济学较为重视金融货币理论研究。勒纳对货币的独特解读极大地启发了美国的后凯恩斯经济学家。论者发掘货币史与货币理论史,提出了对现代货币本质的新认识:现代货币是一种记账单位,它的本质是体现债权债务关系(而非交易媒介)的特殊制度安排[4]。如果将货币理解为债权债务关系,那么更直白地说,货币就相当于借据,而借据成为货币的关键就是要使借据通过某种承诺被他人所接受——当借据持有人欠下开出借据之人的债务,并要求后者用此借据清算

---

[1] KNAPP G F. The state theory of money. London:Macmillan, 1924.
[2] LERNER A P. Money as a creature of the state. The American economic review, 1947, 37 (2):312.
[3] 同②313.
[4] WRAY L R. Understanding modern money:the key to full employment and price stability. Cheltenham:Edward Edgar Publishing, 1998:18-73.

债务时,后者必须接受其"发行"的借据作为偿付的手段。例如,甲向乙开出一张借据借一袋粮食,那么当乙欠甲等值债务时,乙可以用甲开出的这张借据清偿债务。此时,甲必须保证回收,即接受此前开出的借据作为对方偿还自己的"钱款",而这一关键性承诺成为借据转变为货币的重要条件。将这一例子做出进一步拓展,就可以解释现代货币的本质——现代货币相当于国家向其国民开出的规定了记账单位的标准化"借据",是国家的负债。那么接下来的问题是:国家该如何保证这一"借据"被国民普遍接受呢?这里就联系到了勒纳和克纳普的重要观点:由于国家可以主权之名义向国民征税,而国家同时要求国民使用其规定的货币作为税收的支付方式,这样货币就会在一国的主权范围内被广泛接受。需要指出的是,这并不意味着没有税收负担的人就没有货币需求,或者说只有有税收负担的人才愿意接受货币。正像勒纳在《大英百科全书》"货币"条目中所分析的那样,由于需要缴税的主体必须使用国家规定的货币纳税,所以为了获得货币,他们在与没有税收负担的主体发生经济往来时,会要求对方以该货币进行支付,以此类推,层层拓展,整个经济社会就会产生广泛的货币需求,并将之作为日常交易和支付的基本手段——这就是后凯恩斯经济学家提出的"税收驱动货币"理论[1]。

---

[1] WRAY L R. Understanding modern money: the key to full employment and price stability. Cheltenham: Edward Edgar Publishing, 1998: 18-38, 155-176.

按照这样的理解，现代货币就成为以国家信用和税收作为保障而设计的将债权债务关系标准化的记账单位，以及相应的清偿、清算制度安排。当货币和税收的逻辑关系被一反传统地逆向解释为"税收驱动货币"时，从国家的角度来看税收就成为"使货币成为货币"的工具，而不是"使货币成为收入"的手段。一方面，税收的层层传导使人们愿意在各种交易之中接受这一"借据"。另一方面，在发行"借据"之前，国家并不需要其他"借据"为该"借据"融资。基于税收驱动货币的理论逻辑，新功能财政论学者得出了以下重要推论：如果政府支出小于税收，国民就没有足够多的货币纳税；如果政府支出等于税收，国民正好完税，但无净储蓄余额；只有当政府支出大于税收即在赤字的条件下，国民才会有净货币资产。

需要特别指出的是，新功能财政论虽然基于勒纳传统揭示了以收支平衡作茧自缚的财政误区，但这一理论对赤字的理解绝不是无所拘牵，即赤字并非无害，亦非无底线——勒纳在第一定律中所规定的充分就业和价格稳定既是功能财政的效果，也是功能财政的约束条件。具体而言，政府支出要紧盯就业，否则经济稳定和福利的普遍增进就难以现实；而一旦实现了充分就业的目标，进一步的赤字支出或减税政策就会产生更多的收入，从而导致通货膨胀[①]，此时通胀又成为功能财政的约束条件。

---

① WRAY L R. Understanding modern money：the key to full employment and price stability. Cheltenham：Edward Edgar Publishing，1998：84.

（新）功能财政论对政府债券、税收、赤字以及货币的颠覆性认知自然不是哗众取宠，而是要寻求良政善治。那么，在具体的政策层面，功能财政的功能或目标又该以何种作为去实现呢？

三、充分就业与宏观经济稳定

凯恩斯认为，资本主义经济是需求约束型经济，不稳定的预期与需求不足会造成经济波动，最糟糕和令人痛苦的表现就是经济社会不能实现充分就业。勒纳敏锐地抓住了凯恩斯经济学的这一重要贡献，认为失业会造成比资源错配更大的经济损失。相反，经济社会则可以从充分就业中获得多方面的收益，包括提高经济效率、使个体获得经济安全、弱化种族和其他各种歧视、实现社会稳定等[1]。新功能财政论学者继承了凯恩斯和勒纳的分析路径，强调不能实现充分就业既是资本主义经济不稳定的结果，也是造成经济周期性波动的原因，给社会造成长期负面影响，解决之道就是依靠政府干预，通过赤字支出填补就业缺口，实现充分就业。

在政策选择上，新功能财政论与凯恩斯主义产生了分歧。

---

[1] FORSTATER M. Functional finance and full employment: lesson from Lerner for today. Journal of economic issues, 1999, 33 (2): 475-482.

前者认为，财政政策应首先满足就业需求而非增长或产出需求，凯恩斯主义的总需求管理政策不可能实现充分就业——它实际上是以副作用很大的药方来应对问题。总需求管理政策具有自上而下、增长优先、投资驱动等特点，其受益者往往是优势产业、优势区域和具有较高技能的劳动者；而即便这种宏观政策具有"涓滴效应"，其效果亦难以渗透到经济社会的底层。这是因为，越是想通过增加支出或总需求的方式接近充分就业，经济的结构性制约（如产业结构、收入分配结构）所产生的反作用力或阻力（如通货膨胀）就会越大，增加就业的效果就越不显著[1]，此时的决策者将不得不面临是忍受通货膨胀还是放弃增加就业的艰难选择[2]。针对于此，新功能财政论学者认为政府支出应直接盯住就业需求，实现"零失业率"（zero unemployment）的充分就业水平[3]。同时，不稳定的预期使得由市场计算的资本边际效率也具有不稳定的特点，充分就业的责任因此而不能交予市场。政府就需要以持续性的赤字政策雇

---

[1] TCHERNEVA P. R Keynes's approach to full employment: aggregate or targeted demand? . Annandale-on-Hudson, NY: Bard College, 2008; TCHERNEVA P R. Fiscal policy: why demand management fail and what to do about it. Annandale-on-Hudson, NY: Bard College, 2011.

[2] 由此，我们也就不难理解主流理论为什么不将充分就业定义为零失业率，而是将其定义为一种自然失业率或非加速通货膨胀失业率（NAIRU）。

[3] WRAY L R. Zero unemployment and stable prices. Journal of economics issues, 1998, 32 (2): 539-545.

用每一个有能力、有就业意愿的失业劳动力。事实上，明斯基早在 20 世纪 60 年代分析美国宏观经济政策的弊端时就已提出相关思想及其对于消除贫困、改善收入分配和稳定宏观经济的重要意义[1]。明斯基在《稳定不稳定的经济》一书中这样表述此一政策内涵："在最低工资水平上创造不以短期和长期商业利润预期为目的的对劳动力的无限弹性需求。由于只有政府可以非营利方式雇用劳动力，所以这种无限弹性需求只能由政府创造。"[2] 不难看出，政府所发挥的功能类似于"最后贷款人"，所以明斯基的这一主张后来又被称为"最后雇主"（the employer of last resort，ELR）[3] 或"就业保障"（job guarantee，JG）[4] 思想。总结起来，最后雇主就业方案所包含的操

---

[1] 参见 MINSKY H P. The role of employment policy//MARGARET S G. Poverty in America. San Francisco：Chandler Publishing Company，1965：175-200；MINSKY H P. Effects of shifts of aggregate demand upon income distribution. American journal of agriculture economics，1968，50（2）：328-339。

[2] MINSKY H P. Stabilizing an unstable economy. New York：McGraw-Hill，2008：343.

[3] WRAY L R. Minsky's approach to employment policy and poverty：employer of last resort and war on poverty. Annandale-on-Hudson，NY：Bard College，2007.

[4] 参见 HARVEY P. Securing the right to employment：social welfare policy and the unemployment in the United States. Princeton：Princeton University Press，1989；GORDON W. Job assurance：the job guarantee revisited. Journal of economics issues，1997，31（3）：826-834；RAMSAY T. The job guarantee：a post Keynesian analysis. Journal of post Keynesian economics，2002—2003，25（2）：273-291。

作机制和政策效果可从以下几个方面得以说明[①]。

第一,在因劳动者素质高低而形成的劳动力金字塔中,政府作为最后雇主在不排斥市场的条件下与市场机制呈相反方向雇用失业劳动力。我们可以将市场和政府分别自上而下(择优)、自下而上(兜底)雇用劳动力的机制称为"二元对流模式"。由于政府通过不与私人部门竞争的公共工程持续地创造就业岗位以满足就业需求,所以这一政策具有公共部门就业(public sector employment)和直接创造工作岗位(direct job creation)的特征。

第二,政府通过最后雇主或就业保障政策构造了一种特殊的"缓冲储备"。在上述"二元对流模式"之下,市场与政府发挥的作用此消彼长。经济出现衰退之时,市场对劳动力的需求出现"退潮",失业增加。此时,政府投资的公共工程对劳动力的需求就适时"涨潮"。作为最后雇主,政府以就业保障的方式

[①] 参见MOSLER W. Full employment and price stability. Journal of post Keynesian economics,1997—1998,20(2):167-182;WRAY L R. Understanding modern money:the key to full employment and price stability. Cheltenham:Edward Edgar Publishing,1998;FORSTATRE M. Flexible full employment:structural implication of discretionary public sector employment. Journal of economics issue,1998,32(2):557-563;MICHELL W. The buffer stock employment model and the NAIRU:the path to full employment. Journal of economics issues,1998,32(2):547-555。将最后雇主思想与我国就业问题相联系的讨论可参见:綦文,张媛君. 宏观需求管理政策的实际因应及其现实转型. 改革,2012(10);綦文,刘新华. "最后雇主"与"劳动力缓冲储备":就业理论的拓展与实践. 经济问题探索,2011(1)。

将市场中失业的劳动力通过公共工程储备起来。反过来，如果市场对劳动力的需求"涨潮"，政府的缓冲储备则适时"退潮"并将劳动力向市场释放。在这一操作过程中，"缓冲储备"逆经济周期运转，平抑市场波动，发挥出稳定宏观经济的功能。

第三，缓冲储备好比一个"中继站"，它使劳动力保持在充分就业的积极状态，成为可流入、能流出缓冲储备的"活水"。相反，若劳动力处于失业的"闲置"状态，劳动能力会下降得很快，再就业难度亦会随着经济社会的快速发展而不断增加，并最终使其退出劳动力市场，这对于个人和社会而言都是巨大的损失。缓冲储备的"流入—储备—流出"机制保证了劳动力始终处于被雇用的状态，从事社会所需的各种工作，而不是被动地依赖失业救助一类的福利保障，这对于提高劳动参与率、调节收入分配、维持社会稳定、维护和保障劳动权利（使劳动成为人的基本需求），都具有难以估量的价值和积极的意义[①]。

第四，政府作为雇主所构造的就业缓冲储备不仅可实现零失业率，而且有助于稳定价格水平。在现代经济中，针对重要商品（如粮食、石油、主要矿产品）实施缓冲储备是稳定价格

[①] 凯恩斯对此有着清楚的认识："当非自愿失业存在时，劳动的边际负效用必然小于劳动的边际产品。前者甚至远小于后者。对于一个长期失业者而言，一定量的劳动不但不会引起负效用，反而可以具有正效用。"［凯恩斯. 就业、利息和货币通论（重译本）. 高鸿业，译. 北京：商务印书馆，2011：133.］

的一种有效手段。假定在一个经济社会中粮食是关键商品，其价格的变化会影响到所有其他商品价格的涨跌，那么当粮价出现大幅波动时，政府以一个最低保护价进场收储或以一个最高保护价向市场抛售，这实际上就等于借助粮食缓冲储备将各种商品与货币的价格稳定在一个合理的区间之内。由此可推知：因为劳动力是现代市场经济中被广泛使用且最重要的"商品"，所以针对劳动力实施就业缓冲储备，价格总水平就能获得更大的锚定力。在最后雇主政策中，政府以一种不与市场竞争的最低工资水平（即保护价格）雇用（储备）那些有能力、有就业意愿的劳动者，或无偿地释放劳动力储备以满足市场需求，就能够有效地防止通缩和通胀，实现价格稳定。从这层意义上看，如果政府一方面规定了社会最低工资水平，另一方面又不能"兜底"满足就业需求，使劳动力出现大量的"失业漏损"，此时真实最低工资仍然是零，这事实上无益于经济社会的稳定与福利改进。

新功能财政论以充分就业为抓手，期望借助财政之功能构造就业缓冲储备，使其充当宏观经济的稳定器，实现充分就业和价格稳定的双重目标。值得注意的是，这样的政策构想并没有停留在纸面上。在论者看来，它早已在历史中出现——罗斯福新政中各种大规模的以工代赈就业计划，如"工程振兴局"（Works Progress Administration，WPA）就是典型的案例①。21世纪初,阿根廷政府实施的Jefes计划对最后雇主政策也作出了有益探索②。因此,论者认为,最后雇主政策不仅适用于发达资本主义经济,也可以在包括更多发展中国家的更大范围内试验和推广③。

稳定宏观经济首先通过充分就业稳定住人,进而才能稳定消费和投资,并为经济的长期发展提供稳定的预期。最后雇主或就业保障思想可以说切中了宏观调控的要害。不过,新功能财政论试图为资本主义经济开出的治理药方虽看似完美,但如果引入社会制度这一重要影响因素并转换思路;这一"财政诀窍"的缺陷就完全暴露出来了。

---

① MOSLER W. Full employment and price stability. Journal of post Keynesian economics,1997—1998,20(2):180-181. 明斯基在1986年初版的《稳定不稳定的经济》一书中将最后雇主思想与罗斯福新政中的以工代赈相联系,这对于后来的新功能财政论显然是有启发的,参见 MINSKY H P. Stabilizing an unstable economy. New York:McGraw-Hill,2008:343-349. 这里还需要说明的是,以工代赈并非西方的发明,它在中国已有两千多年的传统,相关讨论参见:缐文. 永远的常平仓:中国粮食储备传统的千年超越. 北京:社会科学文献出版社,2020。

② TCHERNEVA P R. Beyond full employment:the employer of last resort as an institution for change. Annandale-on-Hudson,NY:Bard College,2012.

③ 参见MURRAY M J,FORSTATER M. Employment guarantee schemes:job creation and policy in developing and emerging markets. New York:Palgrave Macmillan,2013。

四、"卡莱斯基困境":一个批判性的评论

(新)功能财政论的主旨是欲抛弃传统的收支约束教条,而专注于财政政策的宏观效果。这种突破传统观念的颠覆性认知源自"凯恩斯革命"。从资本主义经济的基本属性出发,凯恩斯发现:当货币"穿越"了时间连接起现在和未来时,就需要在经济分析中引入"预期""不确定性""资本边际效率"等重要变量,它们将直接影响到一定时期内市场的有效需求和就业水平,而"不能实现充分失业"也就不可避免地成为资本主义经济的"显著弊端"。正是在这里,勒纳和新功能财政论学者找到了立论依据,将凯恩斯所强调的政府干预特别是财政干预在理论上继续向前推进了一步:只着眼于宏观政策的效果好坏(是否实现充分就业和价格稳定),而无须在意"花费"了多少。为了从理论上解开收支约束的"死锁",勒纳和美国的后凯恩斯经济学家对货币进行了独特的分析,由此引出的对税收和政府债券的非正统解读,打破了财政收支平衡的思想禁锢,为政府扩大支出填补就业需求缺口从而治愈资本主义的失业病提供了新的政策思路。

由此看来,资本主义社会似乎可以通过"财政新政"治愈痼疾,并实现经济社会的长期稳定发展。但若深入思考,我们

会发现（新）功能财政论的分析框架丢掉了一个重要因素。如前文所论，（新）功能财政论得以成立的一个重要前提是对"货币"作出了独特的分析。其中，勒纳对货币与税收关系的重置及其论断"货币是国家的产物"被后凯恩斯经济学家进一步发展为"税收驱动货币"理论。这样，"货币"与"国家"就成为整个理论与政策体系中不可分割的关键因素。但是，新功能财政论在探究货币本质的同时，对国家本质的分析却付之阙如[①]，只是作出了一个理想化的判断——任何现代国家都可以通过功能财政实现充分就业和价格稳定[②]。然而，在真实的世界中，充分就业绝不是任何一个资本主义国家"想"实现或"能够"实现的政策目标。

事实上，较凯恩斯更早提出凯恩斯意义上的宏观经济理论的经济学家卡莱斯基对这一问题早有洞察。当卡莱斯基提出自己的有效需求原理时，就立刻给予政府开支一个突出的位置[③]。一方面，卡莱斯基认为发达资本主义国家在理论上能通过赤字政策实现充分就业，同时企业在充分就业的条件下也会

[①] 虽然后凯恩斯经济学吸收了马克思和旧制度学派的思想，但国家理论缺乏创见可以说是后凯恩斯经济学的一个"软肋"，晚近有学者尝试作出一些探索（参见 PRESSMAN S. Alternative theories of the state. New York：Palgrave Macmillan，2006），但从本章的主旨来看，这些研究似乎未能对国家的性质给出更多深入的解释。

[②] MOSLER W. Full employment and price stability. Journal of post Keynesian economics，1997，20（2）：168.

[③] 洛佩斯，阿祖兹·米哈尔·卡莱斯基. 陈小白，译. 北京：华夏出版社，2011：144.

实现更高的利润,从而达到理想状态[1]。类似勒纳的观点,卡莱斯基强调预算赤字可能有必要作为资本主义充分就业的永恒特征,而不仅仅作为只在危机情况下才迫不得已使用的工具。这种认识让学者意识到卡莱斯基较之勒纳更早地提出了功能财政论[2]。但另一方面,深受马克思影响的卡莱斯基洞察到充分就业与资本主义在本质上并不相容:通过赤字政策实现的充分就业将会使经济社会的控制力从有利于资本家的一方转向有利于劳动力的一方,因此资产阶级的阶级自觉性告诉他们,持续的充分就业从其自身的利益来看是不可靠的,失业则是一种正常的资本主义的组成部分[3]。二战后,西方主要资本主义国家的经济社会状况证实了卡莱斯基的论断。这说明,失业问题不仅仅是资本主义经济的一个结果,同时也是资本主义赖以存续的重要原因。一言以蔽之,"资本"与"失业"是相互定义的关系,是一枚硬币的两面——资本借助失业控制劳动力,失业又造成劳动力对资本的依赖,正如马克思所言:"工人阶级的一部分从事过度劳动迫使它的另一部分无事可做,反过来,它的一部分无事可做迫使它的另一部分从事过度劳动,这成了各个资本家致富的手段,同时又按照与社会积累的增进相适应的

---

[1] KALECKI M. Political aspects of full employment. Political quarterly, 1943, 14 (4): 322 - 323.
[2] 洛佩斯, 阿祖兹. 米哈尔·卡莱斯基. 陈小白, 译. 北京: 华夏出版社, 2011: 144 - 152.
[3] KALECKI M. Political aspects of full employment. Political quarterly, 1943, 14 (4): 326.

规模加速了产业后备军的生产。"① 这样，在马克思主义政治经济学的视角下，（新）功能财政论面临着一个无法回避的悖论：一项看似合乎逻辑的政策设计不可能在现实的资本主义世界中得以施行。若要真正实现预想的政策效果，制度上的变革就成为一个不可回避的尖锐问题，卡莱斯基剖析道："具有充分就业特征的资本主义会自然地发展出新的社会和政治制度，它反映出劳动阶级力量的增长。如果资本主义想通过自身的调整去实现充分就业，那么一个根本性的变革乃是题中应有之义。反之，资本主义就是一个过时的且必须被抛弃的体系。"②

这一论断被后来的学者称之为"卡莱斯基困境"（Kalecki's dilemma）③。要么存续失业，要么变革制度，这一在资本主义制度下的两难选择让卡莱斯基进一步认识到发达资本主义国家存在着与这一困境相伴随的"政治商业循环"：通过持续的赤字政策所维系的长期高就业率将会改变资本主义社会的权力和政治平衡。在这种情况下，资产阶级将会施压政府回到削减预算赤字的传统政策轨道上④。这样，政府支出会随着政治力量的博弈而消长起伏，并进一步引起经济社会的周期波动。美国

---

① 马克思. 资本论：第1卷. 北京：人民出版社，2004：733-734.
② KALECKI M. Political aspects of full employment. Political quarterly, 1943, 14 (4)：331.
③ SOTIROPOULOS D P. Kalecki's dilemma: toward a Marxian political economy of neoliberalism. Rethinking Marxism, 2011, 23 (1)：106.
④ 洛佩斯，阿祖兹. 米哈尔·卡莱斯基. 陈小白，译. 北京：华夏出版社，2011：246.

轮流执政的民主党、共和党在劳资、预算等议题上的长期争执与政策摆动为理解卡莱斯基的政治商业循环论提供了一个生动的案例。将深层次的社会政治制度嵌入经济问题的分析中，"凯恩斯—勒纳—后凯恩斯"理论体系的断裂点被深刻地揭露出来。有学者曾委婉地指出，凯恩斯最大的问题是，他是一个理想主义者，认为当人们理解了他的理论，明白了资本主义经济体系到底是如何运行的后，就会以一种合理的方式去治理它，并以此达到期望的结果，实现一个高且稳定的就业水平[①]。但正如曼德尔所分析的：资本主义国家的宏观调控政策"绝不是中性的，它们是由资产阶级或资产阶级统治集团掌握的干预经济的工具，不是资产阶级和无产阶级之间的公断人"[②]。

从马克思—卡莱斯基制度批判的进路来看，失业乃是维护资本主义社会终极稳定的深层次需求。照此理解，后凯恩斯经济学家沿着凯恩斯"理想主义传统"发展出的新功能财政论就显得黯然失色了。但耐人寻味的是，我们在现实中又能观察到一种非"凯恩斯—勒纳—后凯恩斯"传统的功能财政：美国常年累积的巨额财政赤字并未从根本上改善就业。2008 年全球金融危机后，美国政府花费大量资金救助那些大而不倒的金融机

---

① KAHN R F. The making of Keynes, General theory. Cambridge, UK: Cambridge University Press, 1984: 203.
② MANDEL E. An introduction to Marxist economic theory. New York: Pathfinder Press, 1974: 76.

构，这映衬出的恰恰是满足华尔街利益的"另类"功能财政："国库成了一个强有力的唧筒（即水泵——引者注）……向垄断资本集团提供花样繁多的各种津贴和补助。"① 同时，在美元作为硬通货的世界货币体系下，美国的财政政策已越过了国家主权边界——按照（新）功能财政论对货币的理解（货币是作为国家和主权的重要制度构件），美国的对外赤字乃是美国财政在世界范围内不断扩大支出以廉价攫取他国特别是发展中国家财富的特殊设计。输出美元以实现货币殖民，充斥世界的赤字美元已然成为为利益集团服务的"霸权功能财政"之工具。以上两种异化的"双赤字"表明，在没有更高层次的宏观经济伦理和社会制度作保障的条件下，功能财政的可用赤字只可能在路径依赖下收益集团化、风险世界化，这不仅无益于实现和谐、稳定的发展状态，还会给一国乃至世界经济带来更大的不稳定与不平等。

五、结语

（新）功能财政论属于西方经济学非主流一脉，它一反经济学传统教条，在理论与政策主张上独树一帜，虽离经叛道但又不悖于逻辑。深入探究，我们发现其思想并非空穴来风，而

---

① 刘涤源. 凯恩斯经济学说评论. 武汉：武汉大学出版社，1997：303.

是源自凯恩斯革命。因此，对（新）功能财政论的全面把握需要将其嵌入当代经济思想史的演化脉络之中，他们"接着凯恩斯说"，是凯恩斯革命合乎逻辑的理论延伸与发展，然而卡莱斯基困境深刻地揭示出这一进路必会面临一个尴尬的岔口——要么靠近马克思，要么退回到凯恩斯。后者由于无法摆脱卡莱斯基意义上的"政治商业循环"以至"政策循环"，必然又会陷入与新古典一类主流经济学交替升降的"理论循环"之中。以现实中的"另类"功能财政来检验，发达资本主义的矛盾及其外部化已昭然若揭。因此，功能财政在有意无意之间给我们提供了一个观察资本主义社会的新视角，但最终结论仍要回到马克思的判断，即这种生产方式为它自己造成了一种限制。这种限制以资本为本，不以人的基本需求（劳动、就业）为依归，成为各种有益政策难以施展的"钟罩"。

当然，本章沿着马克思—卡莱斯基进路展开的评论并不意味着对（新）功能财政论的完全否定。"他山之石，可以攻玉"，联系到中国特色社会主义市场经济，如何理解财政、赤字和现代货币的本质，如何处理好政府与市场的关系，（新）功能财政论无疑具有重要的启示。例如，功能财政何以"功能"？赤字何以善用？这样的问题似乎应成为财政研究的一个重点。我国已进入奋力实现第二个百年奋斗目标的新历史时期，关注高质量发展背后的民生特别是稳就业、调分配已成为社会普遍的共识。新功能财政论以缓冲储备机制实现充分就业的思想包含了以就业促稳定、以就业调分配的经济治理思路，这对于宏观调控、财政金融、民生就业等政策都是可资参鉴的。更发人深省的是，沿着"经济稳定—充分就业—以人为本"这样的思路探究下去，经济学与伦理学终又走到一起。正是在这里，（新）功能财政论以一种更直接的方式让我们看到了经济学深层次但又往往被主流所忽视的思想意蕴：有益的经济政策终究离不开深切的道德与人文关怀。这对于社会主义中国而言，乃是"以人民为中心"发展理念的应有之义。

第六章
现代货币理论与通货膨胀*

对于一种新理论而言,成为公众热议的焦点既是好事也是坏事:一方面,炒热话题可以提升一种理论的知名度,让更多的人了解该理论;另一方面,快餐化、碎片化的知识传播方式使得新理论常常得不到正确的介绍,更不用说先入为主的观念常常使得新理论"走了味儿"。2019年围绕着现代货币理论展开的争论就是如此。作为20世纪90年代以来逐渐形成的一种非主流经济学理论,现代货币理论在2019年获得了包括学术界、政界、金融界在内的社会各界的广泛关注。然而,在理论传播过程中产生了许多对现代货币理论的错误的刻板印象,这使得许多后来者对其望而却步。例如,一些中央银行的官员纷纷表态不支持现代货币理论,他们包括现任美联储主席鲍威尔[①]、前

---

* 原载《学术研究》2020年第2期,作者是贾根良、何增平。

① CHEUNG B. Powell doesn't share AOC's interest in Modern Monetary Theory. (2019-02-28). https://finance.yahoo.com/news/fed-powell-modern-monetary-theory-210129640.html.

第二编 财政、货币与通货膨胀

任美联储主席耶伦①、前任 IMF 总裁和现任欧洲央行行长拉加德②、日本央行行长黑田东彦③。

  造成刻板印象的原因有很多，其中对通货膨胀的忧虑是很重要的一点，它表现为一种对政府"印钱"的恐惧：现代货币理论就是要求政府通过"印钱"来扩大支出，政府无止境地增加支出的结果是恶性通货膨胀，是下一个魏玛或者津巴布韦。用前任美联储主席耶伦的话说，"这是一种非常错误的理论，因为它会给你带来超级通货膨胀"④。本章认为，这样的担忧大可不必，我们只需要正确地认识现代货币理论的理论内涵就可以知道，现代货币理论对通货膨胀问题有着清醒的认识，它既不主张政府无节制地进行支出，也不会造成恶性通货膨胀。本章的第一部分将简要介绍现代货币理论的基本观点，从而说明现代货币理论从来都不主张政府应该无节制地增加支出。恰恰相反，现代货币理论认为，政府的支出要关注资源、环境、生产能力和通货膨胀的约束，避免"大水漫灌"式的总需求刺激政策。本章的第二部分将从理论、政策与历

---

  ①④ CURRAN E. Yellen says she's "not a fan of MMT" as list of detractors grows．（2019 - 03 - 25）．https：//www.bloomberg.com/news/articles/2019 - 03 - 25/yellen-says-she-s-not-a-fan-of-mmt-as-list-of-detractors-grows．

  ② LANGE J. IMF chief bashes economic theory embraced by U. S. leftists．（2019 - 11 - 26）．https：//www.reuters.com/article/us-imf-worldbank-mmt/imf-chief-bashes-economic-theory-embraced-by-u-s-leftists-idUSKCN1RN2WL. s．

  ③ 于健．日本决策者：现代货币理论非常极端又危险．（2019 - 04 - 04）．https：//finance.sina.com.cn/stock/usstock/c/2019 - 04 - 04/doc-ihvhiewr3109862.shtml．

史三个方面讨论通货膨胀的问题，从而说明政府通过创造货币进行支出不一定会造成通货膨胀，这取决于具体的生产和分配状况以及政府进行支出的方式。魏玛共和国的恶性通货膨胀的根源在于当时极端的政治经济局势。本章的第三部分是简要的总结和评论。

一、现代货币理论赞同无节制的政府支出吗

如果我们问一个现代货币理论学者："政府无节制地增加支出，这样会不会造成通货膨胀？"他会告诉我们："会。"

如果我们问一个现代货币理论学者："现代货币理论是不是想让政府无节制地增加支出？"他会告诉我们："你怕是听了假的现代货币理论。"

这正是围绕着现代货币理论展开的争论的吊诡之处。现代货币理论学者几乎时时刻刻都会声明，他们不支持无节制的政府支出，政府支出应该考虑通货膨胀的约束。但是，经由一些反对派学者的"传播"之后，现代货币理论忽然就变成一种主张政府不考虑任何现实经济状况随意支出的理论了。显然，这些学者不仅犯了"稻草人"谬误，而且让后来者都以为这个

"稻草人"就是现代货币理论的本体①。因为人们倾向于追随权威,所以后来才参与到这场争论中的人们对现代货币理论避之唯恐不及也就不足为奇了。

尽管如此,还是有很多金融从业者和金融记者认真阅读了现代货币理论的著作,并且对现代货币理论的基本观点进行了没有先入之见的介绍。例如,投资策略分析师詹姆斯·蒙泰尔(James Montier)就对现代货币理论的基本观点给出了一个非常简练的总结②:

(1)"货币是国家的产物。货币实际上是一种负债。任何人都可以发行货币,问题是要让人们接受它。国家征收赋税(以及其他债务)的能力使得一个国家的'货币'有价值。"

(2)"理解货币的外部环境很重要。一个国家赖以运作的货币制度至关重要。任何只以本国货币发行债务并实行浮动汇率制的国家都可以被视为货币主权国家。这意味着它不能被迫对自己的债务违约(例子有美国、日本和英国,没有货币主权

---

① 芝加哥大学布斯商学院针对现代货币理论向 42 位经济学家发出问卷,大部分受访者都不同意问卷中所说的因为政府可以发行货币所以政府可以任意进行开支的说法,他们反对的主要理由是这可能会由于资源的约束而造成通货膨胀。显然,问卷没有正确陈述现代货币理论。请参见 WRAY L R. A conspiracy against MMT? Chicago booth's polling and trolling. (2019 - 03 - 18). http://neweconomicperspectives.org/2019/03/a-conspiracy-against-mmt-chicago-booths-polling-and-trolling.html.

② MONTIER J. Why does everyone hate MMT. (2019 - 04 - 03). https://www.gmo.com/asia-pacific/research-library/why-does-everyone-hate-mmt/.

的例子有欧元区国家以及大多数新兴经济体)。"

(3)"货币系统的运作说明很重要。了解贷款创造存款(进而创造准备金,也就是所谓的货币内生),是一个相对于主流的存款创造贷款的观点更加现实的起点。"

(4)"功能财政而非稳健财政。财政政策比货币政策更加有效。财政政策应该以实现充分就业并且保持低通货膨胀作为目标(而不是实现预算平衡)。在现代货币理论看来,就业保障计划就是达到这样效果的有用政策选择的一个例子(它就像商品市场中的缓冲性库存那样发挥作用)。"

(5)"限制是实际资源的约束和生态环境的约束。如果一个经济部门超出了生产能力的限制,那么通货膨胀就会发生。如果政府支出过多或者征税过少,这会造成通货膨胀,就此而言政府部门没有什么特殊的地方。真正重要的约束是人口、机器、工厂的限制,而非'融资'的约束。"

(6)"私人债务是重要的。即使在一个拥有货币主权的国家,私人债务也是至关重要的。私人部门不能创造主权货币来还债。正因为如此,它有可能产生系统性的隐患。回想一下明斯基的金融不稳定性假说:稳定会产生不稳定。"

(7)"(戈德利式的)宏观经济核算使得我们直面真相。一个部门的债务是另一个部门的资产。因此,政府的债务是私人部门的资产。用部门间平衡的框架来理解一个部门如何和其他部门相互联系是很有帮助的……核算的恒等式不应该被当作对行为进行假定的方程,但核算可以帮助我们发现不可持续的状况。"

结论很明显:现代货币理论认为,如果一个国家拥有完全的货币主权,它的支出不存在金融约束,它不会被迫债务违约和破产,但是它会面对资源、环境、生产能力和通货膨胀的约束。政府可以不受融资约束地进行支出,不代表政府应该无节制地进行支出。了解了这一点,我们会发现,过去对现代货币理论的许多攻击都是不必要的。在通货膨胀这一问题上,现代货币理论的反对者本可以与现代货币理论取得更多共识。

二、现代货币理论与通货膨胀:理论、政策与历史

(一)理论:货币数量论正确解释了通货膨胀吗

以上这些解释显然不足以打消人们的顾虑,因为稍有经济学常识的人几乎都会将货币数量的增加和通货膨胀联系在一起。货币数量论的先入之见使得人们在听说了现代货币理论的第一刻就惊呼:"那是魏玛!那是津巴布韦!"因此,我们有必要在理论层面对通货膨胀问题作进一步的解释。

货币数量论不仅是一个比例关系式（$MV=PY$），而且是一种因果联系的说明，也就是：货币数量（M）是原因，价格（P）是结果[①]。具体来说，货币数量论认为，货币的流通速度（V）是相对稳定的外生变量；产出（Y）是与货币数量无关的外生变量，也就是货币是中性的；货币数量是一个自变量，它由特定的制度（例如，中央银行）所决定；相应地，价格是方程式中的因变量。于是，在其他条件不变的情况下，货币数量的变化决定了价格水平的变化。

货币数量论有着诸多缺陷。对于我们在这里所关心的问题而言，货币数量论最首要的问题在于，它仍然是建立在萨伊定律和充分就业的假设上的。在完全充分就业并且不存在过剩产能的情况下，实际产出是固定的，这时政府发行更多的货币进行支出所带来的新增需求是在与私人部门争夺有限的实际产出，这会带来更高的价格。但是，在市场经济条件下，失业和产能过剩是常态，对存在过剩产能和失业的产业来说，新增的需求不一定会带来价格水平上升。因此，货币数量论所宣称的因果联系是站不住脚的。除此之外，货币数量论的诸多假设都与经济现实不符。其中一点是，货币数量是通货膨胀的结果而非原因。在现实中，是贷款创造存款，而非存款创造贷款。当

---

① 熊彼特. 经济分析史：第2卷. 杨敬年，译. 北京：商务印书馆，2010：505.

价格水平上升时，企业生产成本会随之上升，那么它就需要向银行申请更多的贷款。如果企业能够通过银行的资信审查，那么新增的贷款就会带来更多的银行存款。因此，现实中的因果联系应该是从价格（P）到货币数量（M）[①]。

现代货币理论以及后凯恩斯经济学认为，通货膨胀是不同群体争夺有限的实际产出的过程；价格是由成本加成定价确定的，价格的一个作用是保证不同类型的收入得到实现，从而使不同的收入群体能够在分配中占据对应份额的实际产出。[②] 例如，假设今天因为某些原因工人工资上涨，那么这将压缩资本家的利润。为了维持利润率，资本家就会在上涨了的工资的基础上按照一定比例进行加成定价。结果可能是工人的名义工资上升，但是由于物价水平的上升，他们的实际工资不变。如果工人愿意接受这样的结果，那么物价水平就不会继续上升了。但是，如果工人和资本家之间围绕着实际产出的分配的斗争不断持续，从而工资水平和物价水平都持续上升，那么通货膨胀就会持续。然而，在现实生活中，这样的通货膨胀一般不会永远持续下去：一方面，不同群体的斗争最终会由于阶级力量的

---

① 除此之外，货币数量论还有许多的问题。后凯恩斯经济学对货币数量论有很多的批评。由于篇幅所限，这里就不一一说明了。

② 由于篇幅所限，我们在这里不对后凯恩斯经济学的通货膨胀理论作过多的介绍。后凯恩斯经济学的微观价格理论主张价格是由成本加成决定的，反对现实中存在瓦尔拉斯式的市场出清价格。请参见 LEE F S. Post Keynesian price theory. Cambridge，UK：Cambridge University Press，1999．

对比以及制度和传统等因素而停止，不同群体最终会就实际产出的分配达成一致。另一方面，市场经济条件下，过剩产能和非自愿失业是常态。在短期内，随着总需求的增加，更多的产出能够被生产出来；长期来看，新增的投资会带来更多的工厂和机器，这将进一步增加产出。

同样地，在政府支出这一问题上，如果政府部门和私人部门争夺有限的实际产出，并且私人部门不愿意作出任何让步的话，那么政府支出确实会带来通货膨胀，但这并不意味着在任何情况下政府增加支出都一定会带来通货膨胀。首先，失业和产能过剩是市场经济的常态，如果政府支出针对的是失业者和有过剩产能的行业，那么就不存在政府和私人部门争夺有限的实际产出的问题。其次，生产能力可能会随着政府支出和私人投资的增加而扩大，例如政府建设基础设施，从而可以提供更多的产出。最后，政府可以通过收入政策和税收政策直接调节收入分配。因此，政府支出是否会造成通货膨胀取决于政府支出的方式以及具体生产和分配状况。认为政府增加支出势必会带来通货膨胀的观点显然言过其实。

（二）政策：关注结构而非大水漫灌

按照现代货币理论的观点，如果一个国家具有完全的货币主权从而政府不存在金融约束的话，政府应该遵循功能财政的原则而非稳健财政的原则。功能财政的核心在于,政府的财政活动不应该以政府的收支状况(不管是盈余还是赤字)作为目标,而应该以实际的经济运行指标(例如,价格稳定、充分就业)作为目标。在对功能财政的内涵进行通俗化的介绍时,现代货币理论常常会引用阿巴·勒纳的经典论述:如果总需求不足(失业率上升),那么政府应该增加支出(或者减少税收),从而增加就业;如果利率水平过高,那么政府应该(以银行准备金的形式)增加货币的供给,从而降低利率水平[1]。虽然这种说法简单易懂,但是过度简单化也使得人们将现代货币理论的功能财政观误解为单纯的总需求刺激政策。实际上,现代货币理论反对大水漫灌式的总需求刺激政策,强调宏观政策应当关注政府支出的结构问题。

现代货币理论认为,由于不同地区、不同产业部门的生产和就业情况是不同的,所以政府需要考虑它的支出对不同地区和产业部门的影响。正如明斯基所说:"总需求是有结构的,它形成了特定的(包括地区性的)对产品和生产要素的需求。政府对总需求的影响同样是有结构的。"[2] 大水漫灌式的总需求刺激政策忽视了经济的结构性问题,并且常常会偏向于一些

---

[1] LERNER A P. Functional finance and the federal debt. Social research, 1943, 10 (1): 38-51.

[2] MINSKY H P. Effects of shifts of aggregate demand upon income distribution. American journal of agriculture economics, 1968, 50 (2): 328-339.

特定的部门，造成大量失业和劳动力短缺并存的问题，或者说过剩与短缺并存的问题。试想，假如今天美国政府决定支出5 000亿美元来增加就业，并且这些钱全部用于在美墨边境修一道尽可能高的墙。这导致的结果可能是，建材价格和工程当地的工资水平会有较大的上升，从而带来通货膨胀的压力，但是其他地方的就业问题却得不到改善。对于解决失业问题而言，这样的政策是不对症的。它指望着特定部门的收入增长能够带来对其他部门的需求，从而带动其他部门就业的增长①。然而，在达到充分就业之前，在先导部门，价格可能就已经因为产能不足或者劳动力短缺开始上升。通货膨胀的压力反过来迫使政府放弃扩张性的财政政策而转向紧缩，结果是失业率重新上升。这种走走停停的政策循环使得施政者相信菲利普斯曲线的存在，相信失业是不可能消除的。

因此，功能财政需要考虑不同部门和地区的具体情况，考虑政府财政收支的结构。现代货币理论提倡的就业保障计划就是这样的一个例子。在就业保障计划中，政府规定价格而不规定数量，也就是说，政府按照其制定的最低工资水平雇用所有愿意工作的失业者，而不规定雇用的总人数。一方面，这使得所有在私人部门得不到雇用的人都可以得到工作；另一方面，

---

① 在一些情况下，这种政策表现为优先增加富人的收入，进而指望富人在收入增加后会增加投资和消费，从而惠及穷人，也就是所谓的涓滴效应。

因为就业保障计划雇用的是失业者,并且私人部门总是能够以略高于最低工资水平的工资将劳动者从就业保障计划中吸引到私人部门,就业保障计划就不存在与私人部门争夺劳动力的问题。在实现充分就业的同时,劳动者可以在就业保障计划中获得收入并且提高劳动技能,这些劳动者形成的缓冲库存起到了稳定工资水平从而稳定价格的作用:在私人部门劳动力短缺时,劳动者从就业保障计划流向私人部门,从而缓解工资上升的压力;在私人部门裁员时,劳动者从私人部门流向就业保障计划,从而缓解工资下降的压力。在进行具体的就业保障项目时,例如在采购所需的生产工具时,政府同样需要考虑支出的结构,避免对产能不足的部门造成压力。总之,现代货币理论所倡导的就业保障计划旨在同时实现价格稳定和充分就业,它反映了现代货币理论在政策层面的一个基本观点:关注财政收支的结构而非大水漫灌。

(三)历史:货币数量是通货膨胀的根源吗

我们在第一小节中说明了,货币数量论对通货膨胀的解释是错误的,通货膨胀的根源不在于货币数量,而在于现实的生产和分配状况。通过货币数量论来认识历史上的通货膨胀,结果显然是"一叶障目,不见泰山"。在经济思想史和经济史上,围绕货币数量和通货膨胀之间关系的争论由来已久。货币数量论者将通货膨胀的原因归咎于滥发货币,归咎于中央银行的失职;货币数量论的反对者则认为,通货膨胀的根源在于一些现实的经济因素。例如,在 19 世纪初英国发生的金块论争中,金块论者认为,英国当时的通货膨胀是由英格兰银行滥发货币造成的,因此,英格兰银行需要恢复银行券的可兑换性从而避免滥发货币。反金块论者则认为,英格兰银行合格地履行了自己的职责,通货膨胀的根源在于当时国内粮食歉收、拿破仑大陆体系造成贸易中断、英国用黄金向盟国支付战争经费等现实经济因素,货币数量的变化是这些因素及通货膨胀的结果,而非原因[①]。

在货币数量论者的视野中,魏玛共和国是滥发货币造成恶性通货膨胀的典型代表,但实际上,这种说法忽视了魏玛共和国当时面临的极端的政治经济局势:受到破坏的国内生产能力,大量以外币或者黄金计价的外债,动荡不安的国内政局,国内尖锐的阶级对立,等等。这些因素才是魏玛共和国恶性通货膨胀的根源。具体来说,魏玛共和国的恶性通货膨胀是以下因素综合作用的结果:

(1)受到破坏的国内生产能力。尽管第一次世界大战的战火基本没有波及德国本土,但是德国损失了大量的领土、资源

---

① 贾根良,何增平. 货币金融思想史上的两大传统与三次论争. 学术研究,2018(11).

和劳动力，生产能力下滑。这使得德国需要扩大进口来满足国内需求。

（2）大量以外币或者黄金计价的外债。巴黎和会使得魏玛共和国背负了1 320亿金马克（goldmark，与黄金挂钩，1金马克等于358毫克黄金）的赔款，并要求魏玛每年偿还20亿金马克和26%的年出口额。这进一步恶化了魏玛的国际收支情况。魏玛尽管动用外汇储备、黄金储备和实物偿付了一部分赔款，但是仍然无法按照条约按期支付赔款。在出口能力不足、没有其他外汇来源的情况下，魏玛只能用纸马克（papiermark，不与黄金挂钩）在市场上买入外汇和黄金。

（3）进口需求的增加和赔款的压力使得马克急剧贬值，贬值的结果是进口商品价格上升，国内出现了通货膨胀的压力。这种压力需要不同收入群体来分担，换句话说，在分配中，人们会得到更少的实际产出。

（4）国内尖锐的阶级对立。在这一时期，德国国内的局势动荡，不同群体之间对立严重。工会和资本家都不愿意负担由于马克贬值所带来的商品价格上升，于是就出现了工资和价格的螺旋式上升。

（5）魏玛政府的统治基础薄弱，难以推行收入政策和税收政策。在这一时期，魏玛共和国面临着被极左和极右势力推翻的威胁。为了维持它薄弱的政治基础，魏玛政府要争取工会、资本家和地主的支持,大规模的征税或者其他收入政策显然都不是明智之举。实际上,一直到 1923 年,到了所有人都认为恶性通货膨胀难以接受的时候,当时的施特雷泽曼政府才开始起草新的税收计划,这项税收计划到 1923 年末才真正实施,这时通货膨胀早已失去了控制[①]。

(6)魏玛共和国增发货币进行支出实际上是在争夺有限的实际产出。除了赔款以外,当时的魏玛政府还承担了大量其他支出,例如士兵的抚恤和返乡安置费用。随着价格的上升,魏玛政府的开支变得越来越大,但收入税却是按照前一时期的收入来计算的。结果是,魏玛政府陷入一种恶性循环当中:政府越是增加支出来与私人部门争夺有限的实际产出,价格就越往上升;价格越往上升,政府就越是需要依靠增加支出来争夺有限的实际产出。

魏玛共和国的恶性通货膨胀与政府创造货币进行支出有关吗?当然有关。然而,在这背后是魏玛共和国所面临的极端恶劣的国内外政治经济环境。在这种情况下,魏玛共和国陷入了不同部门之间争夺有限的实际产出的混乱当中。显然,问题所在不是货币数量的变动,而是魏玛共和国所面对的极端恶劣的政治经济环境。

---

① JAMES H. The German slump: politics and economics, 1924—1936. Oxford: Clarendon Press, 1986: 42.

三、结语

现代货币理论对通货膨胀问题有着清醒的认识。现代货币理论不等于无节制地增加政府支出。过量的或者结构不合理的政府支出会带来通货膨胀的压力,现代货币理论是明确反对这样做的。对于一个具有完全货币主权的国家而言,政府的支出没有金融约束,但是有资源、环境、生产能力和通货膨胀的约束。如何避免超出资源、环境和生产能力的承载能力,如何防止"大水漫灌"式的财政支出,这些都是功能财政需要关注的问题。对于现实中的通货膨胀是如何产生的这一问题,现代货币理论和后凯恩斯经济学认为,货币数量论建立在萨伊定律和充分就业等一系列不符合现实的假设的基础上,它妨碍了人们从现实经济状况出发来了解通货膨胀的生成机制;通货膨胀是不同群体争夺有限的实际产出的过程,通货膨胀是否会发生与具体的生产和分配状况有关。由于在市场经济条件下产能过剩和非自愿失业是常态,因此增加政府支出不一定会造成通货膨胀。在历史上,魏玛共和国恶性通货膨胀的根源在于极端的政治经济局势,而不能简单地归结为货币数量的变化。

当前对现代货币理论的种种误解是理论传播过程中再正常不过的事情。作为一种具有非主流经济学背景的新理论,在传播的最开始必然会面对种种主流经济学化的解读。现代货币理论会被冠以种种"头衔",从而被解读为在主流经济学框架下已经存在过的事物。在深入了解现代货币理论之前,很多美国的主流经济学家似乎都急于写下"它不过是……的翻版"的断言。这是因为人们倾向于从既有观念出发来认识新的事物。它同时也反映了主流经济学的一种普遍心态:主流经济学的大厦只需要在细枝末节上小修小补,马克思主义经济学、演化经济学、后凯恩斯经济学等西方非主流经济学充其量只能在小修小补当中派上用处从而被主流经济学接受,否则就只能在与主流经济学的根本对立当中消亡。因此,在主流经济学家看来,这些非主流经济学理论只能是供他们挑挑拣拣的对象,而不是值得深入交流的对象。但与此形成强烈反差的是,支持现代货币理论的人们却在不断增加。这是因为,面对美国经济复苏缓慢、收入分配两极分化、财政保守主义、外贸逆差、金融不稳定等一系列现实经济问题,越来越多的人发现主流经济学不能给他们帮助,他们需要新的理论来指导实践。最终,时间会告诉我们答案。

第三编
现代货币理论争论的社会政治背景

第七章
为什么中央银行独立是伪命题*

一、引言

过往对中央银行独立的讨论都建立在这样一个预设前提下：设立独立的中央银行可以隔断政府对货币市场的影响。这意味着，如果中央银行独立了，中央政府只能执行财政政策而不能执行货币政策，并且它不能直接从中央银行取得融资，即不能通过创造货币的方式进行支出。基于这一假定，支持者认为这种措施可以解决"动态不一致"等问题，从而更容易实现价格稳定的目标①。但以后凯恩斯主义者为代表的反对者却认

---

* 原载《政治经济学评论》2018年第9卷第2期，标题为《为什么中央银行独立是伪命题？——基于现代货币理论和经济思想史的反思》，作者是贾根良、何增平。

① 主流理论的综述可参见：范方志. 西方中央银行独立性理论的发展及其启示. 金融研究, 2005 (11)。孙凯和秦宛顺认为, 中国的"央行独立性"问题更适合用铸币税型的动态不一致来解释, 请参见: 孙凯, 秦宛顺. 关于我国中央银行独立性问题的探讨. 金融研究, 2005 (1)。

为，无论是从短期看还是从长期看，货币都不是中性的，在最终目标的设定上，这一措施忽略了充分就业、价格稳定等多个目标之间的权衡取舍。显然，无论正反，双方的论证都离不开这个预设前提。

本章将要说明的是，基于现代货币理论对资本主义货币制度的研究，即使在中央银行独立于政府的条件下，政府的财政政策仍会对货币市场产生影响，起到和货币政策相同的作用；政府总是可以通过迂回的方式从中央银行获得融资（在具备完全货币主权的情况下，这不存在制度上的障碍）。这一点在被奉为央行独立典范的美国身上体现得非常明显。按照现代货币理论的观点，在一个主权货币体系下，主权国家总是在通过创造货币的方式进行支出，并且它总是能通过创造货币的方式进行支出。因此，中央银行独立是一个伪命题。

中央银行独立的思潮不仅是一种理论，更是一种意识形态。在经济史和经济思想史研究被边缘化的今天，这一点很容易被忽视。从20世纪80年代末开始，伴随着国际上主张中央银行独立思潮的兴起，这一理论和政策主张被引入国内，在理论界和社会舆论当中影响力日益扩大。在我们查阅到的2000年以后发表的论文当中，除了少数个例以外，学者们或者对此持支持态度，或者将此作为理论前提加以应用。在新闻媒体上支持"中国人民银行独立"的观点不胜枚举：上海交通大学上海高级金融学院张春教授在接受采访时认为，中国货币政策缺乏稳定性,"归根结底还是央行独立性的问题"[①]。日本一桥大学经济学教授伍晓鹰在接受采访时认为:"央行的独立性其实现在还没有一个真正的独立性。从这一点上来看的话,我们离一个完整的、现代的金融体制,以市场为基础的还差很大一块。"[②] 然而,在经济思想史上,这股中央银行独立的思潮一直不乏反对之声,特别是近十年来出现了一股逆向的思潮,其中现代货币理论的兴起更是彻底改变了人们对这一问题的认知。它作为后凯恩斯主义的最新发展,近年来在国际上掀起了研究热潮。在经济史上,中央银行与政府的通力合作对于发达国家早先的经济崛起有着重要意义。直到20世纪80年代末,中央银行独立才逐步成为一种普遍的实践。

在错误的辉格史观的影响下,人们常常将"央行独立"错误地理解为历史进步的最终真理,而忽视了经济史和经济思想史的复杂演化过程。来自经济史和经济思想史的事实说明,"央行独立"从来都不是历史终结的"普世真理";它是一种意识形态,这种意识形态在给发达国家的财政金融制度披上了一层面纱的同时,包含着平衡财政和减少国家干预的信条,裹挟

[①] 曹金玲. 上海交大高级金融学院执行院长张春:加强央行独立性至关重要. (2013-07-10). http://www.yicai.com/news/2846605.html.
[②] 伍晓鹰:央行无真正独立性 金融改革政府要退出. (2013-06-28). http://money.163.com/13/0628/17/92FNQDO400254UDI.html.

着财政保守主义和新自由主义的价值取向。如果不能正确认识中央银行独立思潮的本质,这种意识形态将会对发展中国家实现经济赶超造成不必要的阻碍,踢掉发展中国家经济赶超的"梯子"①。

由于现代货币理论在国内的研究才刚刚起步②,因此在本章的第二部分,我们将先对它的基本理论进行简要介绍。在第三部分,我们将说明,在中央银行独立的情况下,财政政策对货币市场仍有着重要的影响,货币政策目标的实现需要财政部和中央银行的密切配合。在第四部分,我们将说明,在中央银行独立的情况下,财政部可以通过各种间接的渠道从中央银行取得融资。在第五部分,我们将从经济思想史和经济史的角度进行简要的评述。

需要说明的是,由于现代货币理论的研究比较多地集中在对美国财政货币制度的研究上,我们在接下来的讨论中会主要以美国作为分析对象。但是,对于具有完全货币主权的国家而言,本章的主要结论是具有广泛适用性的。

---

① "央行独立"是在意识形态上踢掉发展中国家经济赶超的"梯子",货币局制度等国际货币制度则是在制度层面就踢掉了发展中国家的"梯子"。同时,在许多国家,这种主张平衡财政的意识形态背后实际上是工人阶级与资产阶级的利益冲突。资产阶级以此来限制国家对就业的支持,从而以失业来限制工人阶级的力量。这些问题,我们将在未来的相关论文中再做具体讨论。

② 请参见:李黎力,贾根良. 货币国定论:后凯恩斯主义货币理论的新发展. 社会科学战线,2012(8)。

二、现代货币理论与国家财政的本质

后凯恩斯主义认为,资本主义经济是一种货币生产型经济,货币在资本主义生产过程当中扮演着重要的角色。要使得货币在逻辑上存在而不会重新回到物物交换的逻辑当中,在定义上货币就需要具备三个特征[①]:

首先,货币必须是符号货币(否则就会变成物物交换而非货币交易);

其次,货币必须能作为最后清算的手段而被接受(否则它只是信用而非货币);

最后,货币不能赋予进行支付者铸币权[②]。

依据这三个特征,如果货币在定义上要存在,那么货币必然依靠交易双方之外的第三方的承诺而存在。在现实中,这个第三方就是银行。所以,在理论上,后凯恩斯主义认为,银行是作为区别于资本主义经济当中其他主体(企业、劳动者)而存在的主体。这一点在主流经济学中则是缺失的,因为主流经

---

① GRAZIANI A. The theory of the monetary circuit. Économies et sociétés, 1990, 24 (6): 7-36.
② 因为私人银行在创造银行货币的时候也是在行使铸币权,而不是在进行支付。

济学假设货币中性，缺乏对货币制度的分析。因此，在主流经济学物物交换的理论逻辑下，银行在理论上是不必要的，或者说和其他经济行为主体相比没有本质区别。

在资本主义生产过程中，货币被内生地创造出来了。例如，企业为了雇用工人进行生产，那么它首先需要从银行取得贷款从而支付工资。如果它通过了银行的资信审核，那么双方的资产负债表就会发生如下变化（见表7-1、表7-2）：

表7-1　企业贷款导致的A厂商资产负债表变化

资产	负债
+10万元存款	+10万元贷款

表7-2　企业贷款导致的商业银行资产负债表变化

资产	负债
+10万元贷款	+10万元存款

这时，商业银行的贷款产生出了10万元的银行货币，也就是A厂商在银行的存款。在一个简单生产过程当中，这些被创造出来的银行货币将随着A厂商卖出产品并还清贷款而被消除。通过这个简单的例子，我们可以了解到，贷款创造了存款，而非存款创造了贷款。由此，后凯恩斯主义引申出了对资本主义内部复杂生产关系的深入探讨。对于本章的主旨而言，这个简单的例子就足够了。

在一国的银行体系内，商业银行可以通过贷款等方式创造银行货币，而商业银行之间的结算则要使用主权货币来最终完成。商业银行不能创造主权货币，因为按照定义，主权货币必须是由区别于作为交易者的商业银行的第三方创造出来的。这个第三方就是政府部门。这里我们暂且将中央银行和财政部的资产负债表合并在一起，不考虑两者之间的关系，将它们统一称作政府部门。这时候，私人部门资产负债表上的主权货币就需要通过政府部门进行赤字支出来产生。例如，假如政府要购置总价10万元的电脑，那么这里的交易可以简化为下面的资产负债表的变动（见表7-3、表7-4）：

表7-3　政府交易导致的政府资产负债表变动

资产	负债
＋10万元电脑	＋10万元货币

表7-4　政府交易导致的电脑销售商资产负债表变动

资产	负债
＋10万元货币 －10万元电脑	

最终结果是，政府获得了电脑，而在私人部门（电脑销售商）产生了10万元的主权货币，这些货币对应着政府资产负债表上的10万元负债。因此，现代货币理论认为，主权政府总是在用创造货币的方式进行支出。政府的支出意味着货币的创造，政府的收入意味着货币的销毁。

很多人认为政府是通过"先征税，再支出"的方式来进行财政活动的，这在逻辑上是说不通的。因为在主权货币制度下，如果政府不进行支出的话，那么私人部门当中就不可能有主权货币，政府就不可能从私人部门那里征收到以主权货币进行偿付的税款。所以说，税收不是在为政府支出进行融资，政府支出在逻辑上是先于税收的。

这里可能会产生一个疑问：如果主权货币是通过政府部门的赤字支出创造出来的，那么是什么使得主权国家能够使用自己发行的货币进行支付呢？或者说，是什么让人们愿意接受主权货币呢？现代货币理论认为，是税收驱动着货币。由于国家在征税时要求纳税人以主权货币缴纳税款，这为主权货币创造了需求，从而让人们愿意接受主权货币。

以上我们陈述了现代货币理论的一些基本理论。在将中央银行和财政部合并的情况下，一个具有完全货币主权的国家总是在通过创造货币的方式进行支出，并且它总是能通过创造货币的方式进行支出。显然，这不足以解答中央银行独立的问题。我们将在接下来的部分把中央银行从政府部门当中分离出来，讨论中央银行独立制度下的情况。我们将说明，以上结论仍然成立。

三、作为货币政策的财政政策

为了便于接下来的讨论，我们不妨从中央银行的资产负债表开始讲起。对于一家典型的中央银行，它的资产负债表由如下项目构成。(见表7-5,为了说明的需要,我们做了适度简化)。

表7-5　　　　　　中央银行的资产负债表

资产	负债
A_1：中央银行持有的国债	L_1：银行和其他国内私人部门持有的负债
A_2：其他资产	L_2：财政部持有的负债
	L_3：其他负债和资产净值

其中,银行和其他国内私人部门持有的负债（L_1）包括商业银行在中央银行的账户当中的准备金、商业银行的库存现金和其他国内私人部门持有的现金。这个项目构成了一般认为的基础货币。依据基本的会计原则,我们有如下式子:

$$L_1 = A_1 + A_2 - L_2 - L_3$$

这说明,在其他条件不变的情况下,基础货币将直接受到资产负债表上其他项目变化的影响。具体来说,即它会与资产方的变量（A_1 和 A_2）同方向变化,而与负债方的变量（L_2 和 L_3）反方向变化。

与我们讨论直接相关的变量是 L_2,它是财政部在中央银行开设的账户的余额。财政支出会导致 L_2 的减少,财政收入则会导致 L_2 的增加。因此,对于财政活动所引发的变化,假如中央银行不做出反应的话（例如,通过公开市场操作同时改变国债 A_1 和私人部门持有的基础货币 L_1）,结果是财政活动会导致基础货币 L_1 发生变化,从而影响货币市场。在其他条件不变的情况下，政府的税收或者国债的发行会增加 L_2 而减少 L_1，这会造成银行间拆借利率（在美国，联邦基金利率）向上的压力。如果变化的规模足够大的话，这会使得利率上升到商业银行透支准备金账户所支付的利率水平。政府的支出将减少 L_2 而增加 L_1，这会造成银行间拆借利率向下的压力。如果规模足够大的话，这会使得利率下降到中央银行向商业银行准备金账户余额支付的利率水平（在中央银行不向商业银行准备金账户支付利息的情况下，即下降到零）。这意味着，政府的财政政策有着与货币政策相同的作用。并且，这种情形和我们之前所说的将中央银行和财政部合并起来的情形的结果是一样的：政府支出是货币的创造，政府税收是货币的销毁[1]。

在现实经济活动中，财政活动对货币市场的外生影响是很明显的。如果政府能够完美地使税收和国债收入注入财政部账户的时间和财政支出的时间相吻合，并且收支数额完全相同，那么这两种相反的效应就可以相互抵消。但是，考虑到税收、国债、财政支出的季节性、周期性特点，这显然是不现实的。在美国，每天财政部账户流入和流出的差额可以达到 60 亿美

---

[1] 这里的讨论只考察了中央银行资产负债表的变化，是一种简化的做法。更加具体且烦琐的制度分析可参见 WRAY L R. Modern Money Theory：a primer on macroeconomics for sovereign monetary systems. 2nd ed. Basingstoke, Hampshire：Palgrave Macmillan, 2015：71-102. 当然，结论是完全一样的。

元的水平，而同时期商业银行准备金账户余额的平均水平大约是 500 亿美元[①]。这种冲击的影响可想而知。

中央银行要能够实现货币政策目标，例如美联储要能够钉住目标利率，那就需要财政部与所谓独立的中央银行密切配合。实际上，美联储是很乐意得到美国财政部的协助的。在历史上，美国财政部进行了很多制度改革，从而减少财政活动对货币市场的冲击，保证支付系统的稳定性。例如，美国建立和改革国债发行制度时曾将此作为重要考量。一战后，美国国债的到期偿付日一般设定在每个季度第三个月的 15 日，因为这一天人们进行所得税缴纳。这个设定的初衷是使得财政收支的时机能够相吻合。但是，这种制度有一个明显的问题：人们进行所得税缴纳的日期和税款实际到账的日期之间存在一个时滞，这就使得国债到期日会有大量的准备金从财政部账户转移到私人部门账户，对利率产生极大的冲击。20 世纪 20 年代末美国开始设计建立今天的短期国债发行制度。纽约联储副行长 J. 赫伯特·凯斯（J. Herbert Case）在其改革计划当中为了解决这一问题，将短期国债的到期日调整为实际税款到账的时间[②]。另一个例子则是，从 1999 年开始，美国财政部开始采

---

① BELL S. Do taxes and bonds finance government spending？. Journal of economic issues，2000，34（3）：603-620.

② GARBADE K D. Why the U. S. Treasury began auctioning Treasury Bills in 1929. Economic policy review，2008，14（1）：31-47.

取回购国债的做法,这既是为了更好地管理国债期限,同时也是出于保证市场流动性的考虑[①]。这一套国债管理制度到今天已经发展得相当成熟。

除了国债发行制度以外,美国还建立了财政部税收和贷款账户(Treasury tax and loan account,TT&L 账户)制度来管理财政活动对货币市场的影响。TT&L 账户是财政部开设在符合一定资质的金融机构的账户,这些账户用于接收和分配税款。符合资质的金融机构大体上分为两类:第一类包括约 11 000 家征收机构(collector institution),这些机构需要将税款马上转移到财政部在中央银行的账户上;第二类包括约 900 家留存机构(retainer institution)和约 150 家投资机构(investor institution),这些机构只有在财政部有需要的时候才将资金转移到财政部在中央银行的账户上,并且财政部还可以将资金从中央银行重新转移到投资机构的 TT&L 账户上[②]。留在 TT&L 账户的货币成为金融机构(私人部门)持有的主权货币,财政部持有的则是相对应的金融机构负债。这意味着,只要财政部不把资金调入自己在中央银行的账户,这些货币就会继续留在私人部门(L_1),成为基础货币的一部分。现实

---

① DUPONT D, SACK B. The Treasury securities market: overview and recent developments. Federal reserve bulletin, 1999, 85 (12): 785 – 806.

② FULLWILER S T. Setting interest rates in the modern money era. Journal of post Keynesian economics, 2006, 28 (3): 496 – 525.

中，财政部通过灵活地改变在中央银行账户中的余额（L_2）和在私人部门 TT&L 账户中的余额（L_1 的一部分），管理财政活动对货币市场造成的影响[①]。

财政政策作为货币政策的作用在 2008 年全球金融危机当中表现得非常明显。金融危机期间，美联储将大量流动性注入有问题的私人金融机构。这些金融机构用这些流动性偿付债务之后，私人部门积聚了大量的过剩准备金。这导致联邦基金利率向下出现了严重的偏移。为了钉住利率目标，美联储采取了多项措施，例如下调目标利率、卖出它所持有的国债等。同时，美国财政部也采取了对应的举措。一项重要举措就是通过 TT&L 账户将过剩的准备金转移到美联储的账户，这使得财政部 TT&L 账户上的余额由 2007 年的 700 亿美元下降到 2008 年的 390 亿美元和 2009 年的 20 亿美元，而财政部在美联储的账户余额则从 2007 年的 50 亿美元上升到 2008 年的 350 亿美元和 2009 年的 1 100 亿美元。同时，财政部也应美联储的要求在原计划外增发了新的国债，以吸收过剩的准备金[②]。美国财政部将此称为补充融资计划（Supplementary Financing

---

[①] 需要说明的一点是，TT&L 账户是没有法定准备金限制的，这意味着财政部将准备金调入 TT&L 账户并不会进一步加大银行对准备金的需求。

[②] 对此，财政部在发行 SFP 债券的时候说得很清楚："财政部今天宣布应美联储的要求开始临时的补充融资计划。" TYMOIGNE E. Modern Money Theory, and interrelations between the Treasury and Central Bank: the case of the United States. Journal of economic issues, 2014, 48（3）: 641–662.

Program，SFP)。到 2008 年 10 月底，这类国债发行量达到了 5 600 亿美元[①]。

因此，无论是在理论上还是在实践中，中央银行独立的制度设定都没有消除政府对货币市场的影响。相反，为了实现货币政策目标，中央银行和财政部需要密切配合。中央银行独立制度实际上并没有让中央银行成为执行货币政策的独立主体。

四、中央银行独立与财政约束

传统观点认为，中央银行独立制度能够避免政府直接从中央银行获得融资，这样就可以对政府施加财政约束，阻止政府通过创造货币的方式进行赤字支出。具体来说，这要求政府支出必须通过财政部开设在中央银行的账户，中央银行不能给予财政部账户透支的权利，中央银行不能在一级市场上直接购买国债。然而，现代货币理论认为，政府总是可以在制度上找到种种办法绕开这种限制，从而间接地获得中央银行的融资；无论中央银行是否独立，赤字支出的结果总是"赤字货币化"。

[①] TYMOIGNE E. Modern Money Theory, and interrelations between the Treasury and Central Bank: the case of the United States. Journal of economic issues，2014，48 (3)：641-662.

对于美国等具备成熟的国债发行制度的国家而言，在中央银行独立的制度环境下，财政部要进行赤字支出可以通过如下六个步骤（这不是唯一途径）：

"A. 美联储与一级市场的承销商达成回购协议（美联储从一级承销商手中回购国债，并且承诺在特定的日期将它卖回给承销商）从而保证有充足的准备金余额在流通，以应对国债的拍卖……

B. 随着国债被交易为准备金余额，国债的拍卖结算完毕（The Treasury's auction settles as Treasury securities are exchanged for reserve balances.），由此银行的准备金减少，从而增加财政部账户中的资金，同时承销商在银行账户的金额减少。

C. 财政部将从拍卖结算中增加的余额补充到税收和贷款账户。这增加了保管着税收和贷款账户的银行的准备金账户中的余额。

D. （D 和 E 可以互换，也就是说，在实践中，E 可能发生在 D 之前。）美联储的回购协议被倒转过来，随着回购协议进行到第二步，这时一级市场承销商从美联储那里买回国债。上面的交易 A 被颠倒过来了。

E. 在支出之前，财政部从银行里的税收和贷款账户中调用余额。这将交易 C 颠倒了过来。

F. 财政部通过减少美联储的账户余额进行赤字支出，这导致了银行在美联储中的准备金增加和收款者的银行账户余额增加。"①

通过这六个步骤,在中央银行独立的制度环境下,财政部还是如愿进行了赤字支出,支出的结果是货币被创造出来了。这和财政部直接将国债卖给中央银行并没有本质区别,和我们在第二部分所说明的将中央银行和财政部直接合并的情形也没有本质区别。中央银行独立制度并不能阻止政府进行赤字支出,也不能阻止中央银行为政府的赤字支出进行融资,它只是给这一过程披上了一层面纱。

对于这个类似于思想实验的过程,有人会问:如果美联储在第一步就拒绝通过回购协议的方式创造货币的话,那么是不是就可以阻止财政部进行赤字融资了?或者说,如果中央银行足够独立的话,那么它就可以拒绝协助财政部完成国债发行,拒绝为政府提供间接融资;如果中央银行没有做到,那么这只能说明它还不够独立。

对于这个异议,首先,在这个思想实验当中,我们是在模拟一个完整的货币循环过程。这意味着,在这个过程的最开始,我们假定经济体当中是没有主权货币存在的,要让这个过程进行就必须先由主权货币的垄断发行者——中央银行将货币

---

① WRAY L R. Modern Money Theory: a primer on macroeconomics for sovereign monetary systems. 2nd ed. Basingstoke, Hampshire: Palgrave Macmillan, 2015: 99.

创造出来。在现实当中，在私人部门已经持有一定数量的主权货币的情况下，这个步骤可以延后。在这种情况下，国债拍卖结算（步骤 B）结束后，大量的主权货币进入了财政部在中央银行的账户当中，同时私人部门的准备金余额则会减少。这就会产生银行间拆借利率高出利率目标的压力。在这个时候，中央银行就必须采取必要的措施，例如通过公开市场操作买入国债，从而在私人部门创造出主权货币。（或者让财政部把中央银行账户当中的资金转移到 TT&L 账户当中。）尽管步骤有些不同，但显然最终结果是一样的。

其次，之所以中央银行要采取这些措施，并不是因为它屈从于政府的意志，有意地为财政部的间接融资服务，而是因为这是中央银行的内在制度要求。中央银行最基本的职责在于维护一国支付系统的稳定运行，这意味着它需要保证在支付系统内有足够的准备金满足结算的需要。"众所周知，国债拍卖的结算是'高支付流量日'（high payment flow day），这使得比其他日子更加大的准备金余额的流动成为必要，而美联储满足了这种需求。"[1] 在历史上，美联储成立的初衷就在于此。美国国会在 1913 年通过《联邦储备法》的原因就在于原本的分散式银行体系无法满足经济体对货币的需求。这一点被写入了

---

[1] WRAY L R. Modern Money Theory: a primer on macroeconomics for sovereign monetary systems. 2nd ed. Basingstoke, Hampshire: Palgrave Macmillan, 2015: 99.

《联邦储备法》的序言当中①。换句话说,在没有其他外部原因的情况下,如果中央银行不这样做,那就意味着中央银行的失职。

最后,在历史上存在着国债发行失败的情况,其中的原因是多种多样的。一方面,国债发行制度的不完善有可能导致国债发行的失败。这依靠逐步的制度完善或者采取替代性制度就可以解决。例如,美国在 1935 年和 1963 年都曾尝试建立长期国债发行制度,然而,这两次尝试都只在第一次完成了成功的发行,其后几次的发行量都远低于计划。其失败的原因在于:第一,由于采取固定价格制度而非现行的拍卖制度,财政部要负责确定国债的发行收益率(offering yield)。如果确定的收益率过高,就会导致过量申购和不必要的利息成本;如果确定的收益率过低,就会导致申购数量不足。第二,国债发行计划通知得过于仓促,没有让市场形成这一制度会长期存在的预期,这加大了市场的风险预期。在 20 世纪 70 年代后,美国的长期国债改用拍卖的方式确定发行收益率,并且改善了与市场的沟通,从而逐步发展出今天稳定的发行制度②。

另一方面,私人部门持有的主权货币不足也有可能造成国

---

① MEULENDYKE A M. U. S. monetary policy and financial markets. New York: Federal Reserve Bank of New York, 1998: 18.

② GARBADE K D. The institutionalization of treasury note and bond auctions, 1970—1975. Economic policy review, 2004, 10 (5): 29 - 45.

债发行的失败。这确实有可能是由中央银行的失职造成的。但在很多时候，这与中央银行所面临的其他约束有关。魏玛时期的德国就是一个很典型的例子。德国在一战之后建立起了中央银行独立制度，这一制度被认为有助于避免德国战后高速通胀的再次发生。到了 20 世纪 20 年代末大危机发生的时候，流动性不足导致德国无法在国内成功发行国债，这直接阻碍了德国及时采取积极的财政政策来应对大危机，取而代之的是布吕宁政府的紧缩政策。德国的财政困境并不是因为德国中央银行的失职，而是因为战后列强在赔款条约中强加给德国的金本位约束。这意味着德国丧失了完全的货币主权。德国的货币发行要有足够的外汇和黄金的保证。德国脆弱的外汇和黄金储备阻碍了中央银行发挥稳定国内支付系统的职能，最终束缚住了德国政府的手脚。而对于具备完全货币主权的国家，例如美国，这种约束则是不存在的。

除了上面所列举的发行国债的做法，财政部实际上还有很多的方法可以绕开中央银行独立制度所设下的障碍，从而间接地从中央银行取得融资。其一，财政部可以发行自己的货币工具。例如，美国财政部可以发行硬币，比如大面额的铂金币来进行支出；此外，还可以采取税券等做法。财政部用这种票据进行支出，而这种票据可以在未来用于支付政府的税收。美国到 20 世纪 50 年代仍在发行税券。在上面德国的例子当中，德国摆脱了赔款带来的金本位约束之后，也采取了类似的做法。

其二，在开设有 TT&L 账户的情况下，财政部可以允许一级市场承销商用直接增加政府 TT&L 账户余额而非支付主权货币的方式来购买国债。这就不需要市场上已经存在充足的准备金用以购买国债。在美国，这种做法一直持续到 20 世纪 80 年代末。后来，由于长期国债发行制度的完善，这种做法才被停用。以上这些做法在步骤上会区别于前面所讲的六个步骤，但结果却是一样的。

对于具备完全货币主权的国家而言，财政部总是可以找到各种制度手段绕开中央银行独立设下的制度障碍，通过创造货币的方式进行赤字支出。中央银行独立制度并不能阻止财政部的赤字支出；恰恰相反，在结果上这种制度和非独立的制度没有本质区别。

五、结语

中央银行独立是伪命题。它错误地理解了财政货币制度的本质。中央银行独立的制度设定并不能真正隔断财政部对货币市场的影响。无论中央银行独立与否，在一个主权货币体系下，主权国家总是在通过创造货币的方式进行支出，并且它总是能通过创造货币的方式进行支出。对于一个具有完整货币主权的国家而言，中央银行在制度层面独立与否并不会带来实质影响。

尽管中央银行独立是伪命题，但这不妨碍它成为一种意识形态从而发挥作用。制度的面纱在被揭开之前就是真实的制度障碍，它可以通过阻碍人们进一步认知的方式发挥作用。主张中央银行独立的理论观点和政策主张并不是孤立出现的，它与新自由主义、财政保守主义等思潮存在着密切的关系。在经济思想史上，这种理论观点和政策主张的兴盛是一个奇观。尽管一直存在着对立的观点和批判的声音，但是只用了短短十余年的时间，中央银行独立的观点就从零言碎语变成了普遍支持的"公理"。

考虑到持续存在的反对意见，这显然不能简单地用经济思想在理论上的优劣来说明。詹姆斯·福德的思想史研究表明，多种思想史的外部因素对此发挥了作用[1]：（新自由主义）经济学家们迫切地寻找着迎合自己理论的政策；中央银行支持和资助此类研究者来提升自身地位；滞胀时期新自由主义的复苏开始寻找理论同伴……这种思潮会逐渐形成自我强化的机制，演变成一种强有力的意识形态。这种意识形态包含着平衡财政和减少国家干预的信条，裹挟着财政保守主义和新自由主义的价值取向。一旦这种意识形态成功保护了制度的面纱不被揭

---

[1] FORDER J. Why is Central Bank independence so widely approved?. Journal of economic issues，2005，39（4）：843-865.

开，它就可能成为"自我实现的真理"，愈发不可动摇。

　　这种影响对于发展中国家而言尤其重要。发展中国家常常将此作为发达国家的先进制度经验加以学习；另外，为了获得外国投资（例如，这常常是IMF贷款的重要条件），发展中国家在进行制度改革的同时，常常被动地接受了这种意识形态。如果发展中国家不能正确认识这种意识形态的本质，这种意识形态就成为发达国家踢掉发展中国家经济赶超的"梯子"的工具。这种意识形态严重地限制了发展中国家运用主权货币创造为其经济赶超提供财政支持。对于发展中国家而言，在财政制度和金融制度不完善的情况下，这种意识形态阻碍了发展中国家采取与美国政府相类似的制度安排以绕开中央银行独立制度的障碍，并且在思想上受制于财政平衡的财政观。在这种情况下，中央银行独立制度就剥夺了发展中国家政府运用主权货币为其工业发展和技术创新提供廉价融资的权利，其结果就表现为发展中国家经济发展所需资本的奇缺，从而为外国资本控制其财政金融提供了制度条件。

　　在经济史上，中央银行在发达国家经济崛起的过程当中发挥了重要作用。马蒂亚斯·贝尔嫩戈（Matías Vernengo）指出，1694年英格兰银行的成立就是为政府提供贷款，它以此获得了钞票发行权。这为英国崛起时期的军事财政提供了有力支持。然而，等到19世纪中期英国获得了世界制造业中心的地位之后，英国转向了维多利亚时期的稳健财政原则和金本位制度，以此来更好地控制国际经济秩序。按照贝尔嫩戈对英国经济史的考察，大体上发达国家的中央银行经历了四个阶段的演化过程："（Ⅰ）初始阶段，开始于17世纪，这时中央银行是国家发展的工具，特别是英国；（Ⅱ）第二阶段，大约在19世纪40年代中期到20世纪30年代的大危机时期，这时维多利亚时期的稳健财政原则和对通货膨胀的关注占了主导；（Ⅲ）第三阶段，从大萧条时期到20世纪70年代的所谓大通胀时期，这时凯恩斯式的观点和充分就业的优先地位占据了舞台的中央；（Ⅳ）第四阶段，从20世纪70年代末开始，这时新自由主义的兴起导致了以下观点的聚合：独立中央银行、价格稳定作为货币政策的越来越占支配地位的目标、通胀目标制作为实现这一目标的政策工具。"[1] 贝尔嫩戈认为，如果发展中国家一味仿效发达国家当前的中央银行独立制度，而不去从经济史上追寻发达国家崛起时的央行制度，那么发展中国家就丢掉了推动自身发展的有力工具，发达国家就成功踢掉了发展中国家赶超的"梯子"。类似的历史可以在很多发达国家的"发家史"当中找到。在19世纪日本和德国崛起过程当中，中央银行对统一国内货币，稳定和调控货币市场，从而为国家财政融资提供条件发挥了重要作用。这些国家通过战争和殖民掠夺（普法战

---

[1] VERNENGO M. Kicking away the ladder, too: inside central banks. Journal of economic issues, 2016, 50 (2): 452-460.

争、甲午战争）完成了资本的原始积累之后，则纷纷改变了原先的做法①。

但是，贝尔嫩戈没能看到的是，"踢掉梯子"的不是制度，而是理论本身。正如本章所说明的，只要发展中国家具备完全的货币主权，中央银行独立制度并不会在具体的制度安排上阻碍发展中国家运用财政为经济发展提供支持，这需要的是发展中国家依据自身国情进行适当的制度改进。在这个问题上，真正能"踢掉梯子"的是理论作为意识形态的影响。在财政平衡和减少政府干预信条的支配下，在财政保守主义和新自由主义的影响下，发展中国家政府认识不到货币主权的国家性质和主权信贷的重要性，从而被束缚住了手脚，不能运用国家的力量支持自身经济崛起。

经济史和经济思想史研究当中盛行的辉格史观进一步助长了这种意识形态。这种辉格史观将经济史和经济思想史的发展描述成线性上升式的过程。由此，现阶段的制度和思想是在实践和理论的优胜劣汰过程中的优胜者，它们必然是最接近真理的部分。按照这种辉格史观，如果发展中国家还去从经济史上发达国家崛起的开端寻求改革方案，那就会是不明智的；发展

---

① 有关的史实可参见 GOODHART C A E. The evolution of central banks. Cambridge, USA: MIT Press, 1988. 另外，日本中央银行最开始效仿的对象是美国国民银行，而国民银行制度是美国学派的重要政策纲领。可参见：贾根良. 美国学派：推进美国经济崛起的国民经济学说. 中国社会科学，2011（4）。

中国家应当从发达国家最新的制度和理论学起。显然，按照以上对经济史和经济思想史的考察，这种史观是非历史的，对发展中国家是有害的。

中央银行独立是一种意识形态，这种意识形态包含着财政平衡和减少国家干预的信条，裹挟着财政保守主义和新自由主义的价值取向，如果不能正确认识它，它就会成为阻碍发展中国家实现赶超的思想障碍。对于主流经济学宣传的诸多"普世真理"，我们不能盲信盲从，要注意区别其中的意识形态部分和合理部分。为了科学地看待这些理论，我们有必要回到现实制度，回到经济史，回到经济思想史。只有这样，才能理解为什么演化发展经济学家赖纳特、张夏准和贾根良一直在提醒人们"不要按美国所说的去做，而要按美国所做的去做"。

第八章
现代货币理论大辩论：主要问题与深层次根源*

一、引言

2019年，一场围绕着现代货币理论的大辩论在美国兴起。作为20世纪90年代以来逐渐形成的一种非主流经济学理论，现代货币理论此前一直默默无闻，但在近年来可以说是一夜爆红[①]。美国的社会各界关注现代货币理论是因为，该理论的一个基本结论认为，对于像美国这样具备完全货币主权的国家而言，主权政府总是能够用本国货币进行支出，而不会破产或者出现债务违约。这一严重刺激财政保守主义神经的命题将现代

---

* 原载《中国人民大学学报》2020年第5期，标题为《现代货币理论大辩论的主要问题与深层次根源》，作者是贾根良、何增平。

① 国内较早并较完整地介绍现代货币理论的论文参见：李黎力，贾根良. 货币国定论：后凯恩斯主义货币理论的新发展. 社会科学战线，2012（8）。

货币理论推向了舆论的风口浪尖：左翼人士利用现代货币理论为自己的政策主张和社会改良方案辩护，希望以此来打破财政保守主义的束缚；与此相对的是，财政保守主义的拥护者则坚持财政平衡的红线，对现代货币理论提出了种种质疑。在这场辩论当中，尤其值得注意的是名为"绿色新政"的政治运动。"绿色新政"的社会改良方案已经成为当时即将到来的美国大选的一大热门话题，它主张效仿罗斯福新政，推出大规模的政府项目，来解决美国所面临的经济、社会和环境问题。现代货币理论成为"绿色新政"为自身政策可行性辩护的重要理论依据。

实际上，早在这场关于现代货币理论的大辩论出现之前的几年，非主流经济学内部就一直存在着围绕现代货币理论的争论，但这种争论几乎没有得到媒体和公众的注意[①]。2019年的这场大辩论主要是以西方主流经济学家和建制派财政金融高级官员为一方、以现代货币理论家及其支持者为另一方而展开争论的，西方主流经济学家和建制派财政金融高级官员对现代货币理论的批评一般采取了虚构、误解和诋毁的方式。具体地说，这种批评大体上可以分为两种。第一种是对现代货币理论不加分析的负面评价，并将其与某种意识形态或者负面现象联系起来。例如，前任美联储主席耶伦说："这是一种非常错误

---

① 本章只讨论西方主流经济学与现代货币理论之间争论的主要问题。

的理论,因为它会给你带来超级通货膨胀。"① 第二种则会提供一定的理论分析,但这种批评一般首先将现代货币理论解释为某种主流经济学当中已经存在过的事物,如扩张性的财政政策、功能财政或赤字货币化等,然后按照主流经济学的理论模型对此加以批评。然而,无论是哪种批评,他们对现代货币理论都鲜有较深入和较完整的了解。请参看表 8-1。

表 8-1　　　　　　　代表性的反对观点

反对者	对现代货币理论的评价
肯尼斯·罗格夫(Kenneth Rogoff),知名经济学家	"现代货币胡说。"②
保罗·克鲁格曼(Paul Krugman),知名经济学家	"和阿巴·勒纳的'功能财政'是一样的东西。"③
劳伦斯·H. 萨默斯(Lawrence H. Summers),知名经济学家,美国前财政部长	"边缘经济学家简单化和夸张了这些新观念,他们把这些思想宣传得就像提供所谓的免费的午餐一样。"④

---

① CURRAN E. Yellen says she's 'not a fan of MMT' as list of detractors grows. (2019-03-25). https://www.bloomberg.com/news/articles/2019-03-25/yellen-says-she-s-not-a-fan-of-mmt-as-list-of-detractors-grows.

② ROGOFF K. Modern monetary nonsense. The new times,(2019-03-05). https://www.newtimes.co.rw/opinions/modern-monetary-nonsense.

③ KRUGMAN P. What's wrong with functional finance?(wonkish). The New York times,2019-02-12. https://www.nytimes.com/2019/02/12/opinion/whats-wrong-with-functional-finance-wonkish.html.

④ SUMMERS L H. The left's embrace of Modern Monetary Theory is a recipe for disaster. The Washington post,2019-03-04. https://www.washingtonpost.com/opinions/the-lefts-embrace-of-modern-monetary-theory-is-a-recipe-for-disaster/2019/03/04/6ad88eec-3ea4-11e9-9361-301ffb5bd5e6_story.html?noredirect=on&utm_term=.c6cff12f67dd.

续表

反对者	对现代货币理论的评价
拉里·芬克（Larry Fink），贝莱德集团 CEO	"那是垃圾，我坚定相信赤字很要紧。"①
杰弗里·冈拉克（Jeffrey Gundlach），双线资本创始人兼 CEO	"完全是胡说八道，却被用来为大规模的社会主义计划辩护。"②
杰罗姆·鲍威尔（Jerome Powell），现任美联储主席	"我认为，那种认为对于一个能够以自己的货币借债的国家而言赤字并不重要的观点在根本上是错误的。"③
珍妮特·耶伦（Janet Yellen），前任美联储主席	"这是一种非常错误的理论，因为它会给你带来超级通货膨胀。"④
克里斯蒂娜·拉加德（Christine Lagarde），前任 IMF 总裁，现任欧洲央行行长	"我们不认为现代货币理论真的是灵丹妙药。"⑤

资料来源：自制。

---

① COLLINS P. BlackRock CEO Larry Fink says Modern Monetary Theory is "garbage". (2019-03-07). https：//www.bloomberg.com/news/articles/2019-03-07/blackrock-s-ceo-fink-says-modern-monetary-theory-is-garbage-economics.

② 于健. 新债王冈拉克：现代货币理论纯属胡说八道. (2019-03-13). http：//finance.sina.com.cn/stock/usstock/c/2019-03-13/doc-ihrfqzkc3419460.shtml.

③ CHEUNG B. Powell doesn't share AOC's interest in Modern Monetary Theory. (2019-02-28). https：//finance.yahoo.com/news/fed-powell-modern-monetary-theory-210129640.html.

④ CURRAN E. Yellen says she's 'not a fan of MMT' as list of detractors grows. (2019-03-25). https：//www.bloomberg.com/news/articles/2019-03-25/yellen-says-she-s-not-a-fan-of-mmt-as-list-of-detractors-grows.

⑤ LANGE J. IMF chief bashes economic theory embraced by U.S. leftists. (2019-04-12). https：//www.reuters.com/article/us-imf-worldbank-mmt/imf-chief-bashes-economic-theory-embraced-by-u-s-leftists-idUSKCN1RN2WL.s.

对于一种新理论而言，成为公众热议的焦点既是好事也是坏事：一方面，炒热话题可以提升一种理论的知名度，让更多的人了解新理论；但另一方面，快餐化、碎片化的知识传播方式使得新理论常常得不到正确的介绍，并且既有观念的先入之见常常会在有意或无意间曲解新理论。目前，辩论双方在理论交锋上的浅尝辄止实际上已经使得这场辩论进入了一个低效而乏味的阶段：对现代货币理论的介绍是流于表面的，批评者将现代货币理论当作单纯的政策主张却鲜有涉及它的理论分析；对现代货币理论的分析是标签化的，现代货币理论被简单处理为主流经济学中已经存在过的对象以供批判；对现代货币理论的评价是站队式的，人们的态度取决于他们的政治立场与现代货币理论被贴上的标签之间的关系。结果是，急忙树立的"稻草人"带不来客观严谨的理论介绍，肤浅的理论交流带不来对基础理论的反思，立场性发言带不来对新理论潜在价值的挖掘。例如，我们在后面还会谈到的保罗·克鲁格曼和现代货币理论的代表人物斯蒂芬妮·凯尔顿（Stephanie Kelton）之间的辩论。

辩论的停滞使得现代货币理论和主流经济学之间的根本分歧没有被触及，而这本该是理论辩论的应有之义。正因如此，本章试图在介绍现代货币理论的基本理论的基础上，澄清对现代货币理论的几个常见误解，并分析这场辩论的两个热点问题：挤出效应与通货膨胀。本章将说明，这场辩论的核心并不是单纯的政策主张之争，而是在理论层面对财政和货币金融问题的认识有着根本不同。在第二部分，我们将首先介绍现代货币理论的基本经济原理，并由此澄清对现代货币理论的几个常见误解。在第三部分，我们将讨论挤出效应问题，说明在这一问题背后，是外生货币观和内生货币观的对立。在第四部分，我们将讨论通货膨胀问题，说明在这一问题背后，是货币数量论的传统观念以及后凯恩斯经济学对货币数量论的批判。在第五部分，我们将探讨这场辩论爆发的深层次根源和未来走向①。

二、现代货币理论的基本经济原理

对现代货币理论的一个常见的误解是，现代货币理论只不过是一些诸如强调财政政策作用的政策建议。这种观点忽视了现代货币理论首先是对主权货币体系和资本主义生产方式下的金融体系的理论分析，更没有觉察到它提供了一种替代西方主流宏观经济学的新框架。由于篇幅所限，我们在这里只能对现代货币理论的理论框架作一个简要的概括。我们的研究团队在

---

① 由于篇幅所限，我们在这里未能介绍现代货币理论对改革当前国际货币体系的重要理论价值。现代货币理论在欧元区建立之初就指出，这种制度设定会限制欧元区国家的财政政策空间，实际上为后来的主权债务危机埋下了伏笔。现代货币理论对于如何打破美元霸权并建立新的更加稳定的国际货币体系有着重要的理论价值。我们会在未来对此做进一步的研究。

近期将要翻译出版一部现代货币理论的宏观经济学教材[①]，其中包含了更多的理论细节。我们可以将现代货币理论非常简要地总结为以下几点：

（1）货币是一种债务。任何人都可以发行自己的债务，问题是如何让别人接受这种债务。主权货币是国家发行的债务，人们愿意接受这种债务从根本上说是因为人们可以用它来缴税（以及其他的费用、罚款），也就是说，税收驱动着货币。

（2）主权货币系统内存在货币的金字塔结构。按照债务的流动性，债务从高到低排列为：主权货币（国家的债务）、银行存款（银行的债务）、企业债务、家庭债务。下一级债务的最终清偿需要用到上一级债务，比如，商业银行之间的结算最终需要用主权货币来完成。

（3）贷款创造存款。任何债务都需要首先在债务关系中创造出来，然后才能偿还。例如，在私人部门，商业银行首先向企业发放贷款，创造出自己的债务（银行存款）；然后向企业回收贷款，销毁自己的债务。对于政府来说，政府首先向私人部门支出主权货币，创造自己的负债；然后向私人部门征税回收主权货币，销毁自己的负债。

（4）对于一个具有完全货币主权的国家而言，主权政府是

---

① MITCHELL W, WRAY L R, WATTS M. Macroeconomics. London: Red Globe Press, 2019.

主权货币的发行者，它总是有能力发行更多的货币来进行支付。政府支出创造货币，政府收入毁灭货币。政府向私人部门进行支付，私人部门持有的货币随之增加；政府向私人部门征税，私人部门持有的货币随之减少。

（5）财政部的收支会产生准备金效应：财政部支出，私人部门的货币增多，市场利率有下降的压力；财政部收税，私人部门的货币减少，市场利率有上升的压力。为了实现中央银行的利率目标，中央银行与财政部相互配合来实现中央银行的目标利率。

（6）中央银行的独立并不会妨碍具有完全货币主权的政府创造货币进行支出。在具有完全货币主权的国家，中央银行钉住目标利率，市场按照市场利率接受国债，国债拍卖按照市场利率进行，因而财政部总是能保证其在中央银行的账户余额为正，从而顺利进行支出。财政部通过其在中央银行的账户进行收支，同时中央银行可以独立地制定其利率目标和政策目标，两者之间不会构成冲突。

（7）完全的货币主权意味着一国发行本国的主权货币，并且不承诺其主权货币与某种外汇或者贵金属保持固定的兑换比率。货币主权决定了一国的财政政策空间。在没有货币主权的情况下（例如，美元化、金本位、欧元区），政府的财政政策受限于其所持有的外汇和贵金属储备。浮动汇率制度下财政政策空间是最大的。但是，这并不意味着一个国家必须采用浮动汇率制度。汇率制度的选择取决于一个国家因时因地对财政政策空间和其他经济目标的权衡取舍。

（8）理解资产负债表和基本的核算原理很重要。在核算当中，一个部门的负债等于另一个部门的资产。如果我们将国民经济划分为政府部门、私人部门和国外部门，那么，核算上存在一个恒等式：

$$政府部门盈余＋私人部门盈余＋国外部门盈余＝0$$

也就是说：

$$政府部门赤字＝私人部门盈余＋国外部门盈余$$

在不考虑国外部门的情况下，政府部门的盈余对应着私人部门的赤字，这将放大私人部门的金融风险。（毫无疑问，部门内部的情况同样重要，我们在这里只是为了简化说明的需要。）

以上的介绍都是对经济现实的客观描述。这里不是要说明一个国家的政策应该怎么做，而是基于美国等许多国家的具体现实，说明这些国家的货币金融系统实际上是怎么运行的。下面是现代货币理论所提出的政策建议。

第一，财政政策应该遵循"功能财政"的原则，而非"稳健财政"的原则。功能财政是指，财政收支的目标应该是实现某些宏观经济目标，如充分就业和物价稳定，而不应该考虑财政收支是赤字还是盈余。现代货币理论反对"大水漫灌"式的政府支出计划。财政政策需要考虑一个国家所面临的资源、环境和生产能力的约束,关注财政支出的结构,避免由资源短缺和产能不足造成的通货膨胀。

第二,现代货币理论倡导实施就业保障计划,它是功能财政的一个例子。政府按照最低工资水平雇用所有愿意工作的劳动者,从而保证充分就业。由于劳动力缓冲库存的存在,在工资存在上升压力的时候,劳动者从就业保障计划流向私人部门;在工资存在下降压力的时候,劳动者从私人部门流向就业保障计划。因此,就业保障计划起到了稳定工资进而稳定物价的作用。就业保障计划需要因时因地灵活设计,降低对资源和环境的压力。它会提供产品和服务,也可能会提高劳动生产率(例如兴建基础设施)。

尽管以上的介绍过于简单,但是我们仍然很容易发现,当前许多对现代货币理论的质疑其实是没有必要的,因为这些质疑建立在对现代货币理论的错误解读上。这些误解是当前的争论缺乏实质性进展的重要原因。

首先,现代货币理论不等于财政赤字货币化。一种观点认为,现代货币理论的一个主要主张是政府应该通过增发货币的方式来弥补财政赤字[1]。这种观点背后的逻辑是,政府在支出之前需要通过某种方式为自己的支出融资,而赤字货币化(或

---

[1] 例如,姜超,李金柳,宋潇. 现代货币理论说了啥?. (2019 - 05 - 28). http://finance.ifeng.com/c/7n2O78ugMP4.

者更准确地说，中央银行买入国债，将其转化为货币）是政策选择之一。这种观点有两个问题。其一，国债是否会转化为货币取决于私人部门的选择，而非政府部门的选择。如果私人部门对货币的需求上升，那么市场利率就会上升；为了维持利率目标，中央银行就会买入国债（逆回购），从而满足私人部门对货币的需求。相反，如果私人部门对货币的需求下降，那么市场利率就会下降；为了维持利率目标，中央银行就会卖出国债（回购），从而满足私人部门对国债的需求。显然，中央银行是否会买入国债取决于私人部门的选择，而非政府的选择。其二，现代货币理论认为，政府并不能通过税收和国债来得到融资。如果一个企业用存在一家商业银行的存款向该银行偿还了贷款，那么在该银行的资产负债表上，该银行的资产（向该企业的贷款）和负债（该企业的银行存款）都会减少。该银行得到融资了吗？显然没有。该银行的资产没有增加，它并没有新增的资产可以用于支出。没有经济主体会通过得到自己的负债来获得融资，融资需要的是得到别人的负债。同样的道理，政府通过税收或者发行国债来收回自己的负债的时候，政府的资产不会增加，它所做的不是融资，而是销毁自己的负债。这和真正意义上的融资——比如企业得到了银行贷款，或者国家得到外汇贷款——是不同的。另外，财政赤字货币化一般被当作非常态的政策选择，常常和滥发货币、通货膨胀联系在一起。我们将在本章的第四部分说明，这种联系也是存在疑问的。

其次,现代货币理论不等于中央银行应该放弃独立性。罗格夫将与现代货币理论的争论当作"下一场为了中央银行的独立性的战斗"[①]。但是,现代货币理论并不主张取消独立的中央银行。从前面的介绍可以看出,现代货币理论想要说明的是:其一,财政政策和货币市场不是完全独立的。财政政策会带来货币市场的变化,因此实现利率目标需要中央银行和财政部的相互配合。其二,独立的中央银行并不会阻碍主权政府进行支出。中央银行先在市场上创造出主权货币,财政部再发行国债将这些货币转移到它在中央银行的账户当中,然后进行支出,这和财政部直接把国债卖给中央银行没有本质区别。中央银行会保证市场上流动性充足、利率稳定,从而使得国债拍卖顺利进行。中央银行这么做的理由不是因为它听命于中央政府,而是因为中央银行的职责是维持支付系统和金融市场的稳定。国债的拍卖日一般是高支付流量日。为了避免市场上出现流动性短缺,中央银行会事先向市场注入流动性。至于是否应该维持中央银行的独立性,或者说中央银行在多大程度上应该具有货币政策的决策权,则是另外一个话题。

最后,现代货币理论不等于无节制地扩大政府支出。一种常见的"稻草人"谬误是认为现代货币理论主张政府可以无节

---

① ROGOFF K. Modern monetary nonsense. The new times,2019-03-05. https://www.newtimes.co.rw/opinions/modern-monetary-nonsense.

制地扩大支出，进而批评它没有考虑到资源、环境和通货膨胀的约束[①]。现代货币理论的经济学家差不多会在任何场合声明：现代货币理论不提倡政府应该无节制地扩大支出。现代货币理论的观点是，如果一个国家拥有完全的货币主权，它的支出不存在财政上的约束，它不会被迫进行债务违约和破产，但是它会面对资源、环境、生产能力和通货膨胀的约束。政府可以不受财政约束进行支出，并不代表政府应该无节制地进行支出。

三、挤出效应与内生货币观

对现代货币理论的一种代表性反对意见认为，现代货币理论主张加大利用扩张性财政政策，但是政府支出的增加将带来利率的上升，从而抑制私人投资，也就是我们常说的挤出效应。因此，反对者认为，他们所理解的现代货币理论只有在类似于存在"流动性偏好陷阱"的特殊时期才有一定可取之处，但由于挤出效应的存在，现代货币理论不能长久地用于指导经济政策。例如，克鲁格曼就指出，在正常的时期，"财政赤字确实挤出了私人支出，因为减税或者政府支出的增加将会带来

---

① 例见：孙国峰. 对"现代货币理论"的批判. 中国金融，2019（15）。

更高的利率"①。因此，是否选择财政政策"取决于你如何看待其中的权衡取舍"。他使用了一个只有 IS 曲线的 IS-LM 模型的图示来说明这一点②。克鲁格曼的观点遭到了斯蒂芬妮·凯尔顿的反对。凯尔顿认为，克鲁格曼错误地假设了货币供给是固定不变的，这和现实中中央银行的操作不一致；政府支出增加了私人部门持有的货币，因此政府支出会对利率有向下的压力，而非向上的压力③。她的解释并没有得到克鲁格曼的接受，因为这和克鲁格曼的模型得出的结论完全相反。这场小规模的辩论最后不了了之。

显然，以上有关挤出效应的争论的关键是，利率是否会随着政府支出的增加而上升。流行的经济学教科书一般用 IS-LM 模型来解释挤出效应：政府支出增加会带来国民收入增加，收入增加会带来货币需求增加，货币需求增加会带来利率上升。另外，除了 IS-LM 模型，在政策辩论中还流行着一种带有可贷资金理论色彩的说法。这种说法认为："政府能够获

---

① KRUGMAN P. What's wrong with functional finance? (wonkish). The New York times, 2019-02-12. https://www.nytimes.com/2019/02/12/opinion/whats-wrong-with-functional-finance-wonkish.html.

② KRUGMAN P. Running on MMT (wonkish). The New York times, 2019-02-25. https://www.nytimes.com/2019/02/25/opinion/running-on-mmt-wonkish.html.

③ KELTON S. Paul Krugman asked me about Modern Monetary Theory. Here are 4 answers. (2019-03-01). https://www.bloomberg.com/opinion/articles/2019-03-01/paul-krugman-s-four-questions-about-mmt.

得更多的经济体中的金融资源，但是这必须以私人投资的减少作为代价。"① 具体来说，这种观点认为：一定时期内的可贷资金是固定的；利率决定于对可贷资金的供给和需求；政府部门增加支出一般伴随着增发国债，这相当于政府要与私人部门从有限的资金池当中争夺资金；在给定货币供给的情况下，对货币的需求增加了，结果是利率上升，私人投资受到抑制。总之，无论是以上哪种说法，结论都是政府支出有可能推高利率从而挤出私人投资。

这种针对现代货币理论的反对意见的问题在于，它先入为主地将现代货币理论限定为一种政策指引而非理论分析，忽略了现代货币理论在利率问题上有着不同的理论解释。例如，克鲁格曼在一开始就将现代货币理论视为勒纳的功能财政观点的翻版，并且自始至终使用 IS-LM 模型进行分析。要让双方的理论探讨更进一步，我们有必要深入了解双方在理论上的根本分歧，也就是外生货币观和内生货币观的对立。

以克鲁格曼为代表的主流经济学家秉持货币外生的理念。这种观点认为，中央银行是通过控制货币数量的方式来执行货币政策的，也就是说，货币数量是由中央银行外生决定的。在 IS-LM 模型当中，这就体现为货币市场上垂直的货币供给曲

---

① KELTON S. Paul Krugman asked me about Modern Monetary Theory. Here are 4 answers. （2019-03-01）. https：//www.bloomberg.com/opinion/articles/2019-03-01/paul-krugman-s-four-questions-about-mmt.

线。更具体地说，中央银行直接控制着基础货币的数量；依据基础货币的数量，商业银行按照相对稳定的货币乘数创造出银行存款；当中央银行扩大（减少）基础货币供给时，商业银行会增加（减少）银行存款的创造（也就是贷款）；于是，广义的货币数量（例如 M2）就随着基础货币数量的变化而变化，从而也就受到中央银行的控制。但是，这样的说法面临一个直接的问题，那就是当今世界各国的中央银行都是以利率而非货币数量作为货币政策的中介目标，这使得挤出效应的说法陷入了尴尬的境地。在利率目标制的货币政策框架下，如果中央银行维持原有的利率目标，那么政府支出应该不会带来利率的上升，从而也就不会带来挤出效应。显然，克鲁格曼意识到了这一问题，因此，在他的文章当中，他只给出了一条 IS 曲线，而没有相应的 LM 曲线。在这个模型中，利率水平不是由 IS 曲线和 LM 曲线相交决定的，而是由中央银行直接决定的。这使得在挤出效应问题上他的论述显得模棱两可：他一方面承认利率水平由中央银行直接决定，但另一方面却坚持认为政府支出会推高利率水平[1]。

---

[1] 他在另一篇文章中暗示了一种可能的解释：政府支出会带来通货膨胀，通货膨胀会使得美联储提高利率水平，从而带来挤出效应。但是，政府支出并不一定会带来通货膨胀。这个问题将在本章的下一部分进行讨论。请参见 KRUGMAN P. How much does heterodoxy help progressives？（wonkish）. The New York Times, 2019 - 02 - 12. https：//www.nytimes.com/2019/02/12/opinion/how-much-does-heterodoxy-help-progressives-wonkish.html。

现代货币理论以及后凯恩斯经济学者支持的则是内生货币观。内生货币观的一个重要观点是，外生货币观实际上曲解了真实经济世界当中金融市场的实践，货币数量并不是可行的货币政策的中介目标，中央银行实际可行的中介目标是利率。按照内生货币观的说法，货币供给是内生于经济系统的。在中央银行层面，这意味着，中央银行在实践中被动地按照市场需求提供流动性[1]。在现实经济活动中，中央银行的职责是维持支付系统的稳定。这意味着，中央银行需要确保金融系统中有足够的流动性从而使得日常的结算能够顺利完成。例如，在美国，商业银行在美联储的准备金账户每个工作日会发生2万亿美元的交易，而美联储平均每分钟要为此提供300亿美元的当日内的信用支持，在支付的高峰期，这一数字会达到1 000亿美元[2]。对于中央银行来说，这是日常业务，而非金融危机时的特殊政策。中央银行可以拒绝商业银行的准备金需求吗？可以，但代价是支付系统会陷入流动性危机。换句话说，在中央银行的日常业务中，由于中央银行的职责所系，中央银行总是在被动地满足商业银行的准备金需求。

中央银行实际可行的中介目标是利率。中央银行总是按照

---

[1] 内生货币观还有其他的理论观点，这里只是介绍了它对中央银行的货币政策操作的观点。

[2] FULLWILER S T. Interest rates and fiscal sustainability. Journal of economic issues，2007，41（4）：1003 - 1042.

一定的价格向市场提供流动性,并由此达到钉住利率目标的目的。在不同的国家,中央银行钉住利率目标的做法有所不同。它可以选择钉住一个或者多个目标,可以用不同的货币政策工具来达到这一目的。在历史上,货币主义的政策实验——以货币数量作为货币政策的中介目标——以失败告终,如今世界上的中央银行都转向了价格型的货币政策调控方式。按照内生货币观,既然利率水平是由中央银行直接控制的,那么挤出效应的逻辑就出现了问题。只要中央银行维持原有的利率目标,那么政府支出的增加就不会带来利率水平的上升,也就不会挤出私人投资。

有必要说明的是,这里的解释和斯蒂芬妮·凯尔顿的说法有所不同。如前所述,凯尔顿认为,政府支出的结果是利率下降而不是利率上升。这是对客观事实的描述,但是作为对利率问题的回应,这却不是一个好的回应。政府支出对应着货币从公共部门流向私人部门,或者更准确地说,在中央银行的资产负债表上,政府支出表现为政府账户余额的减少和商业银行账户余额的增加。结果是,商业银行持有的准备金增加了。对于超出实际需要的准备金,商业银行会在市场上将这部分准备金借予其他的金融机构,以至于市场利率存在下降的趋势。政府支出确实会对利率产生向下的压力,但是,中央银行不会任由利率下降。如果利率向下偏离了中央银行的目标,那么中央银行会动用货币政策工具来稳定它的目标利率。政府的支出会对私人部门持有的货币和市场利率产生影响,但是,对于挤出效应,这不是问题的核心。问题的核心是,如果中央银行在实践中内生地供给货币,外生地钉住利率目标,那么,由于利率上升所产生的挤出效应就不会发生。

四、通货膨胀与货币数量论

对现代货币理论的另一种代表性反对意见认为,现代货币理论主张无节制地"印钱"来增加政府支出,这会造成严重的通货膨胀。但是,正如我们在第二部分所说,现代货币理论不等于无节制地增加支出。现代货币理论认为,如果一个国家拥有完全的货币主权,它的支出不存在财政上的约束,它不会被迫进行债务违约和破产,但是它会面对资源、环境、生产能力和通货膨胀的约束。政府可以不受融资约束地进行支出,并不代表政府应该无节制地进行支出。现代货币理论所主张的功能财政认为,财政的内容和结构同样重要:一方面,现代货币理论反对"大水漫灌"式的政府支出计划,具体的支出计划应当考虑一个国家的各种资源和生产能力,因地制宜,从而尽量避免通货膨胀的压力;另一方面,政府支出计划应当规定价格而非规定数量,例如,在公共就业计划当中应当规定工资水平而非规定雇员的数量,这样的话,公共就业计划的支出规模会随着通货膨胀压力或者通货紧缩压力的产生而自动变化，达到自动稳定器的效果。

以上这些解释显然不足以打消人们的顾虑，因为稍有经济学常识的人几乎都会将货币数量的增加和通货膨胀联系在一起。货币数量论的先入之见使得人们在听说了现代货币理论的第一刻就惊呼："那是魏玛！那是津巴布韦！"因此，我们有必要在理论和历史层面对通货膨胀与货币数量论作进一步的解释。

货币数量论在经济思想史上由来已久。货币数量论不只是一个简单的比例关系式，即 $MV=PY$，它还是一种因果关系的说明。按照熊彼特的说法，经济思想史上的货币数量论具有以下基本含义："第一，货币数量是一自变量——特别是，它不受价格和实际交易额的影响而变化；第二，流通速度是一种制度上的已知数，它变化得很缓慢或者根本不变化，但不管怎样，是不受价格和实际交易额影响的；第三，交易——或者说产出——与货币的数量无关，只是由于巧合，两者才会一道变动；第四，货币数量的变化，除非由同一方向的产出变化所吸收，否则会机械地影响所有的价格，而不问货币数量的增加额是怎样使用的，亦不问它首先冲击的是哪一个经济部门（即谁得到它）——货币数量的减少也是一样。"[1] 换句话说，货币（M）是原因，价格（P）是结果。

---

[1] 熊彼特.经济分析史：第2卷.杨敬年，译.北京：商务印书馆，2010：505.

然而，很多学者都注意到，货币数量论的因果关系在现实当中并不成立[①]。首先，货币的流通速度没有想象中的那么稳定。在解释高速通货膨胀的时候，一些货币主义学者不得不放弃这一假设[②]。其次，"货币（M）是原因，价格（P）是结果"这种理论显然与"贷款创造存款"的学说相冲突。我们认为，后一学说才是符合实际的。按照这一学说，现实中的因果关系应该是从生产（Y）和价格（P）到货币（M）。这是因为，商业银行是根据企业的生产需求创造货币的（$Y \to M$）；同时，如果价格上升了，企业生产成本提高了，它就可能需要从银行申请更多的贷款（$P \to M$）。最后，货币数量论仍然是以萨伊定律作为前提假定的。但是，在市场经济当中，存在过剩产能和非自愿失业是常态。试想，假如商业银行愿意放松贷款条件并且企业有动力扩大生产（M上升），那么，在总需求不足的情况下，产出的增加不一定会带来价格水平的上升。

实际上，比起关注货币数量，我们更应该关注其背后的现实经济因素，从而理解通货膨胀的生成机制[③]。后凯恩斯经济

[①] 例如，陈彦斌，郭豫媚，陈伟泽. 2008 年金融危机后中国货币数量论失效研究. 经济研究，2015（4）。

[②] 例如，我们在下文会论及的魏玛时期的恶性通货膨胀。请参见 BALDERSTON T. Economics and politics in the Weimar Republic. Cambridge, UK: Cambridge University Press, 2002: 34 - 58。

[③] 这种争论在经济思想史上起码可以追溯到英国的金块主义论争上。请参见贾根良，何增平. 货币金融思想史上的两大传统与三次论争. 学术研究，2018（11）。

学认为，通货膨胀是不同群体争夺有限的实际产出的过程；价格是由厂商按照生产成本加成定价确定的，它保证了在分配当中每一个收入群体的收入的实现[①]。例如，假设今天因为某些原因工人工资上涨，那么这将压缩资本家的利润，从而减少资本家可以获得的实际产出数量。为了维持利润率，资本家就会在增加了的工资的基础上按照一定比例进行加成定价。结果可能是工人的名义工资上升，但是由于物价水平的上升，他们的实际工资不变。如果工人愿意接受这样的结果，那么物价水平就不会继续上升了。但是，如果工人和资本家之间围绕着实际产出的分配的斗争不断持续，从而工资水平和物价水平都持续上升，那么持续的通货膨胀就会发生。然而，在现实生活中，这样的通货膨胀一般不会永远持续下去：一方面，不同群体的斗争最终会由于阶级力量的对比以及制度和传统等因素而停止，不同群体最终就实际产出的分配达成一致。另一方面，市场经济条件下，过剩产能和非自愿失业是常态。从短期看，随着总需求的增加，更多的产出能够被生产出来；从长期看，新增的投资会带来更多的工厂和机器，这将进一步增加产出。

对于政府增加支出来说，如果政府部门和私人部门是在争

---

① 由于篇幅所限，我们在这里不对后凯恩斯经济学的通货膨胀理论作过多的介绍。后凯恩斯经济学的微观价格理论主张价格是由成本加成决定的，反对现实中存在瓦尔拉斯式的市场出清价格。请参见 LEE F S. Post Keynesian price theory. Cambridge，UK：Cambridge University Press，1999。

夺有限的实际产出，并且私人部门不愿意作出任何让步的话，那么这确实会带来通货膨胀。但这样的情况不一定会发生。首先，政府部门不一定是在与私人部门争夺资源，例如现代货币理论所提倡的就业保障计划针对的是在私人部门找不到雇主的失业者。其次，政府部门的支出能够创造资源或者提高私人部门的劳动生产率，例如"绿色新政"计划在美国大规模兴建新能源设施和其他基础设施。再次，在存在过剩产能的情况下，私人部门同样可以扩大产能，提供更多的产出。最后，政府部门可以通过收入政策和税收政策等方式来协调和缓和不同群体对实际产出的竞争。因此，尽管我们不能说政府增加支出一定不会带来通货膨胀，但是，说政府增加支出势必会带来通货膨胀显然是言过其实的。在历史上，要发生现代货币理论的反对者所说的恶性通货膨胀，那必须是在一些极端的情形下，例如魏玛共和国时期的德国。

一直以来，魏玛共和国都被作为滥发货币导致恶性通货膨胀的代表，但是，相对于关注货币数量的变化，了解魏玛共和国所处的具体历史环境更有利于我们认识恶性通货膨胀的产生。尽管第一次世界大战的战火基本没有波及德国本土，但是德国损失了大量的领土、资源和劳动力，生产能力下滑。这使得德国需要扩大进口来满足国内需求。同时，巴黎和会使得魏玛共和国背负了 1 320 亿金马克（goldmark，与黄金挂钩，1金马克等于 358 毫克黄金）的赔款，并要求魏玛共和国每年偿还 20 亿金马克和 26%的年出口额。这进一步恶化了魏玛共和国的国际收支情况。魏玛共和国尽管动用外汇储备、黄金储备和实物偿付了一部分赔款，但是仍然无法按照条约按期支付赔款。在出口能力不足、没有其他外汇来源的情况下，魏玛共和国只能用纸马克（papiermark，不与黄金挂钩）在市场上买入外汇和黄金。由于赔款和进口需求的增加，恶化的国际收支状况使得马克急剧贬值，进口商品价格上升，国内出现了通货膨胀的压力。

在这一时期，德国国内局势动荡，不同群体之间对立严重。工会和资本家都不愿意负担由于马克贬值所带来的商品价格上升，于是就出现了工资和价格的螺旋式上升。此时，魏玛共和国的统治基础却是非常薄弱的，极左和极右的派别都有可能发动政变。为了维持薄弱的政治基础，魏玛共和国政府要争取工会、资本家和地主的支持，大规模的征税或者其他收入政策显然都不是明智之举。实际上，一直到 1923 年，到了所有人都认为恶性通货膨胀是难以接受的时候，当时的施特雷泽曼政府才开始起草新的税收计划，这项税收计划在 1923 年末才真正实施，这时通货膨胀早已失去了控制[1]。除了赔款以外，当时的魏玛共和国政府还承担了大量其他支出，例如士兵的抚

---

[1] JAMES H. The German slump: politics and economics, 1924—1936. Oxford: Clarendon Press, 1986: 42.

恤金和返乡安置费用。随着价格的上升，魏玛共和国政府的开支变得越来越大，但收入税却是按照前一时期的收入来计算的。结果是，魏玛共和国政府陷入一种恶性循环当中：政府越是通过增加支出的方式与私人部门争夺有限的实际产出，价格就越往上升；价格越往上升，政府就越是需要依靠增加支出来争夺有限的实际产出。

魏玛共和国的恶性通货膨胀与政府滥发货币有关吗？当然有关。然而，在这背后是魏玛共和国所面临的极端恶劣的国内外政治经济环境和严重的资源短缺：受到破坏的国内生产能力，大量以外币或者黄金计价的外债，动荡不安的国内政局，尖锐的阶级对立，等等。在这种情况下，魏玛共和国陷入不同部门之间争夺有限的实际产出的混乱当中。显然，问题所在不是货币数量的变动，也不是政府通过创造货币的方式进行支出，而是魏玛共和国所面对的极端恶劣的政治经济环境和利益群体围绕有限的实际产出的激烈争夺。

五、结语：激烈争论的深层次根源和未来走向

如前所述，我们已经对 2019 年在美国发生的这场有关现代货币理论的激烈争论的若干主要问题进行了讨论。从经济思想史的角度看，这样一场针对某种经济理论的辩论的广泛性是

20多年以来少有的，而且还是发生在现代货币理论是一种非主流经济学理论的情况下。这场辩论的参与者不仅有声名显赫的经济学家、位高权重的政府官员，还有大量正在寻求变革的普通民众；这场辩论的主要平台不是处在象牙塔顶端的学术期刊，而是有着极高关注量的主流新闻媒体和社交媒体；这场辩论不仅发生于美国国内，而且波及欧洲和日本。在2008年以前，这是难以想象的。我们认为，正是因为越来越多的人——无论他们来自学术界、金融界还是其他行业——意识到了现代货币理论有助于破解传统宏观经济理论与政策的困局，这场有关现代货币理论的辩论才会有如此之高的热度。

在2008年全球金融危机出现之前，很少有经济学家和政府官员意识到他们需要全新的宏观经济理论或者政策体系。相反，当时普遍流行的观点是当时的宏观经济理论和政策取得了很大的成功。用本·S. 伯南克（Ben S. Bernanke）在2004年发表的一次演讲中的话说就是："在过去二十年左右的时间里，经济版图的最突出特征是宏观经济波动的显著下降。"[①]他援引其他人的说法，将这种宏观经济状况称为"大缓和"。对于"大缓和"的原因，他认为，货币政策的改进是最主要的。在这一时期，"新货币共识"成为宏观经济政策的重要理论基础。

---

① BERNANKE B S. Remarks by governor Ben S. Bernanke. (2004 - 02 - 20). https：//www.federalreserve.gov/BOARDDOCS/SPEECHES/2004/20040220/.

"新货币共识"建立在动态随机一般均衡模型（DSGE）基础之上，融合了跨期优化、理性预期、粘性价格等主流宏观经济理论的理论特征[1]。在宏观经济政策上，"新货币共识"淡化了财政政策的作用而强调货币政策的作用；利率被设定为货币政策的中介目标，通货膨胀率被设定为货币政策的最终目标，中央银行通过控制利率来达到稳定通货膨胀率的目的；由于预期对通货膨胀的形成有着重要作用，因此预期管理就成为货币政策的重要内容，这使得货币政策需要有更高的透明度和独立性，并注重市场沟通。

然而，"大缓和"的美好景象没有持续多久，2008年全球金融危机就爆发了。一方面，这场危机暴露出"新货币共识"等原有理论的诸多不足，其中很重要的一点就是缺乏对金融部门和金融稳定性的关注[2]；另一方面，这场危机极大地打击了人们对原有宏观调控政策体系有效性的信念。随着名义利率下降到零，原本主要依靠货币政策的调控模式达到了它的极限，然而经济复苏仍然遥遥无期，货币当局不得不转向非常规的货币政策这一未知领域。并且，越来越多的人意识到，即便非常规的货币政策也是力有未逮的，财政政策需要发挥更大的作

---

[1] 范志勇，杨丹丹．"新共识"货币政策框架的形成、内涵和实践原则：基于中国视角的批判．教学与研究，2016（4）．

[2] 钟伟，张晓曦．对"新共识"宏观货币理论的反思．金融研究，2009（5）．

用。正如桥水基金创始人瑞·达利欧（Ray Dalio）所说，美国政府面临着政策工具短缺的问题。他认为，2008年全球金融危机之后，货币政策的第一形态（降低利率）已经把联邦基金利率压低到了极限，货币政策的第二形态（量化宽松）也降低了长期利率，但是这些措施并没有显著提振美国经济、刺激投资，并且，这些政策更有利于持有大量资产的高收入者，会进一步加剧收入分化；这些政策也不能将投资导向教育、科研等关键性领域。因此，达里利欧认为，美国政府需要将财政政策和货币政策协调使用，迈向所谓的第三种形态的货币政策[①]。

尽管财政政策在应对2008年全球金融危机时起到了一定作用[②]，但是，债务上限和财政平衡等问题阻止了财政政策进一步发挥作用。特别是在欧洲债务危机爆发之后，对主权债务危机的研究成为学术界一时的时尚，扩张性财政政策则成为宏观经济政策的雷区。我们在前面提到过现代货币理论的批评者肯尼斯·罗格夫，他和卡门·M. 莱因哈特（Carmen M. Re-

---

① 请参见 DALIO R. It's time to look more carefully at "monetary policy 3 (MP3)" and "Modern Monetary Theory (MMT)". (2019-05-01). https://www.linkedin.com/pulse/its-time-look-more-carefully-monetary-policy-3-mp3-modern-ray-dalio/。正因为如此，一些经济学家和金融业者尽管可能不完全理解或者支持现代货币理论，但是完全支持打破财政保守主义从而让财政政策在宏观调控当中发挥更大的作用，因而他们在这场现代货币理论的辩论当中站在了现代货币理论的支持者一边。

② 雅各布斯，马祖卡托. 重思资本主义：实现持续性、包容性增长的经济与政策. 北京：中信出版集团，2017：39-58.

inhart)的研究是当时最有影响力的研究之一。他们的研究认为，在90%处存在一个政府杠杆率的阈值，当政府杠杆率超过90%时，政府债务的增长会对经济增长有负面作用[1]。然而，正如现代货币理论所指出的，这些研究忽视了货币主权的问题，将不同国家的货币制度状况混为一谈；欧洲债务危机的一个重要背景是欧元区的设立使得欧元区国家失去了创造货币进行支出的能力，它们必须先获得欧元才能进行支出，主权债务危机也才成为可能[2]。总之，传统的货币理论和财政理论阻碍了财政政策发挥更大的作用，在某种程度上成功地将财政政策这扇大门重新关上了。

因此，传统的宏观经济理论和政策陷入困局之中，传统的宏观经济理论无法为宏观经济政策找到明确的出路，传统的宏观经济政策也无法回应民众对改变当前经济现状的诉求。就在这时，人们发现，现代货币理论为破解这个困局提供了全新思路。它在理论上为财政、金融、货币等重要问题提供了全新认识，在政策上解放了财政政策工具。现代货币理论所带来的这些新思想有力地回应了人们要求变革的呼声。

---

[1] REINHART C M, ROGOFF K S. Growth in a time of debt. The American economic review, 2010, 100 (2): 573-578.

[2] NERSISYAN Y, WRAY L R. Does excessive sovereign debt really hurt growth?: a critique of This Time is Different, by Reinhart and Rogoff. Annandale-on-Hudson, NY: Bard College, 2010. http://www.levyinstitute.org/pubs/wp_603.pdf.

为什么现代货币理论会在社交网络上、在美国普通民众中获得这么大的反响呢?[①] 因为普通民众对当前的经济状况有着最切身的体会。美国利维经济研究所(Levy Economics Institute)发表的一份研究报告指出,自 2008 年全球金融危机结束以来,美国经济复苏缓慢,而且当前的经济复苏是美国自第二次世界大战以来所有经济周期当中最为缓慢的。尽管失业率有所下降,从 2009 年 10 月的 10% 下降到了 2019 年 3 月的 3.8%,但是就业人口占总人口的比例(2019 年 1 月为 60.7%)却远远没有恢复到危机之前的水平(2006 年 12 月为 63.4%)。这说明失业率下降的一部分原因是部分劳动人口放弃了寻找工作,从而不再被纳入失业率的计算当中。同时,新创造出的岗位也主要集中在低技能和低薪酬的领域。报告认为,美国经济所面临的结构性问题——收入不平等、财政保守主义、外贸逆差、金融不稳定——在危机之后并没有得到改观[②]。

复苏缓慢的经济形势使得民众变得越来越愿意接受各种社会改良方案。在这些社会改良方案之中,最有代表性的就是

[①] 罗尚说,甚至优步的司机都来询问他是否知道现代货币理论。参见 ROCHON L P. MMT and TINA. Real-world economics review,2019(89):156-166. http://www.paecon.net/PAEReview/issue89/Rochon89.pdf.

[②] PAPADIMITRIOU D B, NIKIFOROS M, ZEZZA G. Can redistribution help build a more stable economy? . Annandale-on-Hudson, NY: Bard College, 2019. http://www.levyinstitute.org/pubs/sa_4_19.pdf.

"绿色新政"。"绿色新政"旨在效仿罗斯福新政的做法，推出大规模的政府项目，来解决美国所面临的经济、社会和环境问题。其主张包括：保障就业、全民医保、减免教育贷款、改善基础设施、保护生态环境、发展可再生能源，等等。"绿色新政"已经成为 2020 年总统大选的热门议题。它的代表人物伯尼·桑德斯（Bernie Sanders）和伊丽莎白·沃伦（Elizabeth Warren）是 2020 年美国总统大选的热门候选人。其他的代表人物还有民主党议员亚历山德里娅·奥卡西奥-科尔特斯（Alexandria Ocasio-Cortez）等。但是，"绿色新政"也遭到了许多质疑。反对者的一个重要论点是，美国政府根本无法负担这种巨额的支出。对此，"绿色新政"一开始的主张是通过向富人征税的方式来使得美国政府的债务水平不进一步上升。然而，加税的政策主张不能讨好选民，对选情不利，这就使得"绿色新政"的支持者们开始从现代货币理论当中寻求帮助，从而说明征税并非必需，美国政府有能力负担这些新增债务[①]。以"绿色新政"为代表的社会改良主张在美国民众当中反响热烈，这些改良方案希望借由现代货币理论来突破财政保守主义的束缚，这使得现代货币理论一并获得了极高的关注度。

---

① 尽管现代货币理论和"绿色新政"之间存在着密切联系，但是不能将现代货币理论等同于"绿色新政"。现代货币理论是对资本主义金融体系和财政体系的理论分析，无论是哪一派的政客都可以利用它来为自己的政策主张服务。

传统宏观经济理论与政策的困局，除了前面所说的情况以外，在欧元区还有一层特别的含义。现代货币理论认为，欧元区的国家实际上是在使用一种外国货币，这使得它必须首先获得这种货币（通过税收或者发行国债），然后才能进行支出；这种制度设计使得它不能像美国那样通过创造货币的方式进行支出，财政政策空间由此受到限制。尽管此前欧洲央行在二级市场上买入成员国的国债一定程度上缓解了一些国家的债务压力，放大了它们的财政政策空间，但是欧元区的经济形势仍然不乐观。2019年8月，欧元区19国的失业率仍然处于高位。这使得越来越多的人意识到，要摆脱经济困难的局面需要从根本上改革欧元区的制度，让财政政策能够发挥更大的作用。无论欧元区在未来会面临怎样的变革，它们都难以从传统的宏观经济理论体系中找到理论依据，难以从支持欧元区制度的"最优货币区"理论中找到答案。"最优货币区"理论将货币单纯视为交易的媒介，将统一货币作为减少交易成本的手段，却忽视了货币在很长的历史时期里一直都是主权货币，与国家的财政活动有着密切的联系。这就是为什么现代货币理论不仅在美国有着广泛的群众基础，而且在欧洲也有着深远的影响。

　　实际上，呼唤变革是当今时代的一个全球性命题。作为现代货币理论国际运动发展的证据，在过去的几年里，世界各地建立了许多现代货币理论的研究组织。巴西、保加利亚、加拿大、智利、法国、德国、印度、意大利、墨西哥、波兰、西班牙以及其他一些国家都有现代货币理论的研究组织。《纽约时报》的詹姆斯·威尔逊（James Wilson）在推特上甚至预言，"左翼和右翼年轻的激进分子转向现代货币理论的速度之快，将对本世纪 20 年代和 30 年代的美国政治产生深远的影响"[①]。

总之，对现代货币理论的关注在未来不会很快消退。尽管这场在主流经济学与现代货币理论之间发生的辩论可能会由于种种原因而没有进展，但是只要西方国家经济的结构性问题没有转变，只要传统的宏观经济理论无法为宏观经济政策找到出路，只要传统的宏观经济政策无法对这些经济问题作出有力的回应，那么现代货币理论在西方国家的群众基础只会越来越坚实，人们对现代货币理论的关注只会越来越多。

从经济学发展的角度看，现代货币理论处在了一个特殊的位置上。它不是内生于原有的宏观经济学体系中的产物，而是一种"外来物种"。它对货币、金融、财政等问题的认识与主流经济学有着根本上的不同。它代表了一种突变的经济学基因，这种突变及其带来的与传统理论的竞争正是经济学理论进一步发展的动力所在。更重要的是，现代货币理论是一枚扎根于当前社会实践的钉子，它不会因为种种诋毁、抹黑和成见而被轻易拔掉。可以预见的是，它将为马克思主义经济学、后凯

[①] ROCHON L P. MMT and TINA. Real-world economics review，2019 (89):156-166. http://www.paecon.net/PAEReview/issue89/Rochon89.pdf.

恩斯经济学、演化经济学等西方左翼经济学提供理论阵地，使得这些经济理论进一步走入大众视野，在公众议题的讨论中产生更大的影响力。如果其他流派的非主流经济学愿意加入这股思潮当中，那么所带来的理论冲击会远远超出我们今天所见的水平。

在宏观经济政策上，现代货币理论为当前传统宏观经济政策的困局提供了可能的出路。这一点我们在前文中已经从多个角度进行了论述。如果现代货币理论只是一种对解决现实问题来说无足轻重的象牙塔理论，它绝不可能有如此高的理论热度。现代货币理论的两位奠基者斯蒂芬妮·凯尔顿和威廉·米切尔曾分别指出，如果没有对现代货币理论的理解，就不可能在美国或世界其他地方成功地推行真正的进步议程，未来实现公平的、可持续的繁荣有赖于广大选民对现代货币理论及其政策原则的广泛理解[1]。因此，为了观察和深入研究现代资本主义经济的重大变化，密切关注美国和国际上有关现代货币理论争论的新发展是必不可少的。

尽管现代货币理论存在着不足，个别理论也难免存在缺陷，但可以预言，它必将对财政学、货币银行学、宏观经济学、政治经济学、发展经济学和经济史等诸多学科的发展产生

---

[1] HAIL S. Economics for sustainable prosperity. New York：Palgrave Macmillan，2018：vi.

重要影响,并有可能在宏观经济学领域掀起一场"新的凯恩斯革命",从而对国家发展战略和经济政策产生深远的影响。虽然现代货币理论的绝大部分内容是对经验事实的描述,但其中也隐含着一些规范含义,而这些规范含义更契合社会主义的某些制度特征,其政策动议也只有在社会主义制度之下才能得到更好地实施。因此,深入研究现代货币理论,对中国特色社会主义政治经济学特别是其财政金融理论、宏观经济理论的发展也具有重要的借鉴意义。

第九章
货币演进与货币创造*

自 2019 年 3 月以来，现代货币理论在国内外学术界和媒体引起了广泛的关注和讨论，其中不乏质疑和批判之声。在我国，孙国峰在指出现代货币理论存在"内在缺陷"之后[①]，又从货币的创造主体、创造层次和创造制度以及通货膨胀四个方面对现代货币理论进行了批判[②]。在我们看来，孙国峰对现代货币理论存在着严重的误解，因此，我们已经专门撰写文章，就货币创造层次和通货膨胀的问题对孙国峰进行了回应[③]。孙国峰认为，货币创造制度主要是指中央银行独立制度，重申了一种流行已久的神话：央行独立作为"切断央行向财政透支的

---

* 原载《浙江工商大学学报》2020 年第 6 期，标题为《货币演进的历史观与货币创造的政治经济学》，作者是贾根良、何增平。
① 孙国峰. 货币创造的逻辑形成和历史演进：对传统货币理论的批判. 经济研究, 2019（4）.
② 孙国峰. 对"现代货币理论"的批判. 中国金融, 2019（15）.
③ 贾根良, 等. "现代货币理论研究"专栏. 学术研究, 2020（2）.

制度安排是现代银行信用货币体系的基石"①。此前，我们也已经对这种神话有所揭露②，在此不再赘述。因此，本章只集中讨论货币创造主体及其政治经济学问题。所谓货币创造主体，是指一国的财政部和商业银行。孙国峰将现代货币理论与其观点的"货币创造主体"之争称为"财政主导与金融主导"之争。本章结构安排如下：在第一部分，我们对孙国峰关于货币创造主体的历史演进观提出质疑，并对其"现代货币理论主张一种由政府垄断的货币创造制度"等严重误解进行解释。第二部分则扼要说明现代货币理论对发达资本主义国家货币创造"双主体"的真实描述。在此基础上，第三部分将从一个多世纪以来政府财政规模持续扩大的历史事实、财政开支具有生产性的一面对孙国峰的相关观点提出质疑。第四部分则对其现代货币理论将导致私人部门受到两次剥削的观点提出批评。在第五部分，我们对货币创造主体的制度设计及其争论的问题本质上是政治经济学问题进行讨论，以揭示现代货币理论兴起及其争论的深层次问题。

---

① 孙国峰. 对"现代货币理论"的批判. 中国金融，2019（15）．
② 贾根良，何增平. 为什么中央银行独立是伪命题？：基于现代货币理论和经济思想史的反思. 政治经济学评论，2018（2）．该文指出，在被奉为央行独立典范的美国，美联储实际上并不独立，将中央银行独立视为"银行信用货币制度得以正常运转的"制度保障实际上是一种减少政府干预和服务于垄断金融利益集团的意识形态。

一、现代货币理论的货币演进历史观

我们首先质疑孙国峰关于货币创造主体的历史演进观。在经济思想史中,存在着牛顿主义的和达尔文主义的经济学研究两大传统①。相应地,在货币金融思想史上也持续存在着两种截然不同的思想传统:一种是以交换和金融自身为核心的商品货币观,另一种则是以生产或实体经济为核心的信用货币观②。孙国峰"质疑传统理论描述的从实物货币到信用货币的演进过程,提出信用货币是历史上货币的主要表现形式"③和"贷款创造存款理论",因此,在这些方面,他的研究及其思想基本上与现代货币理论一样都属于经济思想史中源远流长的信用货币观。但他却认为"货币演进历史的主要脉络是:私人信用货币—政府信用货币—银行信用货币",并使用"货币的起源—私人信用货币、货币的发展—政府信用货币、现代货币制度—银行信用货币"将其概括为货币演进历史的三阶段论④。

---

① 贾根良. 中国经济学革命论. 社会科学战线, 2006(1).
② 贾根良, 何增平. 货币金融思想史上的两大传统与三次论争. 学术研究, 2018(11).
③ 孙国峰. 货币创造的逻辑形成和历史演进:对传统货币理论的批判. 经济研究, 2019(4).
④ 孙国峰. 货币创造的逻辑形成和历史演进:对传统货币理论的批判. 经济研究, 2019(4).

在此基础上，他做出如下断言："很显然，现代货币理论实际上不是'现代'的货币理论，而是'古代'的货币理论。它违背了货币演进的历史规律，忽略了当今银行信用货币制度下银行作为货币创造中枢的核心作用，与现代经济金融的运行现实相悖，本质上是一种倒退。"① 我们认为，孙国峰所概括的"私人信用货币—政府信用货币—银行信用货币"的三阶段论将丰富和复杂的货币演进历史简单化了，并不符合货币史，对现代货币理论的评价也是片面的。

首先，作为债权债务关系的货币从其一诞生就是共同体的产物，它是一种公共产品，将货币起源阶段的信用货币命名为"私人信用货币"是不恰当的。正如马克思指出的，货币是一种社会关系，现代货币理论将货币起源看作人与人之间关系和共同体的产物。例如，兰德尔·雷指出，在货币的起源上，"人们猜测寺庙在债权、债务关系中扮演着重要的中间人的角色：它充当交易见证者、交易记录者、私人之间谷物交易（包括损害赔偿和陪嫁财务）的强制执行者以及谷物储存场所"②。"现代货币理论的创造者追随克纳普、凯恩斯和英尼斯的工作，将货币的来源定位于当局③，最初是宗教当局，然后是世俗统治者，最后是现代民主国家……迄今为止所有已知的证据都表

---

① 孙国峰. 对"现代货币理论"的批判. 中国金融，2019（15）.
② 瑞. 解读现代货币. 刘新华，译. 北京：中央编译出版社，2011：61.
③ 或者译作"官方"（the authorities）。——引者注.

明,当局提出了一种记账货币,用来为债务和信贷计价。凯恩斯在阅读了英尼斯的著作后提出的假设是,早期的货币单位总是以粮食重量为单位,反映了现代国家的这些寺庙的前辈每日粮食分配的记录——迈克尔·哈德森也记录了这一点。"[1]

孙国峰认为,"在私人信用货币制度下,发行货币的权威是部落首领或者宗教领袖,货币的载体为榛木、贝壳等记录债务的工具"[2],问题是,如何理解"发行货币的权威是部落首领或者宗教领袖"?部落首领或者宗教领袖在被海尔布罗纳称作"习俗经济"[3]的时代难道不是共同体的代表吗?如果他们是共同体的代表,那么,其发行的货币怎能被命名为"私人信用货币"呢?货币作为一种公共产品,是共同体的产物,这种共同体无论是部落、宗教当局,还是民主社会,其核心都是货币使用的强制力问题。在现代社会中,主权货币的需求来自国家税收的强制性,正是这种强制性保证了国家对主权货币发行的垄断权。自"现代民主国家"诞生以来,财政部与商业银行作为货币创造的双重主体就一直延续到现在,它们是货币等级

---

[1] WRAY L R. Alternative paths to Modern Money Theory. Real-world economics review,2019(89):5-22. http://www.paecon.net/PAEReview/issue89/Wray89.pdf.

[2] 孙国峰.货币创造的逻辑形成和历史演进:对传统货币理论的批判.经济研究,2019(4).

[3] 海尔布罗纳.几位著名经济思想家的生平、时代和思想.蔡受百,马建堂,马君潞,译.北京:商务印书馆,1994:11.

不同层次的问题,因此,在现代社会中,不存在一个货币创造主体从政府向银行转变的问题。

其次,在金本位时代(19世纪初至"大萧条")和布雷顿森林体系(1944—1971年)之下,一国的银行信用货币与政府信用货币大致上处于同等地位,孙国峰将这段时间看作政府信用货币占支配的时期是不成立的。孙国峰将国家发行货币视作"政府信用":"政府基于税收债权发行货币,同时允许个人以政府发行的货币缴税,即抵销对政府的债务,实际上就承认了政府提供的货币是政府的债务,货币就具备了信用货币的特征。"[1] 因此,他将自国家诞生一直到布雷顿森林体系在1971年崩溃这段漫长的时期定义为"政府信用货币"阶段。

但是,在金本位制和布雷顿森林体系之下,由于受到金本位制和布雷顿森林体系之下"虚金本位制"的制度约束,一国政府只能通过对其持有的黄金或外币加杠杆来发行本国货币(进行支出),因此,其货币发行或支出能力受到了维持外部平衡的目标的限制,政府开支和信用创造实际上与私人部门一样都要受其融资能力的支配。在金本位制和布雷顿森林体系之下,"当政府购买除黄金以外的任何东西时,可以说,它们必须有银行存款来支付。像其他所有人一样,政府被禁止简单地

---

[1] 孙国峰. 货币创造的逻辑形成和历史演进:对传统货币理论的批判. 经济研究,2019(4).

印钞票来支付它所购买的东西。除了黄金以外，政府用于开支的其他任何东西都需要由税收或借贷来支付。因此，政府在美联储账户上的支出需要不断地被税收收入或借款所弥补"①。因此，孙国峰将金本位时代和布雷顿森林体系时期看作政府信用货币占支配的时期是不成立的。

在卡尔·波兰尼看来，金本位制是市场自发调节的自由主义意识形态的产物，它意味着"市场相对于国家权威的绝对独立……对生活的组织被置于自发调节的市场之下……并以金本位制作为这个巨大的自动操作装置的卫士。大大小小的国家和民族仅仅是这出完全超出大家控制能力之外的傀儡"②。当然，金本位制并非纯然是意识形态的产物，其诞生也是工业领先的核心国控制和剥削外围国家的工具。在金本位时代，政府信用货币受到黄金紧箍咒的钳制，创设中央银行的目的就是抵御黄金紧箍咒所导致的失业和金融动荡对国民经济的严重影响，但它的作用是有限的，中央银行的利率政策也不能自由地用于追求公共目的。

最后，自布雷顿森林体系于1971年8月崩溃以来，与孙国峰所谓"人类的货币制度才正式进入了银行信用货币时代"

---

① MOSLER W. Soft currency economics Ⅱ. Virgin Islands：Valance，2012：40.
② 波兰尼. 大转型：我们时代的政治与经济起源. 冯钢，刘阳，译. 杭州：浙江人民出版社，2007：185.

的看法相反，货币演进历史进入了政府信用货币的作用程度大于（商业）银行信用货币的新阶段。布雷顿森林体系崩溃所导致的结果是，主权政府①创造货币的能力不再受其持有黄金的价值所制约，这就是说，如果发行自己主权货币的政府想要进行更多的开支，它再也没有必要受到金本位制和布雷顿森林体系之下必须使用税收和债券销售为自己的开支进行"融资"的限制。从技术上说，主权政府可以简单地"无中生有"地创造自己所需要的货币，只要商品和服务是用其发行的货币出售，政府就可以购买它喜欢的任何以主权货币计价的东西。现代货币理论在相当大程度上是对布雷顿森林体系崩溃之后主权货币国家财政金融的现实经济状况的经验描述，该理论在未来将有可能引发"国家财政的革命"和财政学的革命。相反，建立在布雷顿森林体系基础之上的主流财政、货币金融理论和目前在大学中所讲授的宏观经济学的许多理论基本上已经过时，需要用以现代货币理论为基础的财政、货币金融理论和宏观经济学来替代。

货币是国家的创造物，这种主张是现代货币理论的基石，按照这种理论，主权货币制度是不承诺按固定比例兑换为黄金或外币的法币制度。在这种货币制度下，由于主权政府是主权货币创造的垄断者，主权货币政府不再像金本位制和布雷顿森

---

① 主权政府是指具有货币发行权的政府，一般指中央政府，地方政府不是主权政府。

林体系之下那样存在着政府财政开支能力的限制；而私人部门包括私人信贷市场只是货币的使用者，它仍像在金本位制和布雷顿森林体系之下那样必须受其预算（开支）能力的限制。孙国峰忽视了布雷顿森林体系的解体对一国货币体系最重要的影响首先是对国家货币的影响，忽视了它对主权政府和私人部门的财务结构的这种不对称影响，所以，他才得出这种结论："1971年布雷顿森林体系解体，黄金在名义上也失去了与货币的关系，人类的货币制度才正式进入了银行信用货币时代。"[1]然而，我们认为，与孙国峰的看法相反，在现时代的主权货币制度下，政府信用货币比历史上任何时期都重要，政府信用货币的作用程度大于（商业）银行信用货币。当然，发行自己货币的政府虽然在开支上可以不受财政能力的限制，却要受到实际资源和政治意愿的制约。主权政府的财政空间并不是按照主流经济学根据某些特定的财务比率（如公共债务比率）来定义的，而是以其发行的货币实际可利用的商品和服务来定义的。目前在政治上对主权政府强加的规则，如债务上限、禁止直接向一国央行出售公共部门债务等制度安排实际上都是布雷顿森林体系的遗物[2]。

---

[1] 孙国峰. 货币创造的逻辑形成和历史演进：对传统货币理论的批判. 经济研究，2019（4）.

[2] 请参见：贾根良. 国内大循环：经济发展新战略与政策选择. 北京：中国人民大学出版社，2020：179-190。

二、货币创造的"双主体"问题

图9-1是现代货币理论对发达资本主义国家（不包括欧元区）货币创造实际情况的描述[①]。在该图中，中央银行不仅必须应私人部门而且也必须应一国财政部的生产和服务活动的需要提供货币（基础货币）供应，但其货币创造的性质却是截然不同的：财政部通过财政开支创造通货（现金和银行准备金），中央银行则主要是通过再贷款等"出借"通货，原因就在于只有主权政府的财政开支（货币的公共创造）才能创造私人部门的净金融资产，这种净金融资产由财政部开支形成的通货（现金和银行准备金）和已累积的财政赤字（国债）构成，见图9-1右侧。由于私人部门的债权和债务可以相互抵销，因此，货币的私人创造不会产生净金融资产，见图9-1左侧。

政府的财政开支创造私人部门净金融资产的过程是这样的：政府财政开支增加了银行系统中的现金和银行准备金，而

[①] 在现代法币制度下，国家财政的本质在于能否垄断基础货币发行权的问题，这构成了现代货币体系的基础。欧洲中央银行发行的只是交换媒介，没有财政功能。正是因为这个原因，对欧盟各国来说，欧元实质上是外国货币而非主权货币，欧盟各国没有发行货币的权力，扩大政府开支只能通过增加税收或借债，存在着债务违约和国家破产的制度性根源，这就是2010年在欧盟发生的金融危机被称作主权债务危机的原因。

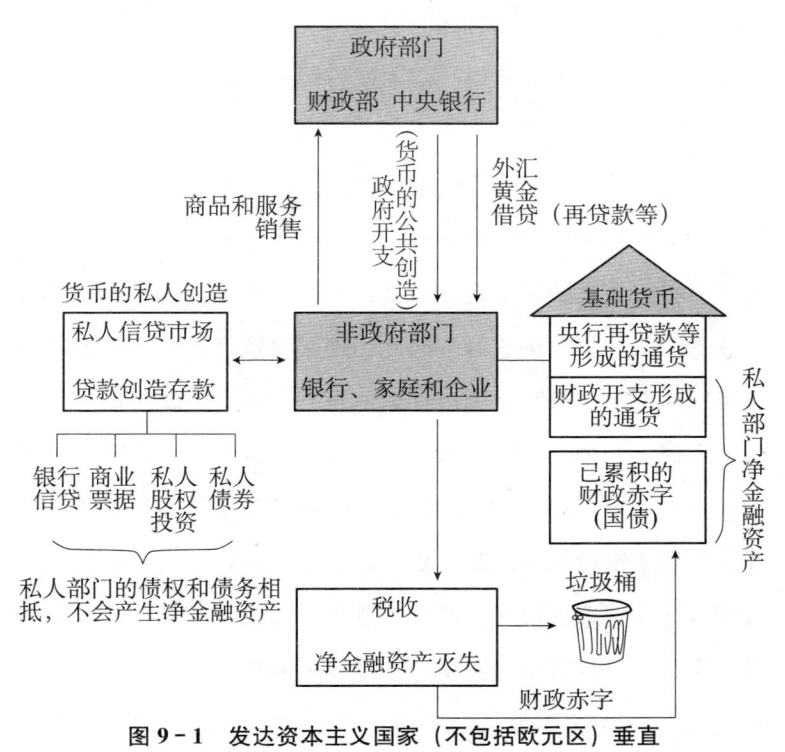

图 9-1　发达资本主义国家（不包括欧元区）垂直（财政部）和水平（商业银行）的货币创造及其宏观关系

资料来源：MITCHELL W, WRAY L R, WATTS M. Macroeconomics. London: Red Globe Press, 2019: 371, 有修改。

私人部门的纳税导致法定货币的灭失或称作货币的回笼（被扔进了图 9-1 中的垃圾桶）。在一个财政年度中，政府财政开支多于税收的部分就是财政赤字，这些财政赤字只有在财政年度结束时才能得到准确的统计。但在这个财政年度的赤字开支发生过程中，不能被征税所吸收的财政开支部分导致了银行系统中准备金的大量增加，必然会引发利率的下降。为了配合央行维持目标利率的需要，财政部才发行国债，以便吸收银行系统中过多的准备金。国债存量实际上是历年累积下来的财政赤字，它构成了私人部门净金融资产的主体。

从图9-1中，我们可以清楚地看到，货币创造的主体是由（一国财政部的）垂直货币创造和（商业银行的）水平货币创造的"双主体"构成的。因此，孙国峰指责"现代货币理论主张一种由政府垄断的货币创造制度"① 的看法显然是不成立的。现代货币理论只是主张主权政府处于货币金字塔结构的顶端，拥有创造主权货币（银行系统中的基础货币）的垄断地位并成为整个银行系统的最后贷款人，并不否认（商业）银行通过贷款行为创造主权货币的杠杆货币——银行货币，还反对取消（商业）银行货币创造功能的"积极的货币"等货币改革运动②。实际上，正是现代货币理论将（商业）银行"贷款创造存款"与国家货币理论统一起来了。孙国峰发现了源远流长的以凯恩斯经济学和现代货币理论为代表的有关私人部门的"贷款创造存款"原理，但他未能认识到财政部的开支是当代主权货币国家银行系统中最重要的准备金来源。正是现代货币理论

---

① 孙国峰. 对"现代货币理论"的批判. 中国金融，2019（15）.
② INGHAM G，COUTTS K，KONZELMANN S. Introduction："cranks" and "brave heretics"：rethinking money and banking after the great financial crisis. Cambridge journal of economics，2016，40（5）：1247-1257.

将政府的财政活动也纳入"贷款创造存款"的统一框架当中，但不同的是，私人部门的"贷款创造存款"并不能在整个私人部门产生净金融资产（见图9-1）。在现代货币理论看来，现代信用货币体系不仅是由政府信用货币和银行信用货币共同构成的，而且政府信用货币构成了银行信用货币的基础，这不仅在于银行信用货币的清算要使用政府信用货币，也不仅在于主权政府是整个银行系统的最后贷款人，而且在于私人部门的净金融资产必须来自政府信用货币；如果没有持续的财政赤字，"金融深化"就无法开展，商品经济或市场经济的发展就会受到抑制。

此外，图9-1也澄清了孙国峰对现代货币理论的两个误读：一个是他认为现代货币理论主张"政府可以通过央行印钞还债"，另一个是"在国际收支平衡的前提下，私人部门所积累的货币（即储蓄）只能来自政府赤字"[①]。首先，主权货币政府的财政开支不需要借债，当然也就不存在"政府可以通过央行印钞还债"的问题。发行自己的主权货币的政府借入自己的货币，这在逻辑上是说不通的，而且，无论是在实际中还是在逻辑上都是先有主权政府的货币创造，才能有国债的发行，国债的发行和回购实际上只是维持一定水平的隔夜拆借利率的货币政策工具而已。其次，说"在国际收支平衡的前提下，私

---

① 孙国峰. 对"现代货币理论"的批判. 中国金融，2019（15）.

人部门所积累的货币（即储蓄）只能来自政府赤字"是不准确的。现代货币理论准确的表述应该是"在国际收支平衡的前提下，私人部门所积累的净金融资产只能来自政府赤字"，因为只有净金融资产（通货和国债）来自政府的财政赤字。

在孙国峰关于货币创造主体的大纲中，完全缺失了财政开支创造银行准备金的货币创造活动，将中央银行作为政府机构的作用降低为只满足私人货币创造的"守夜人"的角色，这在其信用货币金字塔的图示（图 9-2）中可以看得很清楚。孙国峰写道："实际上，现代货币体系是银行信用货币体系，而非'现代货币理论'所倡导的政府信用货币体系，是一种由银行信用扩张创造货币的金融主导模式。政府仅对其提供间接的支持，体现为政府设立中央银行，中央银行为银行提供基础货币……在银行信用货币制度下，货币分为基础货币与存款货币两个不同层次。基础货币由中央银行创造，银行之间可以在银行间市场交易基础货币，而个人和企业所持有的存款货币则只能由银行创造，企业和个人可以通过直接融资或购买商品劳务交易存款货币，或者将存款货币置换为现金。不同层次的货币不能混为一谈，中央银行的基础货币创造行为对银行的货币创造行为形成支持和制约，但不能替代银行的货币创造行为。"[1] 据此，孙国峰绘制了关于信用货币

---

[1] 孙国峰. 对"现代货币理论"的批判. 中国金融，2019（15）.

金字塔的图示（见图9-2）。

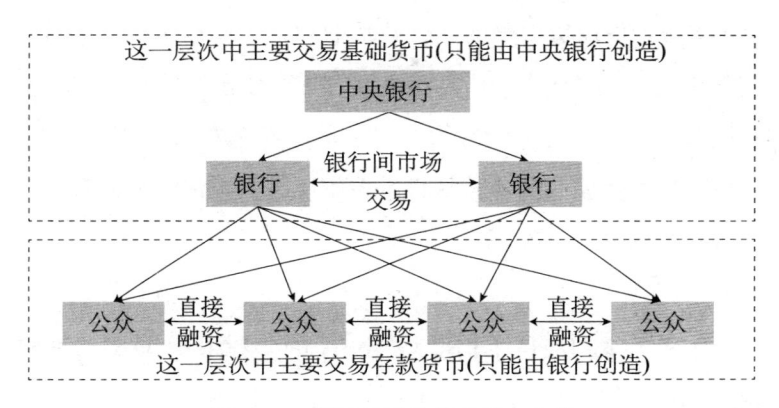

图9-2 孙国峰的信用货币金字塔

资料来源：孙国峰．对"现代货币理论"的批判．中国金融，2019(15)：43．

我们认为，就发达资本主义国家（不包括欧元区）或更一般地说主权法币制度的货币创造的实际情况来说，这个图示是片面的。首先，如果讨论"信用货币金字塔"，就必须包括政府信用货币，而不能只讨论银行信用货币，否则，就会对现代资本主义的财政金融制度造成严重误解，从而得出"现代货币体系是银行信用货币体系"的片面结论。其次，中央银行和财政部同属政府部门，政府信用创造不能只等同于政府财政开支，因为政府信用创造包括政府开支创造基础货币和中央银行对银行信用创造的支持，将两者割裂开来是片面的。从图9-1可以看出，现代货币理论认为，货币创造的财政和金融的"双主体"而非"现代货币体系是银行信用货币体系"才是对现实世界的真实描述。最后,主权政府的基础货币创造既包括财政开支通过中央银行创造货币服务于公共目的的行为,也包括中央银行在资本主义国家对"(私人)银行的货币创造行为形成支持和制约"的部分。货币创造的"双主体"相辅相成,不可偏废。货币创造主体问题的争论从根本上来说是一个涉及公共和私人利益的政治经济学问题。

三、政府信用创造的历史趋势及其生产性的一面

孙国峰在对现代货币理论的批判中,提出了这样一种观点:自工业革命以来,政府开支创造货币不仅在货币供给中所占比例一直在缩小,而且,政府的信用创造与生产脱节,它主要用于消费,并不生产产品。孙国峰写道:"工业革命导致生产规模快速扩张,货币的需求不再是自上而下由税收驱动,而是自下而上由生产驱动,交易、贮藏、支付和清算等构成了货币需求的主体,纳税仅占其中一小部分,政府信用创造与生产脱节,难以满足经济活动的需求。"[①] "随着经济的发展,政府以税收这种未来的债权债务关系作为前提发行货币的数量难以满足社会的需要。原因在于,为满足社会的货币需求,政府就

---

① 孙国峰. 对"现代货币理论"的批判. 中国金融,2019(15).

要有更多的负债，但政府的负债主要用于消费，并不生产产品……另一个重要的变化是工业革命导致生产规模的快速扩张，企业数量迅速增长，而政府创造信用货币和企业的生产是相脱节的。在这种情况下，银行出现。银行的主要业务是通过贷款创造存款货币以组织生产。"① 孙国峰的这种观点实际上只是理论上的臆想，它与20世纪初以来特别是"大萧条"之后政府财政开支和税收规模占GDP比重不断上升和政府货币创造具有生产性一面的经验事实严重不符。

其一，与孙国峰的看法相反，历史事实表明，自工业革命以来，狭义的政府信用创造或者说政府财政收支在创造货币中的作用呈现出总体上升的历史趋势。19世纪80年代的德国新历史学派经济学家瓦格纳在对许多国家的公共支出资料进行经验研究后，提出了"政府活动的扩张法则"：当国民收入增长时，财政开支会以更大比例增长；或者说随着人均收入水平的提高，政府支出占GDP的比重将会提高。这一法则后来又被人们称作瓦格纳法则，它已经被1900年以后的经济史所证明。"由于引进了所得税、法人税、附加价值税等新的税种，现在的财政规模在国民经济中所占比重急速增加，这在19世纪是难以想象的……当今，欧洲各国的财政规模占国民经济的比例超过50%，而在19世纪，财政规模仅占国民生产总值的10%

---

① 孙国峰. 货币创造的逻辑形成和历史演进：对传统货币理论的批判. 经济研究，2019（4）.

多一点。"① 工业革命导致生产规模快速扩张,税收更多地来自生产经营活动扩大而增加的新税种而非工业革命前的人头税等,在这种情况下,我们难以想象税收规模占 GDP 的比重会下降。

如果按照世界各主要工业国家广义政府支出占 GDP 的比重均值来计算,从 1870 年到 2007 年,这一比重已从 1870 年的 10.7% 持续上升到 1996 年的 45.6%,到 21 世纪初略有下降,但在 2007 年仍然高达 42.4%。美国在工业国家中广义政府支出占 GDP 的比重相对较小,但从历史趋势来看,仍然呈现出不断提高的趋势;到 2007 年,美国政府广义支出占 GDP 的比重已经高达 36.6%②。从美国联邦政府的层面来看,联邦政府支出在 1930 年占 GDP 的比重不到 5%,但到 2011 年,其占比已达到 24.1%;在第二次世界大战期间,联邦政府支出占比甚至超过了 GDP 的 40%③。如果从孙国峰所谓"政府以税收这种未来的债权债务关系作为前提发行货币的数量"的角度来看,目前的工业国家的税收比工业革命时期和 20 世纪 20 年代已有巨大增长。以美国为例,其财政收入在 2007—2016 年

---

① 神野直彦. 体制改革的政治经济学. 王美平, 译. 北京: 社会科学文献出版社, 2013: 40-41.
② 坦茨. 政府与市场: 变革中的政府职能. 王宇, 等译. 北京: 商务印书馆, 2014: 9-10.
③ 克莱默. 联邦预算: 美国政府怎样花钱. 上海金融与法律研究院, 译. 北京: 生活·读书·新知三联书店, 2013: 97.

一直稳定在 GDP 的 30％多[①]。众所周知，自 20 世纪 70 年代末以来，由于受到新自由主义的影响，世界各主要工业国家一直在推动减税和削减政府公共投资的运动，否则，其政府支出占 GDP 的比重将会高于上述统计数据。但即使如此，我们仍可以得出结论：与孙国峰的看法相反，自工业革命以来，政府开支创造货币在货币供给中所占比例不仅没有缩小，反而一直在扩大。

其二，孙国峰所谓"政府的信用创造与生产脱节，它主要用于消费，并不生产产品"的观点也是不成立的。确实，目前的主流经济理论和传统理论都认为狭义的政府信用创造或者说政府财政开支没有生产职能，但这些理论与实际经济活动也是严重脱节的。西方主流经济学家们几乎没人思考过究竟是什么因素造成了上面的历史事实：工业资本主义国家的政府收支在过去的一个多世纪出现了巨额增长。马克思主义社会学家和经济学家詹姆斯·奥康纳在 1973 年出版的《国家的财政危机》一书对此进行了分析，探讨了资本主义制度的国家职能的变化。在他看来，在垄断资本主义阶段，国家的经济职能日益突出，这包括两个方面：积累职能和合法性职能。所谓积累职能，是指资本主义国家必须维持或创造使有利可图的资本积累具有可能性的条件；而合法化职能是指国家必须调节各阶级之

[①] 南生. 近 10 年，美国财政收入一直稳定在 GDP 的 30％多，由 4 万多亿美元涨到 6 万多亿．（2018-10-29）．http：//www.sohu.com/a/271921571_100110525.

间的关系，维持和创造使社会得以和谐发展的条件，最终确保本身统治的合法性。与之相对应，国家财政支出可以划分为社会资本支出和社会费用支出。社会资本支出是为了使私人资本积累有利可图所必需的支出，对应于国家的积累职能，包括社会投资资本支出和社会消费资本支出两部分。所谓社会投资资本支出，是指在其他要素不变的情况下能够提高给定劳动力数量生产率和利润率的项目和服务支出；所谓社会消费资本支出，是指在其他要素不变的情况下能够降低劳动力再生产成本并提高利润率的项目和服务支出。社会费用支出则对应于国家为保持社会和谐所履行的合法化职能，最典型的例子就是社会福利制度。在詹姆斯·奥康纳看来，国家的积累职能具有间接的生产性，是资本主义再生产的必然组成部分[1]。因此，政府信用创造不仅具有生产性的一面，而且也是私人产业特别是私人垄断资本扩张所必需的。"社会资本增加越多，垄断部门就发展得越快；而垄断部门发展越快，国家在生产的社会费用上支出就越多"[2]，从而导致了国家财政支出的快速增长。

在发达的资本主义国家特别是在人们一向视作"私人企业家乐园"的美国，政府信用创造不仅具有间接的生产性，而且其直接生产性的职能也日益突出。自2013年以来，演化经济

---

[1] 奥康纳. 国家的财政危机. 沈国华，译. 上海：上海财经大学出版社，2017：6.
[2] 奥康纳. 国家的财政危机. 沈国华，译. 上海：上海财经大学出版社，2017：8.

学家玛丽安娜·马祖卡托的著作《企业家型国家：破除公共与私人部门的神话》在西方国家的学术界和政策制定部门就一直得到广泛关注和热烈讨论，原因就在于它揭露了美国在创新领域是政府干预最多的国家。众所周知，西方主流经济学有关政府作用的市场失灵理论承认基础研究具有正的外部性，赞同国家可以直接通过提供科研基金解决私人企业没有动力从事基础科学研究的问题，但是，该理论反对国家介入应用研究和科技成果商业化等直接的生产活动。然而，事实却揭露出美国政府的作用并没有局限在"竞争前阶段"对基础科学研究支持的界限（这无疑也是与生产密切相关的），而是深入到了应用研究和技术创新成果商业化的阶段：美国政府在通过国家科学基金（NSF）支持基础研究的同时，通过美国国防高级研究计划局（DARPA）、能源部高级研究计划局、国家卫生研究院（NIH）和中央情报局等从事应用研究，并通过诸如小企业创新研究计划（SBIR）这样的计划履行风险资本投资的职能。据此，我们可以提出"国家作为生产者"或"国家生产者"的概念：第一，国家可以在生产和创新中发挥企业家、风险承担者和市场创造者的"国家生产者"的重要作用。第二，国家可以像投资人那样，通过下注于多样化的"投资组合"挑选赢家。第三，通过新的制度改革解决国家财政投资特别是其技术创新中"风险社会化而收益私人化"的机制失调问题，探索一种替代新自由主义的社会生产积累体制[1]。此外，现代货币理论提倡的就业保障计划显然是"国家生产者"的典型代表，其资金就来自政府信用创造，它通过为非营利的政府企业和社会组织等提供资金直接从事商品与劳务的生产活动。

四、现代货币理论会导致对私人部门的两次剥削和通货膨胀吗

孙国峰在文章中还写道："现代货币理论认为货币创造的主体为政府，是一种由央行直接购买政府债务来供给货币的财政主导模式。这种'教科书'式的'铸币税'过程，势必造成严重的通货膨胀。央行直接创造信用货币扩大了流通货币总量，政府获得了全部流通货币增量，而该货币增量并未对应任何实际经济资源，同时，私人部门流通货币总量保持不变。如果政府和私人部门通过名义货币交换实际经济资源，政府拥有的流通货币增量将稀释流通货币对应实际经济资源的数量，又由于政府独占该增量，相当于政府通过多发货币，把私人部门的资源据为己有，会造成'铸币税'的事实……（为了抑制通货膨胀——引者注）现代货币理论开出的'增加税收'的药方

---

[1] 贾根良. 开创大变革时代国家经济作用大讨论的新纲领：评马祖卡托的《企业家型国家：破除公共与私人部门的神话》. 政治经济学报，2017（1）.

更是适得其反，因为，私人部门的实际经济资源已经被'铸币税'隐性地转移了一次，现在又要遭受显性税收的二次剥削，这只能使得私人部门的实际经济资源相对名义货币更加稀缺，带来幅度更大、范围更广的恐慌性价格上升。"[1]在这里，孙国峰对现代货币理论的批判仍是以其虚构的"稻草人"而进行的，所以，我们在这里将不得不对此继续予以澄清。

首先，我们总结一下本章已对孙国峰做出的回应：现代货币理论为发达资本主义国家货币创造的实际情况提供了"双主体"的真实描述。在这种描述中，财政开支只是基础货币创造的一部分，并不否认（商业）银行的货币创造主体地位，并不认为必须实行"央行直接购买政府债务来供给货币"。在这里，值得进一步说明的是，即使现代货币理论赞同"央行直接购买政府债务来供给货币"这种观点，也不能将其视作货币供给的"财政主导模式"，因为"央行直接购买政府债务来供给货币"只不过是通过财政政策提供基础货币供给的一部分，中央银行通过再贷款、购买私人部门手中的国债和私人部门债券等货币政策仍可以提供基础货币的大部分供给。事实上，澳大利亚、新西兰、加拿大和英国等一些主权经济体的央行参与政府债券一级市场，不受法律限制。然而，在实践中，除加拿大外，这些国家的央行对一级市场的参与有限[2]。但加拿大实际上"是

---

[1] 孙国峰. 对"现代货币理论"的批判. 中国金融，2019（15）.
[2] MITCHELL W, WRAY L R, WATTS M. Macroeconomics. London: Red Globe Press，2019：369.

一种由央行直接购买政府债务来供给货币的财政主导模式"吗？显然不是。因此，现代货币理论并没有主张"政府获得全部流通货币增量"。退一步讲，即使是"政府获得了全部流通货币增量"，也不会出现"该货币增量并未对应任何实际经济资源"的情况，因为作为财政开支，即使是用于公共医疗、教育等公共产品的开支，也是对应着实际经济资源的。相反，中央银行在过去十年中严重依赖货币政策却导致了"未对应任何实际经济资源"的"货币空转"和金融化的加剧。

其次，政府财政开支或更准确地说赤字开支创造基础货币不应被看作"铸币税"，政府赤字开支和税收更不应该被看作对私人部门的两次剥削，孙国峰得出这种结论是没有仔细阅读现代货币理论的论述所导致的误读。现代货币理论认为，主权政府不需要税收为自己的开支"融资"，它必须首先向私人部门发行主权货币，创造自己的负债，然后才能通过向私人部门征税来回收主权货币，销毁自己的负债，主权政府开支的过程就是向私人部门发行主权货币的过程。请注意，在这里，税收是销毁货币（见图9-1），目的是减少总需求、稳定币值，而不是政府通过征税增加自己可用的货币资源，因为一个发行自己的主权货币和不受其财政能力限制的政府没有必要多此一举。孙国峰正是将征税理解成了政府再次将自己发行的货币集中在自己的手中用于开支，所以才得出了税收使得私人部门"现在又要遭受显性税收的二次剥削，这只能使得私人部门的实际经济资源相对名义货币更加稀缺，带来幅度更大、范围更广的恐慌性价格上升"的结论。

那么,政府赤字开支和税收是不是孙国峰所说的"对私人部门的两次剥削"呢?实际情况是:当政府通过赤字开支向私人部门发行主权货币的时候,发行的是一种"我欠你"的债务凭证,通过使用货币这种"我欠你"的债务凭证购买私人部门的商品和劳务来集中社会资源用于公共目的。而反过来,私人部门得到货币后就拥有了政府"你欠我"的债权凭证,它可以视作对政府资源的索取权,私人部门可以用其购买政府提供的实际经济资源。因此,在这里发生的是政府与私人部门之间的"等价交换",哪里会有"剥削"呢?征税实际上就是主权政府将其发行的货币中私人部门纳税的部分回笼或销毁。政府通过税收回收"我欠你"这种债务凭证从而销毁货币主要有三个目的:第一,通过税收驱动人们使用政府发行的债务,否则主权货币就难以得到人们的接受;第二,通过税收消灭私人部门的部分消费能力,缓解通货膨胀的压力,稳定总需求;第三,税收具有财富分配和收入分配、抑制不良行为等重要的功能,但它唯独不具有为政府开支"融资"的功能。实际上,孙国峰对此也有较好的理解,"在政府发行信用货币的条件下,税收不仅仅是社会财产的再分配,它的重要作用是作为政府发行货币的基础,为政府发行信用货币提供一个回笼渠道"[1]。但令人

---

[1] 孙国峰.货币创造的逻辑形成和历史演进:对传统货币理论的批判.经济研究,2019(4).

费解的是，孙国峰却将赤字开支发行基础货币理解为"铸币税"，认为"私人部门的实际经济资源已经被'铸币税'隐性地转移了一次，现在又要遭受显性税收的二次剥削"，这种观点实际上就否认了财政税收的公共目的，将政府的财政税收视作对私人部门的剥削。很显然，孙国峰自己也是不会同意他自己的这种观点的。

最后，关于通货膨胀问题。孙国峰有关铸币税的核心逻辑是：政府创造货币或增发货币会导致价格上升，价格上升会导致居民实际财富减少，这就相当于通过征税将居民财富转移到了政府手中，然后政府进行支出。孙国峰的这种观点在逻辑上存在三个问题：第一，政府支出并不需要税收进行融资，我们刚才已经对此进行了讨论。第二，政府创造货币不一定会带来通货膨胀，这取决于经济运行的具体情况。对此，我们已有专文对孙国峰的质疑进行了回应，其基本观点如下：通货膨胀是不同群体争夺有限的实际产出的过程，通货膨胀是否会发生与当时的生产和分配状况有关。在政策上，现代货币理论反对大水漫灌式的总需求刺激政策，主张功能财政需要考虑政府财政收支的结构，从而避免政府支出在局部领域造成通货膨胀的压力。孙国峰谈到的魏玛共和国恶性通货膨胀的案例，其根源在于极端的政治经济局势，而不能简单地归结为货币数量变化[1]。第三，如果假定政府创造货币将带来通货膨胀，从而会

---

[1] 贾根良，何增平．现代货币理论与通货膨胀．学术研究，2020（2）．

带来铸币税和剥削，那么，由于发达资本主义经济中超过90%的货币是由私人银行创造的[1]，按照孙国峰同样的逻辑，商业银行作为货币创造的主体难道不会带来更大程度的通货膨胀、获得更多的铸币税并成为最大的剥削者吗？

五、货币创造主体的问题本质上是政治经济学问题

在现代法币制度下，国家财政的本质在于能否垄断基础货币发行权的问题，这不仅构成了现代货币体系的基础，而且也是一国能否对外独立自主和对内和谐发展的问题。因此，从更深层次的问题来看，我们在本章中与孙国峰争论的所有问题——无论是货币创造主体的历史演进观，还是当代经济中的货币创造主体问题——实质上都涉及政治经济利益这一政治经济学的根本性问题。为什么这样说呢？以欧元区为例，欧洲中央银行发行的欧元只是一种交换媒介，没有财政功能，欧元区各国存在着债务违约和国家破产的制度性根源问题，这就是2010年在欧盟发生的金融危机被称作主权债务危机的原因。对欧元区各国来说，欧元实质上是一种外国货币而非主权货

---

[1] BAILEY D. Re-thinking the fiscal and monetary political economy of the green state. New political economy,. 2020，25（1）：5-17.

币，这使得它们必须首先获得这种货币（税收或者发行国债），然后才能进行支出。由此导致的结果是，公共基础设施、公共教育、医保等公共产品要么不得不依赖高成本的私人债券市场来为其投资产生的赤字融资，要么需要富人的税收恩赐提供资金，而无法通过主权政府无成本或低成本开支进行投资来履行国家的公共服务职能。正是因为这个原因，欧元是一种偏袒资本家的货币体系，它为富人提供的福利远远多于穷人。正如在孙国峰的货币创造主体的大纲中完全缺失了作为货币创造主体之一的主权政府一样，欧元区设计的根本性缺陷就在于它完全忽视了主权国家作为货币创造主体的关键性功能。

正如我们在前面对孙国峰进行回应时指出的，主权政府作为货币创造主体通过财政开支的货币创造是税收和发行国债的基本前提，它从根本上就不需要税收和国债为其提供融资。税收是货币的回笼或销毁，国债则是为私人部门提供的有息金融资产和中央银行实现货币政策目标的手段，主权货币政府为全体国民提供公共产品如基础设施、教育、消防和公共卫生事业等，根本上就不需要征税和借债。如果人们真正理解了现代货币理论，那么，"政府不能提供更好的服务，因为它会缺钱"这种说法立刻就被认为是错误的。因此，现代货币理论的兴起改变了我们向政治家们提出的问题，以及他们能够给出的可接受答案的范围，它使得真正的问题和政治选择公开化了。正是在这个意义上，现代货币理论可以提高民主的质量。例如，在美国近年来的选举中，左派竞选人都在说自己要对富人征税来提供公共产品，有的说将之用于翻修美国破败的基础设施，有的说是为了实行全民医保，还有的说是应对气候变化而提供公共研发及其投资资金所需，不一而足。现代货币理论的意义就在于揭露了这种竞选"理论"的误导性，因为主权货币国家用于国家公共目的投资是不需要对资本家征税或借债的。

虽然美国是主权货币国家，财政部作为货币创造主体一直在发挥作用，但是，长期以来，主流经济学一直在宣传主权政府的开支是以向资本家征税和借债（发行国债）为前提的，这就扭曲了事实的本质，使财政部的货币创造服务于资本家集团的利益，不利于解决其内部的阶级矛盾。正是因为接受了西方主流经济学的这种意识形态，在过去，一谈到基础设施建设和全民医保等公共产品，美国政客就说"美国没钱了"，然而，在应对金融危机中救助大企业和为资本家减税却不存在"美国没钱了"的问题。在美国，为资本家减税是支配性的意识形态。按照西方主流经济学的理论，扩大政府开支就必须通过增加税收和发行国债为其融资，但在减税的情况下，政府开支或财政赤字不仅不能增加，反而还要减少；而如果在金融市场上通过发行国债为财政赤字融资，赤字必将"挤出"私人投资，这又违背了私人投资神圣不可侵犯的意识形态，这就是美国主流经济学界一直以来在鼓吹财政紧缩的理论根据。正是因为现代货币理论揭露了主流经济学这套理论假设前提的错误，所以它才遭到了主流经济学家几乎一致性的"批判"。

在孙国峰看来,政府"垄断货币下的福利陷阱存在民粹主义风险。在选票政治的推动下,货币体系容易被政治博弈裹挟,政府垄断的货币支出更青睐于大规模的经济刺激政策或高福利支出,短期内可以提高政绩、迎合民意,长期却容易陷入高福利陷阱,损害国家和民众的根本利益和长远发展,滋生与助推民粹主义"[①]。但实际情况是怎样的呢?在过去 40 年中,新自由主义经济理论及其政策一直主导着宏观经济政策,为了解决通货膨胀问题,它将重点放在了平衡预算、财政紧缩和增强央行独立性上。正是这种平衡预算和财政紧缩导致了重要的公共投资、面向穷人和工人阶级的社会项目长期陷入资金匮乏的状态,特别是在金融危机后为金融利益集团纾困的量化宽松导致了收入差距的急剧扩大,导致了所谓民粹主义的"占领华尔街运动"的兴起。总而言之,正是这种长期以来对中下层民众的紧缩和对富人的宽松助长了所谓民粹主义右翼和独裁主义在美国、欧洲和其他地区的崛起[②]。然而,新自由主义者至今仍在使用撒切尔夫人"别无选择"的名言为其财政紧缩、财政整顿、国有资产私有化、福利国家的整体缩减、对社会保障的攻击,以及在劳动力市场灵活性政策的幌子下对工会化的攻击

[①] 孙国峰. 对"现代货币理论"的批判. 中国金融,2019(15).
[②] EPSTEIN G A. What's wrong with Modern Money Theory?: a policy critique. London: Palgrave Pivot, 2019: 2.

进行辩护。事实上，几十年来，主流经济学家和民选官员依靠"别无选择"来说服选民：尽管其政策可能会伤害他们，但这是唯一的游戏，他们没有其他的选择。"别无选择"已经成为防止对新自由主义秩序产生威胁的言行的第一道防线[1]。

由此可见，在过去的 40 年中，正是因为强调央行的独立性，将中央银行的作用只降低为对"银行的货币创造行为形成支持和制约"，无视或不重视国家财政为了公共目的的货币创造功能已经对现实经济造成了严重的损害：对财政政策的忽视和愈演愈烈的金融化正是肇始于这种观念，欧元区的主权债务危机以及将来无法避免的动荡不安就来自其完全无视主权国家必须垄断基础货币创造的制度设计的根本性缺陷。无视主权国家必须垄断基础货币创造的问题，导致了发展中经济体特别是出口导向型经济体依附于美元霸权并严重地损害了其主权信贷，妨碍了世界各国运用主权货币解决基础设施建设、老龄化等公共服务问题，延迟了人类社会运用货币的公共创造应对气候变化等重大挑战。2019 年，现代货币理论在美国之所以引发大辩论，就在于它为解决美国的深层次问题提供了强有力的答案：一是现代货币理论所倡导的财政政策在抑制金融化和缩小收入差距方面发挥着关键性作用；二是中央银行货币创造的

---

[1] ROCHON L P. MMT and TINA. Real-world economics review，2019 (89)：156-166. http：//www.paecon.net/PAEReview/issue89/Rochon89.pdf.

目的之一是服务于公共利益,而不能只是服务于资本家特别是垄断金融利益集团的利益。同样,现代货币理论学派的主权货币创造理论为我国应对国内所面临的许多重大挑战提供了极富启发性的思路,对中国特色社会主义政治经济学特别是其财政金融理论和宏观经济理论的发展提供了重要的借鉴。但由于篇幅所限,对此我们只能另文讨论了。

第四编
现代货币理论透镜之下的中国经济

第十章
财政货币制度的革命与国内大循环的历史起源[*]

货币是人类社会最重要的经济制度之一,现代经济是货币型经济。如果一个人不了解布雷顿森林体系的崩溃所导致的财政货币制度革命及其对国际贸易的颠覆性影响,终其一生,他也无法明白我国为什么要加快构建"以国内大循环为主体、国内国际双循环相互促进的新发展格局"。本章的主要贡献之一就是将我国这种新发展战略的历史起源追溯到半个世纪以前布雷顿森林体系的崩溃对国家发展战略选择的决定性影响,阐明了对外贸易是"经济成长的发动机"的传统理论在布雷顿森林体系崩溃后不再成立的理由,讨论了贸易平衡或略有逆差的对外贸易新战略对国家财政能力、国民财富的净福利,特别是对"以国内大循环为主体、国内国际双循环相互促进的新发展格

---

[*] 原载《求索》2021年第2期,作者是贾根良,收入本书时略有修改。本文也是为了纪念布雷顿森林体系终结五十周年而作。

局"的重大意义,探讨了实施这一新战略必须满足的条件以及实施的步骤。本章首先讨论赚取贸易顺差的出口导向型经济发展模式在金本位制和布雷顿森林体系之下为什么具有合理性,然后论述布雷顿森林体系的崩溃如何导致了财政货币制度的革命。在此基础上,本章扼要说明这种革命对国际贸易的颠覆性影响,阐述它是如何使我国的国际大循环经济发展战略从合理走向"背理"的。最后论证实施贸易平衡或略有逆差的对外贸易新战略是走向国内大循环的必然选择,并提出相关政策建议。

一、布雷顿森林体系之下国家致富的逻辑

要理解布雷顿森林体系的崩溃所导致的财政货币制度革命以及由此对国际贸易所产生的颠覆性影响,我们首先必须从金本位制谈起。

在西欧重商主义时期,由于西欧各国国内发行的硬币以及银行券是以其含金量为基础的,而且国际贸易也是以黄金结算的,因此,当时的西欧各国注重适度的贸易顺差是有其合理基础的。这是因为,如果一国长期发生贸易逆差,就会导致黄金外流,这不但将导致本国货币的对外贬值,更严重的是将产生通货紧缩、利率上升和资本短缺,从而使商品生产无法扩大,生产、就业和消费都会萎缩,国民经济发展陷入停滞之中。相

反，贸易顺差所产生的黄金流入可以使盈余国增加更多的投资、增加就业和提高工资，而由黄金流入所导致的本国货币升值不仅使进口原材料更便宜，而且企业如果要保持或增加出口就必须进行技术创新，从而推动其国际竞争力的提高，而国际竞争力的提高又将带来更多的黄金流入，从而使生产、就业和消费在更大规模上展开，由此带来了国民经济的良性循环。[①]但是，晚期重商主义对于适度贸易顺差的注重从没有采取过"尽可能多地多卖和尽可能少地少买"的措施，而是将其作为推动高附加值制造业发展的手段[②]。

在世界经济史中，英国最早在1717年实施金本位制，但直到1816年才在制度上给予正式的确认，从而使金本位制正式建立。此后，一些国家陆续加入金本位制的国际货币体系。所谓金本位制，就是以黄金为本位币的货币制度。在金本位制下，每单位的货币价值等同于若干重量的黄金（即货币含金量）。因此，加入金本位制的国家之间的汇率就由它们各自货币的含金量之比——金平价来决定。英国在实施金本位制之后，其货币或银行券的发行比以前越来越严格地以黄金储备作为准备金，但是，适度贸易顺差推动国家致富的逻辑并没有

[①] 贾根良. 中国出口导向型经济与重商主义背道而驰. 天津商业大学学报，2010（5）.

[②] 贾根良，张志. 为什么教科书中有关重商主义的流行看法是错误的. 经济理论与经济管理，2017（11）.

改变。

然而，这种从19世纪初开始逐步建立的金本位制在第一次世界大战中受到了严重的冲击，并最终在20世纪30年代的大萧条中轰然倒塌。在第二次世界大战行将结束之前，美国出于本国利益的考虑，联合英国于1944年7月召集西方主要国家的代表在美国新罕布什尔州布雷顿森林镇举行国际货币金融会议，确立了美元对国际货币体系的主导地位，构建了战后国际货币体系的新秩序，史称"布雷顿森林体系"。布雷顿森林体系实际上是金本位制的一种变种，它是以美元和黄金为基础的金汇兑本位制，其实质是建立一种以美元为中心的、"双挂钩"的国际货币体系，即美元直接与黄金挂钩，国际货币基金组织成员国可按35美元1盎司的官价向美国兑换黄金，其货币以可调节的固定汇率制与美元挂钩。

在布雷顿森林体系之下，就像在金本位制之下一样，金融当局通过随时准备买卖黄金或美元以调节国际贸易中出现的任何供需失衡，并有效地将本国货币的价值与黄金和美元挂钩。为了进行这些干预，中央银行（或类似的机构）必须维持足够的黄金（或美元），以支持固定汇率下的流通货币。一国政府的财政开支只能通过对其持有的黄金或美元加杠杆来发行本国货币，因此，其货币发行或财政支出能力受到了维持外部平衡的目标的限制，这是布雷顿森林体系的内在要求。国际货币基金组织成员国的政府开支和信用创造实际上与私人部门一样都要受其融资能力的支配。在这种货币制度下，一国货币发行或财政支出能力受到了维持外部平衡的目标的限制，国际货币基金组织成员国只能通过获得更多的黄金或美元来增加本国货币供给，政府财政开支受到税收或债务"融资"的严重制约①。

　　由于美国政府承诺以固定价格将美元兑换成黄金，黄金和美元就构成了布雷顿森林体系各成员国调节其国内经济以及它们相互之间贸易的共同的货币框架，因此，拥有足够的黄金或美元对于这些国家来说至关重要。贸易顺差是建立一个国家黄金储备或外汇储备最可靠的途径，因为一国出口越多，顺差就越大，获得的黄金或美元就越多。在这种情况下，贸易顺差国可以发行以黄金或美元作为币值稳定基础的本国货币就越多，私人部门的收入也就不断地得到提高，失业率降低，政府的财政开支能力也因其税收增加而得到提高。因而，贸易顺差导致对外贸易和国内经济增长之间的良性循环，这就是日本、韩国

---

　　① 值得说明的是，在金本位制和布雷顿森林体系之下，国家货币的实质并没有被改变，政府财政开支先于征税的原理仍是成立的，只不过是被自我强加的制度遮蔽了。在金本位制和布雷顿森林体系之下，一国货币创造以及财政政策的空间主要受到的是外部约束（国际贸易以黄金或美元结算），但在国内，中央银行的货币创造没有必要严格遵循黄金和美元可兑换的制约（感谢刘新华教授提醒笔者这一点），政府财政政策仍存在一定的空间。然而，在金本位制下，主权政府的预算被类比为家庭预算，健全财政（财政盈余或财政平衡）的观念支配着政府的行为，政府财政开支必须由税收或发行债务提供"融资"就成为一种自我强加的制度约束。有趣的是，在布雷顿森林体系时期，健全财政的意识形态在一定程度上被打破，但在布雷顿森林体系崩溃后，由于新自由主义的强力崛起，健全财政的意识形态反而得到复兴，在目前仍处于支配地位。对这一问题的讨论超出了本章的范围，需另文处理。

和新加坡在20世纪90年代以前出口导向型经济获得成功的主要原因，也是在18世纪和19世纪上半叶黄金作为国际贸易通货情况下英国出口导向型经济成功的主要原因[①]。

我们知道，在金本位制之下，贸易逆差导致黄金外流，因为各国都用黄金支付进口。为了防止黄金储备的流失，央行不得不提高利率，以吸引黄金回流，但利率的提高必然导致经济衰退和国内居高不下的失业率。同样，在布雷顿森林体系之下，逆差国由进口增加导致汇率贬值，从而无法维持与美元挂钩的固定汇率，因而不得不实施国内紧缩，采取提高利率、减少货币供给和紧缩财政开支等措施，以维持与美元挂钩的固定汇率，这就必然导致失业增加，工资停止增长甚至降低。正是由于实施国内紧缩政策后工资停止增长甚至降低等成本降低的作用，出口产品的价格竞争力得到恢复，出口增加，汇率升值，贸易恢复平衡。逆差国虽然也可在一定幅度内调整固定汇率，但如果多次依靠这种办法，必然会发生外汇危机，这是布雷顿森林体系所不允许的。

但是，正如"特里芬悖论"所表明的，在这种"双挂钩"的国际货币体系中，为了推动国际贸易的发展，国际货币基金

---

① 出口导向型经济发展模式并非普适的发展道路，19世纪到20世纪初美国崛起的历史经验说明了这一点，它尤其不适合具有超大国内市场规模的我国。请参见：贾根良，等.美国学派与19世纪美国内需主导型工业化道路研究.北京：中国人民大学出版社，2017。

组织成员国就必须使用美元作为结算和储备货币，这就要求美国必须通过国际收支逆差不断地为成员国提供美元供给，但这又与美元的币值稳定产生了冲突，因为如果要稳定美元币值，美国就不得不通过国际收支顺差来增加黄金储备。因此，随着国际贸易的不断增长，美国的黄金储备量就越来越赶不上美元发行的数量，这就使得美元与黄金按固定兑换比率相"挂钩"的制度日益难以维持。这说明布雷顿森林体系存在着内在的不稳定性和无法克服的矛盾。

布雷顿森林体系的上述困境削弱了人们对美元价值的信心，导致人们将美元兑换成黄金的需求增加；而黄金储备的减少，反过来又进一步强化了人们有关美元价值被高估的看法。在20世纪60年代后半期，与越南战争等相关的美国财政赤字开支最终导致了美国经济的过热，引发了美元的流动性在全球以前所未有的速度扩张。许多国家担心其不断增持的美元面临持续贬值风险，并对美国是否能够无限期地维持黄金的可兑换性表示质疑。法国、德国和日本等国家由于贸易顺差，纷纷将美元贸易盈余不断从美国兑换成黄金，美国黄金储备急剧减少，面临着耗尽黄金储备的境地。到了20世纪70年代初，这种美元钉住黄金、其他布雷顿森林体系成员国钉住美元的固定汇率制就再也无法维持下去了。因此，1971年8月15日，美国尼克松政府宣布不再接受按35美元兑换1盎司黄金的比价从美联储兑换黄金。大约在1973年，布雷顿森林体系终于退出了历史舞台。国际货币体系的这种巨变对国际贸易和国家发展战略将产生何等影响？为了说明这个问题，我们必须继续考察这种巨变所导致的货币制度变革。

二、布雷顿森林体系的崩溃与财政货币制度的革命

布雷顿森林体系崩溃后，一种具有内在价值的商品（黄金）与名义货币之间的联系最终瓦解了，历史发生了根本性的改变。黄金非货币化极大地改变了主权国家在经济发展中的作用，前所未有地提高了其财政能力，因为它再也没有必要通过购买黄金发行货币。从这时起，各国政府就开始使用本国法定货币（或称作主权货币、国家货币）作为其货币体系的基础，这就使得"一个国家、一种货币"的国家货币制度得到了最充分的展现[①]。为了简化对其运转机制的说明，笔者以一国在国际收支平衡或封闭经济条件下货币供求为例对此加以说明。随后，我们就会看到，在开放经济或国际收支不平衡情况下，这

[①] 当国家可以决定何"物"可以作为记账货币的时候，国家货币的时代就来临了。因此，凯恩斯相信，至少在 4 000 年前，"国家货币时代"就已经开始。但是，在金本位制和布雷顿森林体系之下，国家货币受到作为其货币价值基础的黄金或美元储备的严重制约，布雷顿森林体系的瓦解使国家货币彻底解除了这种羁绊，这是国家货币制度的重大变革。正是在这种意义上，笔者称之为"财政货币制度的革命"。

种分析仍是成立的。

笔者首先要向读者提出这样一个问题：在国际收支平衡或封闭经济条件下，一国私人部门作为总体，其金融资产净值的增加来自何方？或者说，私人部门作为总体，其净货币收入增长来自何方？在私人部门内部，由于每一项金融资产的创造和持有都会被另一项负债所抵销，显而易见，本国私人部门自身无法产生其金融资产净值；同样，由于一个私人部门的净货币收入等于另一个私人部门的净货币支出，本国私人部门作为总体也无法产生自身的净货币收入增长。本国私人部门作为总体，其净货币收入增长或金融资产净值必定来自外部，在国际收支平衡或封闭经济条件下，这必定来自货币发行者。

在现代国家中，这个货币发行者只能是作为货币发行垄断者的主权（国家）政府。行使国家主权的只能是中央政府，而不包括地方政府。中央银行和财政部都属于中央政府机构，中央银行不仅必须应私人部门而且也必须应一国财政部的生产和服务活动的需要增加（基础）货币供给，但其货币创造的性质却截然不同：财政部通过财政开支创造作为私人货币收入的通货（现金和银行准备金）；中央银行则主要是通过再贷款等"出借"通货，但中央银行通过商业银行对私人部门的借贷不仅不能增加私人部门的收入，反而会因收取再贷款利息而减少后者的金融资产。因此，只有主权政府的财政开支（货币的公共创造）才能创造私人部门的净货币收入或净金融资产[①]。

通过上述讨论，我们可以得出国际收支平衡或封闭经济条件下的一个恒等式：中央政府的财政赤字＝私人部门的净金融资产＝私人部门的净货币收入。这说明，只有在中央政府的财政开支＞税收的时候，也就是在赤字开支的情况下，作为总体的私人部门才会有净货币收入的增加。因此，在国际收支平衡或封闭经济条件下，中央政府的财政赤字是常态，财政收支平衡或财政盈余是罕见的例外。显而易见，政府赤字开支成为私人部门的财源，而不是税收和政府向私人部门的借贷成为政府财政开支的财源，这种不可否认的事实颠倒了贵金属货币、金本位制和布雷顿森林体系的逻辑，带来了国家财政的革命。笔者通过下面的比较来说明这一点。

在贵金属货币、金本位制和布雷顿森林体系之下，假定一国经济持续处于国际收支平衡状态，那么，该国政府的中央银行只能通过购买本国私人部门新生产的黄金增加货币供给，政府财政开支只能通过增加税收或向私人部门发售国债而融资。当财政开支等于税收时，财政平衡；当税收不敷财政开支之时，就会出现财政赤字，在这种情况下，政府只能通过向私人部门发售国债将私人部门手中的金融资源转移到自己手中，在

[①] 贾根良，何增平．货币演进的历史观与货币创造的政治经济学．浙江工商大学学报，2020（6）．

弥补其赤字的同时，增加了对实际经济资源的支配。因此，在这些货币制度下，财政赤字确实代表着通常意义上的"债务"或"亏蚀"的含义，政府赤字开支将会挤出私人投资。

但在布雷顿森林体系崩溃后，黄金已非货币化。如果一国经济持续处于国际收支平衡状态，那么，该国基础货币的净供给只能通过主权政府的开支大于税收即赤字的形式来实现，因为税收是回收已发行的基础货币，向私人部门发售国债只不过是用一种有利息的金融资产置换私人部门手中无利息收入的货币，并不能增加基础货币供给。布雷顿森林体系崩溃后，主权政府完全摆脱了黄金货币化对国家财政能力的制约，赤字开支一举两得，它不仅增加了政府财力，而且也导致了私人部门投资的"挤入"，因为政府的赤字开支增加了私人部门手中可用于投资的货币。因此，"财政赤字"的概念是贵金属货币、金本位制和布雷顿森林体系时代的"过时"概念。由于布雷顿森林体系的崩溃，财政赤字不再具有通常意义上的"债务"或"亏蚀"的含义，而是以"债务"形式伪装的货币供给，因为如果财政赤字过小，就无法增加基础货币供给，就会发生通货紧缩、私人债务激增和经济停滞。国家货币制度的重大变革导致了财政货币制度的革命，这表现在以下四个方面。

首先，在法定货币体系下，与商品货币不同，"国家货币"没有任何内在价值，这是一个根本性的变化。在布雷顿森林体系下，美元作为一种交易手段总是受欢迎的，因为它可以按照约定兑换成具有固定价值的黄金。因此，要让"国家货币"这种本来毫无价值的货币在交换中被接受，就必须引入一种动机，之所以会出现这种动机，原因就在于主权政府有权力要求其私人部门向国家交税，这就是现代货币理论学派的"税收驱动货币"理论。

其次，考虑到对币值的商品支持（黄金）和政府财政开支能力之间的关系被抛弃，而政府是法定货币发行的垄断者，因此，主权政府（中央政府）的开支是独立于其收入的。换言之，主权政府的开支与税收已经没有关系。我们知道，在布雷顿森林体系之下，国际货币基金组织成员国的财政开支必须使用税收和债券销售为自己的开支进行"融资"。但在布雷顿森林体系崩溃后，美国财政部的开支已完全不再受黄金本位的限制，其他国家也没有必要再维持与美元之间的固定汇率，发行自己主权货币的政府不再需要使用税收和债券销售为自己的开支进行"融资"。实际上，无论是从历史上说，还是从逻辑上讲，都只能是主权货币政府在通过财政开支创造货币后，私人部门才能使用其进行纳税。换言之，主权政府通过财政开支创造货币，并通过税收回笼货币。主权政府的税收具有很多功能，但唯独不具有作为主权政府财源的功能；税收却是地方政府的财源，因为地方政府是货币的使用者。

再次，主权政府的开支没有财政能力的限制，但要受到实际经济资源的限制，只要经济没有达到充分就业的程度，赤字开支就不会导致通货膨胀①。主权政府的开支没有财政能力的限制意味着货币发行者永远不可能无法支付以本国货币结算的商品，也永远不可能无法支付以本国货币计价的国家债券。2020年，新冠疫情导致美国财政赤字大幅增加，由此引发了许多人对美国财政破产的担忧。例如，有三位学者认为，多年以来，随着美国财政赤字不断扩张，美国债务快速积累，美国可以说是在向国家破产的方向上加速前进。在他们看来，国家破产是一个主权国家由资不抵债或不能按期偿还债务而导致的危机，因此，他们呼吁，美国存在国家破产的可能是一个需要全球各国认真思考的问题②。然而，这三位学者的判断是错误的，他们混淆了使用货币的主权国家（欧元区国家）与发行货币的主权国家（欧元区以外的国家），也混淆了发行以外币计价的债务和以本币计价的债务：欧元区国家和发行以外币计价债务的国家在债务高企的情况下确实存在着国家破产的可能，但美国不存在这种可能。

最后，布雷顿森林体系的崩溃导致了国家财政和货币制度的革命。在税收和国债并非国家财源或收入的现代货币制度

---

① 有关财政赤字与通货膨胀之间关系的更深入和较全面的讨论，请参见：贾根良，何增平. 现代货币理论与通货膨胀. 学术研究，2020（2）。
② 王文，贾晋京，崔一喆. 美国"财务僵尸化"及其演化趋势. 现代国际关系，2020（9）.

下，货币主权本质上就是国家财政主权，或者反过来说也是成立的，国家财政主权就是其货币主权，特别是对其主权货币发行的垄断权，任何损害一国货币主权的行为都是对其国家财政主权的侵犯①。一个国家只有在完全垄断其货币发行权的情况下，才能保证其国家财政主权的完整性；只有在国家财政主权得到完整保证的条件下，它才能充分利用自己的强大财政能力，确保通过资源的调动惠及本国人民，实现物价稳定、攻克核心技术、收入增长和充分就业的经济发展目标。

三、国际大循环经济发展战略从合理走向"背理"

我们现在讨论开放经济或贸易不平衡的情况②。假设只有甲乙两国，如果甲国财政开支＝税收，或者财政开支＜税收，那么，在开放经济条件下，甲国私人部门收入的增加就必须来自对乙国的贸易顺差；否则，该国私人部门作为整体就会处于收入停止增长或负债的状态，而乙国对甲国的贸易逆差则是乙

---

① 贾根良．国内大循环：经济发展新战略与政策选择．北京：中国人民大学出版社，2020：自序．

② 国际收支包括经常项目和资本项目。经常项目是指一国与外国发生的商品和劳务的进出口，存在三种可能的结果：贸易顺差、贸易平衡和贸易逆差。为了简化问题的讨论，本章后面只讨论经常项目问题。

国中央政府财政赤字开支的结果。中美两国的情况就是这种理论的很好例证：美国政府财政赤字为中国提供的美元资产＋中国政府财政赤字＝中国私人部门收入。假如中国政府财政赤字＝0，那么，美国政府就可以简单地通过赤字开支购买中国的产品和企业，并为中国提供美元资产，美国政府财政赤字＝中国私人部门的净收入＝中国基础货币发行，中国政府的财政主权或基础货币发行权完全丧失。

我们知道，在布雷顿森林体系崩溃后，美国财政部开支就不再受黄金本位的限制，但在美国推行新自由主义全球化、大肆向发展中国家宣传出口导向型经济是唯一正确的经济发展战略和国际货币体系路径依赖等因素的共同推动下，美元获得了所谓"国际储备货币"的霸权地位。在这种情况下，只要有国家愿意净出口到美国换取并积累美元金融资产，那么，美国政府为此进行赤字开支就不会导致通货膨胀。而且，只有在贸易逆差的情况下，美国才能将美元注入国际贸易体系之中；假如美国贸易顺差，大量美元回笼到美国，而美国继续扩大政府开支和私人消费，那么，美国必然会发生通货膨胀。换言之，在理论上说，只有在其他国家如中国对美实施出口导向型经济发展战略的条件下，美国的贸易赤字战略或美元霸权才能得到保障。然而，在现实中，虽然布雷顿森林体系在20世纪70年代就已瓦解，但直到90年代，由于全球市场猛烈地向美国公司和金融机构开放,跨国界的资金流动由于金融市场的解除管制而成为惯例,美元霸权才得以形成①。

布雷顿森林体系的瓦解和美元霸权的形成对国家致富的道路产生了令人意想不到的后果。美元霸权彻底颠覆了重商主义时期的英国和战后日本以及亚洲"四小龙"出口导向型经济的性质:美国生产不被任何实物支撑、只由美国军事力量支持的美元纸币,而世界其他国家生产美元纸币可以购买的产品。按照美元霸权的逻辑,只有在其他国家通过出口导向型经济对美国贸易存在着持续出超的情况下,美国才能通过印刷美元纸币,不劳而获地坐享别国的劳动成果。令国际大循环经济发展战略的提出者始料未及的是,这一战略无意间竟然与美元霸权的战略意图相吻合②。本章实际上是对 2010 年笔者提出的这一命题的较详细的说明。

国际大循环经济发展战略由我国宏观经济研究会的王建研究员在 1987 年提出,并被我国政府部门所采纳。直到 2020 年 4 月,这项战略才被"构建以国内大循环为主体、国内国际双循环相互促进的新发展格局"所替代。笔者在 2010 年指出的"令国际大循环经济发展战略的提出者始料未及的是,这一战略无

---

① 廖子光. 金融战争:中国如何突破美元霸权. 林小芳,等译. 北京:中央编译出版社,2008.
② 贾根良. 国际大循环经济发展战略的致命弊端. 马克思主义研究,2010(12).

意间竟然与美元霸权的战略意图相吻合"并非空穴来风。因为王建研究员在本世纪初接受记者访谈时说:"中国是享受到美元霸权的好处最大的国家……美国巨大的贸易逆差,是对中国产品的巨大需求,拉动了我们经济的增长……我们现在要担心的是,美元贬值引起国际金融大动荡,美元失去国际的货币的霸主地位,没有能力继续用经常项下的逆差来拉动亚洲,特别是对于中国的经济增长的影响,这才是最可怕的事。"①

2020 年 9 月,王建研究员在接受记者有关构建"新发展格局"问题的访谈时,重申了他的美元霸权有益论。"中国是最依靠美元体系的国家,因为人民币没有国际化,而欧元、日元、韩元等都是国际化货币。过去,中国一直享受着美元霸权的好处,人民币不是国际化货币,但是中国的生意可以做到世界最大,因为中国用美元结算。如果美元体系崩溃,即美元作为储备货币和结算货币的比例发生断崖式下降,比如从 60% 下降到 30%,受到伤害最大的一定是中国。所以在"十四五"期间,一旦美元出问题,会对中国产生非常大的影响。"②

国际大循环经济发展战略的提出者是美元霸权的坚定支持者,这一事实值得我国学术界深入反思。因为按照美国经济学

---

① 王树谷,王建:中国可以享受美元霸权. 有色金属再生与利用,2005 (3).

② 李思,文钊. 专访王建:"十四五"如何打赢内需之战? 国内大循环的落脚点是城市化. (2020 - 09 - 27). https://www.sohu.com/a/421242866_118622?_f=index_businessfocus_1_0.

第四编 现代货币理论透镜之下的中国经济

家赫德森的看法,美国对外贸易逆差战略是美国经济战略家运用美元霸权蓄意剥削他国的一种制度安排[①]。中国对美贸易顺差实质上是美国用美联储账户上的电子数字交换中国商品。现代货币理论代表人物之一斯蒂芬妮·凯尔顿对此一针见血地指出,这意味着中国的"工人正在用他们的时间和精力生产真正的商品和服务,而中国并没有为本国人民保留这些商品和服务。通过保持贸易顺差,中国实质上是在允许美国拿走它的东西,以换取一个会计条目,即我们在记录我们拿走了它的多少产出"[②]。而美国为了保证美元霸权的这种垄断性剥削收益和对他国经济的支配地位,对贸易顺差国家使用其赚取的美元购买美国实际经济资源采取了一系列具有针对性的防范措施,迫使贸易顺差国家只能购买近乎零利率和不断贬值的美国国债。

例如,以 2020 年 10 月 23 日的美国国债为例,美国十年期国债票面利率是 0.62%,也就是年化利率为 0.62%,按照 2010—2019 年美国年均通货膨胀率 1.77% 计算,中国巨额美元外汇储备购买美国国债不仅没使美元得到保值,反而使其贬值 1.15%。这是按照消费物价指数计算的,如果按照资产价

---

① 赫德森. 金融帝国:美国金融霸权的来源和基础. 嵇飞,等译. 北京:中央编译出版社,2008.
② STEPHANIE K, The deficit myth: Modern Monetary Theory and the birth of the people's economy. New York: Public Affairs, 2020: 80.

格来计算，美元贬值的程度更加严重。在 1971 年 8 月 15 日时任美国总统尼克松宣布停止美元兑换黄金之前，美国按照 35 美元可兑换 1 盎司黄金的标准提供兑换。但在尼克松宣布停止兑换后，美元一直在贬值。按照 2020 年 10 月 23 日的黄金价格计算，约 1 904 美元才能换来 1 盎司黄金。换言之，以黄金价值来衡量，目前 1 美元的价值只是半个世纪之前的 1/54 了。如果是在金本位制和布雷顿森林体系之下，这种贬值效应是不可能发生的。

储备美元资产的贬值损失只是国际大循环经济发展战略严重缺陷的冰山一角。实际上，美国对华贸易逆差是美国政府通过财政赤字从中国转移实际经济资源为其所用的一种机制，它大幅度地减少了中国国内可用于生产和消费的实际经济资源，迫使中国工人为美国进行生产。同时，它严重地损害了中国的财政主权，因为中国对美贸易盈余对应的是美国政府的财政赤字，在这种情况下，中国政府的财政赤字与美国政府的财政赤字是一种此消彼长的关系。中国对美贸易顺差越大，它对中国政府通过提高财政赤字率直接发行本币以解决国内问题的财政能力的损害就越大。中国国家财政能力的严重受损是导致地方政府债务激增的重要原因[①]，并使得我国无法大幅度增加技术研发投入，这是导致我国核心技术受制于人的重要因素之一。

---

① 贾根良. 国内大循环：经济发展新战略与政策选择. 北京：中国人民大学出版社，2020：170-171.

例如，2015年，中国集成电路全行业研发投入不及美国英特尔一家的1/6[①]。

早在2010年，笔者对国际大循环经济发展战略的致命弊端就进行了较全面的研究，讨论了这种战略"不仅使我国在国际分工中被锁定于产业低端的依附地位，而且也使我国遭受到美元霸权的残酷掠夺，它还导致资金、资源和劳动力被虹吸到沿海的出口导向型部门，造就了畸形的外向与内需相分割的'二元经济'，成为内需长期无法启动、民族企业的投资机会被外资挤占并引发严重经济泡沫的主要原因。这种战略不仅没有沟通农业与重工业之间的循环关系，反而造成了重工业的低端产品产能过剩和高端技术仍被跨国公司所垄断的局面"[②]。

正如德国历史学派创始人罗雪尔指出的，历史的方法绝不轻率地赞赏或非难某一特定的制度，因为从来就没有过一种经济发展战略或发展模式适合于不同的货币和社会制度，经济学研究的主要课题就在于剖析一种制度、一种经济发展战略或发展模式、某种经济政策为什么或如何会发生从合理走向"背理"或由恩惠走向灾难[③]。在贵金属货币、金本位制和布雷顿

[①] 周玲. 中国集成电路全行业研发投入不及英特尔1/6. （2015-12-14）. https：//www.thepaper.cn/newsDetail_forward_1408733.

[②] 贾根良. 国际大循环经济发展战略的致命弊端. 马克思主义研究，2010(12).

[③] 罗雪尔. 历史方法的国民经济学讲义大纲. 朱绍文，译. 北京：商务印书馆，1981：著者序.

森林体系之下，出口导向型经济发展模式和国际大循环经济发展战略不失为一种国家富强之道，鼓励出口的出口退税等政策对净出口国也是有益的。但是，在布雷顿森林体系崩溃之后，国家货币制度的重大变革使出口导向型经济发展模式或国际大循环经济发展战略从合理走向了"背理"，转变成了一种"使己受损"和"自讨苦吃"的发展战略和发展模式，鼓励出口的出口退税等政策转变成了对增加国民财富有负面作用的政策。这就是我国为什么要"加快构建以国内大循环为主体、国内国际双循环相互促进的新发展格局"的历史起源，它的命运在半个世纪之前布雷顿森林体系崩溃之时就已注定。

四、贸易平衡或略有逆差的对外贸易新战略：走向以国内大循环为主体

布雷顿森林体系崩溃后，是否使用本国货币进行国际贸易结算和计价对国家财政和国民净福利具有决定性影响。前述讨论已经说明，如果一国使用外国货币进行国际贸易结算和计价，贸易顺差是损失，因为它不仅损害了本国政府的财政能力，还导致了本国实际经济资源和国民福利的净损失；如果使用本国货币进行国际贸易结算和计价，贸易逆差就是收益，因为它不仅增强了本国政府的财政能力，还因使用本国货币换取别国更多的实际经济资源提高了本国生产和消费水平，而别国

持有的却是本国不断贬值的货币；如果使用外国货币进行国际贸易结算但出现持续的贸易逆差，那么该国最终会发生外汇危机并引发本国经济危机，这是在拉丁美洲各国乃至许多发展中国家反复上演的悲剧。因此，当一国无法使用本国货币进行国际贸易结算和计价时，就应该采取对外贸易平衡战略。只有这样，国家财政能力才能得到完整保障，并将实际经济资源保留在国内，用于满足扩大内需的需要。这就是笔者在 2011 年提出中国实施贸易平衡战略是破解美元霸权的根本性措施的主要原因[①]。

笔者现在就在我国仍以美元作为中美贸易结算和计价货币的条件下，讨论贸易平衡战略对国内大循环的重大意义。根据前面的讨论，在使用美元进行中美贸易结算和计价时：

> 中国贸易顺差的规模＝美国政府通过财政赤字为中国提供美元资产的规模＝美国政府从中国转移的本可用于国内生产和消费的实际经济资源的规模＝中国政府因此而减少的财政赤字开支的规模＝中国政府本可用于核心技术研发和提供社会保障的财政能力损失的规模

而且，连年的贸易顺差使得中国政府和私人部门不得不持有不断贬值的美国国债或在美国银行系统中没有利息收入且不断贬

---

① 贾根良. 世界经济大萧条与中国经济发展战略的革命. 国外理论动态，2011（12）.

值的美元存款。更严重的是，中央政府财政赤字过小导致中国国债市场发展严重滞后，金融深化难以深入展开。

在中美贸易结算和计价货币为美元的情况下，贸易平衡战略就是用增加本国政府财政赤字开支替代净出口，也就是替代美国政府财政赤字开支，这是最基本的国内大循环，笔者称之为国内大循环Ⅰ。中国对美贸易顺差与中美贸易平衡对中国经济产生了相当不同的影响，表10-1对此进行了比较。这种影响主要包括六个方面：驱动引擎、实际经济资源效应、金融效应、带动经济增长的乘数效应、财政能力和货币发行权、中国私人部门净货币收入或净金融资产的来源。这种比较说明，中国对美贸易顺差对中国经济是不利的，中美贸易平衡（国内大循环Ⅰ）对中国经济显然是非常有利的。

表10-1 中国对美贸易顺差与中美贸易平衡对中国经济的不同影响

	中国对美贸易顺差（国际大循环）	中美贸易平衡（国内大循环Ⅰ）
驱动引擎	美国政府财政赤字	中国政府财政赤字
实际经济资源效应	对美贸易顺差的规模代表着美国政府通过财政赤字转移中国实际经济资源为美国所用的程度	中国对美贸易平衡代表着实际经济资源都留在中国国内，用于扩大生产和增加居民消费
金融效应	持有不断贬值的美国国债或在美国银行系统中没有利息收入且不断贬值的美元存款，中国国债市场发展滞后，金融深化难以深入展开	中国国债市场深入发展，为居民提供了更多的投资机会，金融深化程度不断提高

续表

	中国对美贸易顺差 （国际大循环）	中美贸易平衡 （国内大循环Ⅰ）
带动经济增长的乘数效应	出口乘数	财政乘数、平衡增长乘数（联系效应）
财政能力和货币发行权	在用于核心技术研发和提供社会保障等方面的财政能力上，美国政府财政能力提高的程度＝中国政府财政能力损失的程度	中国政府运用财政赤字应对许多重大经济社会挑战的财政能力得到完整保护，货币发行垄断权得到完全保证
中国私人部门净货币收入或净金融资产的来源	美国联邦政府的财政赤字＋中国中央政府的财政赤字；当中国中央政府的财政赤字＝0时，完全等于美国联邦政府的财政赤字开支	完全来自中国中央政府的财政赤字开支

许多人认为，只有净外部需求（贸易顺差）才能为一国就业和经济增长提供额外的动力来源，甚至有极端观点认为，贸易平衡将导致一国经济增长发动机的熄火，这是受到"对外贸易是经济成长的发动机"[①]这种传统观点根深蒂固影响的结果，而这种观点在目前的经济学教科书中仍被视为金科玉律。在贵金属货币、金本位制和布雷顿森林体系之下，这种观点在一定程度上是成立的，但是，即使是在这些货币制度下，将对外贸易（实际上是贸易顺差）视作经济成长唯一的发动机也是

---

① 姚曾荫. 对外贸易是"经济成长的发动机"学说述评. 世界经济, 1986 (11).

片面的。正如演化经济学中的新熊彼特学派指出的,技术创新是经济成长的另一发动机[①]。本章对国家货币制度之下财政货币制度革命讨论的主要成果之一就是否定了贸易顺差(以及在一定程度上否认了对外贸易)是"经济成长的发动机"的理论。这是因为,在国家货币制度下,积累贸易顺差就是积累他国政府财政赤字,正如笔者在前面指出的,这不仅将导致净出口国自身财政能力严重受损,还会造成净出口国实际经济资源和国民福利的净损失。

笔者已经指出,对外贸易平衡战略实质上是通过增加本国政府财政赤字开支替代净出口,即替代外国政府财政赤字开支,那么,是否可以说本国政府财政赤字开支是"经济成长的发动机"呢?非也,因为在贸易平衡或封闭经济条件下,本国政府财政赤字开支是本国私人部门净货币收入的来源;没有本国政府财政赤字开支,也就没有货币供给的增加。在这种情况下,不仅市场经济无法发展,广大人民群众的收入(总是表现为货币收入)也无法增长。更重要的是,在贸易平衡条件下,本国政府通过财政赤字开支发行的货币将被用于那些有助于提高本国人民收入和消费水平的公共产品投资,如教育、医保、核心技术研发、基础设施建设等,而非像贸易顺差时用于别国的公共产品投资。简言之,本国人民的物质文化消费水平才是

---

① 贾根良. 发展经济学. 天津:南开大学出版社,2004.

"经济成长的发动机",而非作为货币手段的财政赤字。

显而易见,一旦我国实施贸易平衡的对外贸易新战略,经济增长的动力总体上就无法来自外部需求,它只能来自国内宽广市场的开发。具体地说,它主要来自三个方面:首先,来自国内工人、农民和中等收入群体的收入增长。因此,我国必须通过国内大循环在国内企业的利润增加与劳动者的收入增长之间建立互为因果、循环累积的良性循环机制。其次,来自东南沿海地区与广大的内地之间相互提供的市场及其区域内部的分工①。最后,来自工农业(城乡)之间互为市场,这就需要实施新型城镇化和乡村振兴战略,实施就业保障计划②。但是,内需的强劲增长必须以核心技术创新作为保障,因为只有核心技术自主创新才能为内需提供物美价廉的物资保障,才能在对外贸易中使用外国货币结算时(在理论上)不发生贸易逆差。这就是笔者在 2010 年提出的国内大循环"对内则以工人和农民的收入增长、开发中西部和振兴高质量生产活动为三大引擎",并"通过让民族高质量生产活动和农村市场与原先用于出口的廉价工业制成品相互提供市场,实现国民经济的平衡发展"③。

---

① 贾根良. 国内大循环为主体的双循环与中西部大开发. 广西师范大学学报(哲学社会科学版),2020(6).
② 贾根良. 六亿人收入倍增计划:国内大循环战略的突破口. 政治经济学报,2020,19.
③ 贾根良. 国内大循环经济发展战略与转变对外经济发展方式. 中国经济社会发展智库第 3 届高层论坛,2010 - 06 - 15.

历史经验说明，一国货币的国际化主要是通过在国际贸易中使用本国货币结算的贸易逆差实现的。对于货币国际化的后来者来说，通过金融手段推行货币国际化将引发国际强势货币的严重投机行为，反而使本国成为强势货币国际化的对象。因此，我国应该主要通过贸易逆差推行人民币国际化①。尤其是，在一国货币日益被接受为国际贸易结算和计价货币的过程中，该国就应该在保证供应链不受制于他国的条件下，逐步采取贸易逆差战略，通过对外增加本国货币供给净购买国外实际经济资源，以提高本国政府财政能力，增加国民福利的净收益。

因此，我国不仅应该逐步减少贸易顺差以减少实际经济资源的损失，还应该大力推进人民币结算，实施贸易平衡乃至略有贸易逆差的对外贸易新战略。实施略有逆差的对外贸易新战略就必须使用人民币结算和计价，因此，我国可以通过大量进口自然资源、进口一部分低端制成品形成贸易逆差，并出口中高端制成品和知识密集型服务实现贸易顺差，但在总体上采取略有逆差的对外贸易新战略，笔者将之称作国内大循环Ⅱ，这是更高级形态的国内大循环。当然，这是一个逐步转变的过程，不可能一步到位。在通过贸易逆差推进人民币国际化的战略指引下，随着人民币在国际贸易中结算和计价范围的不断扩

---

① 贾根良．外资购买中国债的真相．（2020 - 09 - 20）．http://www.xinfajia.net//6460.html.

大，也就是随着人民币国际化程度的不断提高，我国对外贸易逆差的程度将不断提高。但我国不能像美国那样实施大规模的贸易逆差战略，而应采取"略有逆差的对外贸易新战略"。为什么要这样呢？主要有三个原因。

首先，笔者曾指出，现代货币理论学派的"出口是一种成本而进口则能带来收益"这一命题不能绝对化。美国正是将其推向绝对化，才导致了制造业的大规模外包、"去工业化"和国内阶级矛盾的尖锐对立。如果将"出口是一种成本而进口则能带来收益"这一命题绝对化，就有可能在对外经济关系上走上金融化的道路，这种道路是历史上威尼斯、荷兰和英国相继衰落的重要原因。[①] 其次，过大的贸易逆差不适合我国人口众多、大量就业需要制造业的国情，将导致我国重蹈美国的覆辙。最后，通过大规模贸易逆差向别国输出本国货币是一种剥削行为，"己所不欲，勿施于人"，中国决不能走上这种道路。中国通过贸易逆差获取的收益也应该通过国际援助和带领发展中国家转型升级再转移回相关国家。

习近平总书记指出："我们必须充分发挥国内超大规模市场优势，通过繁荣国内经济、畅通国内大循环为我国经济发展增添动力，带动世界经济复苏。"[②] 这就必然要求我国实施贸

---

① 贾根良．国内大循环：经济发展新战略与政策选择．北京：中国人民大学出版社，2020：导论．

② 习近平．在企业家座谈会上的讲话．(2020 - 07 - 21)．http：//www.xinhuanet.com/politics/leaders/2020 - 07 - 21/c_1126267575.htm．

易平衡乃至略有逆差的对外贸易新战略。全球经济作为总体必然是进出口平衡的,以贸易顺差为目的的出口导向型经济不可能成为所有国家通行的发展模式。目前,世界上大多数国家仍将出口导向型经济发展模式视作经济发展的必由之路,时任国务院副总理的刘鹤据此得出"市场是全球最稀缺的资源"的重要论断。正是基于这个论断,刘鹤指出,"我们构建新发展格局和扩大内需,可以释放巨大而持久的动能,推动全球经济稳步复苏和增长","发挥我国超大规模市场优势,将为世界各国提供更加广阔的市场机会"①。

如果我国要"为世界各国提供更加广阔的市场机会",这必然要求我国实施略有逆差的对外贸易新战略,而这必然要求我国在国际贸易中大力推进人民币结算和计价。否则,当中国出现贸易逆差时,这种逆差如果表现为以外币如美元或欧元计价,将对中国很不利;而如果为了弥补这种以外币计价的贸易逆差,对外发行以外币计价的债务,这无异于饮鸩止渴,最后将引发货币和金融危机。为此,我国应该首先做到使用人民币对联合国缴费、对外援助以及支付所有国际公共事务中由中国负担的费用,并大力提高人民币在国际贸易中结算和计价的比例。

---

① 刘鹤. 加快构建以国内大循环为主体、国内国际双循环相互促进的新发展格局. 人民日报, 2020 - 11 - 25 (6).

目前的世界经济仍处于低迷状态,特别是新冠疫情导致许多国家物资供应短缺,这就为我国在推进人民币国际化问题上与其他国家谈判创造了有利条件。为了抓住这种历史机遇,我国不仅应该逐步取消出口退税政策(这是笔者在 2008 年全球金融危机爆发后一直呼吁的),还必须通过适当提高财政赤字率提高我国劳动者收入特别是月收入 1 000 元左右的 6 亿人的收入水平①,在国内消化过剩产能。在大量过剩产能在国内无法消化的情况下,企业和政府将不得不急于向国外推销过剩产能,这样的话,我国怎么有可能在人民币国际化问题与其他国家谈判时处于有利地位呢?

本章提出,用我国中央政府的财政赤字开支替代我国对外贸易顺差和引进的外资,实施贸易平衡或略有逆差的对外贸易新战略,这是加快构建以国内大循环为主体、国内国际双循环相互促进的新发展格局的根本性措施。在新冠疫情大流行和美国民主党上台的今天,实施这种战略尤为迫切。因为美国政府通过大规模赤字开支从中国进口物资不仅缓解了"大封锁"所导致的严重物资短缺,稳定了其物价,而且,在新冠疫情过后,将为其"绿色新政"的赤字开支提供物资保障,并与中国目前"藏汇于民"的政策相配合,向中国倾泻美元,使中国

---

① 贾根良. 六亿人收入倍增计划:国内大循环战略的突破口. 政治经济学报,2020,19.

经济进一步"美元化",这将对中国经济造成严重的不利影响。

2019年5月18日,笔者在第十一届中国演化经济学年会的大会主旨演讲中指出,美国民主党将在特朗普之后上台,现代货币理论学派将因此正式登上历史舞台。美国民主党进一步扩大赤字开支必将导致美国金融体系中银行准备金激增,导致美元利率下降,银行准备金趋利的本性必将导致其将多余的银行准备金向我国等发展中国家"泄洪"。这种"泄洪"将采取金融直接投资输出美元的方式,这是美国极力推动我国实行金融开放的根本原因。"因此,我们必须警惕美国民主党将来上台后的经济政策对我国经济造成严重损害,从现在开始,我国就应该采取逐步降低对美贸易顺差的战略,逐步停止引进外资(引进外资是我国增加外汇储备的主要途径之一),并对金融开放三思而后行。"[1]

2020年,在新冠疫情大流行的背景下,我国贸易顺差却创出五年来新高,利用外资规模创历史新高,媒体和广大人民群众对此不仅没有感到忧虑,反而沾沾自喜。正如笔者指出的,从"国际大循环"转向"国内大循环","转型之难的关键在于思想和理论认识的问题:人们特别是一些政策制定者已经习惯于以小店主的思维模式维护出口商和某些省份的短期利益

---

[1] 贾根良. 基于现代货币理论对欧美中的三个预言. 改革内参,2019(25).

与既得利益，而无法理解'进口是收益，而出口是损失'在国民净福利上的宏观经济效应。正是从这个角度可以说，决策者和广大经济工作者深刻认识贸易顺差战略为什么不利于国家整体利益是转型成功的基本条件"[1]。但愿本章能促使更多的人猛醒，从锁定在"国际大循环"和主流经济学的思维模式中摆脱出来，这是迈向"双循环"新发展格局的关键性一步。

---

[1] 贾根良. 国内大循环：经济发展新战略与政策选择. 北京：中国人民大学出版社，2020：自序 5.

第十一章
现代货币理论的澄清及其对中国宏观经济政策的重要意义[*]

　　国际金融危机爆发后以及为了应对新冠疫情，发达国家采取了以创纪录的财政赤字稳定其经济的措施，导致人们对国家财政支出的限制因素和公共债务的可持续性问题产生越来越大的兴趣，如2019年在我国引发了"财政赤字货币化"的大讨论。但现代货币理论（MMT）在我国的传播过程中引发了严重的误解。本章首先澄清与现代货币理论有关的两个概念，然后从四个方面简要说明现代货币理论对中国宏观经济政策制定的重要意义，并提出相关政策建议。

---

[*] 原载《学术研究》2022年第8期，作者是贾根良。

一、澄清与现代货币理论有关的两个概念

（一）财政可持续性或财政空间到底是什么

目前流行着三个衡量财政可持续性或财政空间的概念。第一个是武断的财政赤字率和债务门槛,如目前在中国仍占支配地位的所谓"3%的财政赤字率红线"。第二个是将财政可持续性或财政空间视作国家可以动用或筹集的资金有多少,如2022年5月召开的CMF宏观经济热点问题研讨会,其主报告的主题"积极财政政策下的财政空间"使用的就是这个概念。第三个是债务利息支付的可持续性,美国著名的宏观经济学家布兰查德（Blanchard）使用的就是这个概念。

上述流行概念都是将主权货币国家的财政错误地类比于家庭预算的产物,是自我强加的限制,不适合于具有通货垄断发行权的主权国家。为什么这样说呢？这涉及一个最基本的问题：如果主权货币国家是其通货的垄断发行者,其财政开支的资金来自哪里？许多人不假思索地回答说来自税收和借债。错！如果主权货币国家是其通货的垄断发行者,它会缺钱吗？它需要税收和借债为其支出筹资吗？它还会用国家可以筹集的资金来定义其财政可持续性或财政空间吗？

如果您同意上述观点，仍然有可能会提出疑问：如果主权货币国家的财政开支没有资金的限制，那么，是否它就没有约束了呢？约束当然是有的，这就是实际经济资源的限制，其中最重要的是通货膨胀约束。这就是现代货币理论的财政可持续性或财政空间的概念，它用资源约束替代了资金约束，用通货膨胀约束替代了人为的收入约束。主权货币国家财政预算的核心是资源可得性的预算，并将通胀风险作为决策的重要指标，在做预算时，它要关注财政支出的结构，避免总需求过度、资源短缺和产能不足造成通货膨胀。

简单地说，资源约束的财政预算原则及其限制因素主要有三点：首先，如果存在较大的闲置产能和较高的失业率，没有实现充分就业，这说明政府支出不足，政府就需要提高赤字率。其次，传统的凯恩斯主义大水漫灌式的刺激政策是有缺陷的，在没有实现充分就业之前，这种政策就会导致通货膨胀。因此，现代货币理论强调财政预算要特别注重支出结构，避免资源瓶颈和结构性短缺，其最重要的创新就是提出和发展了就业保障这种能够同时实现价格稳定和充分就业的宏观经济管理框架。最后，所有的支出包括私人支出，如果导致名义总需求的增长速度高于经济吸收总需求的实际能力，就会引发通胀，公共财政支出也不例外。因此，如果实现了充分就业，就必须注意发生通货膨胀的危险，但即使实现了充分就业，如果私人部门增加储蓄的愿望仍然是比较强劲的（例如，外国强烈希望通过贸易顺差增加以本国通货计价的金融资产），那么，赤字增加仍是有必要的。至于如何应对通货膨胀问题，现代货币理论有一套理论仍需要整理并介绍到国内来。

现代货币理论认为，财政赤字的规模主要是由市场所决定的，它取决于非政府部门净储蓄的愿望。政府开支的自由裁量权在通常情况下大约只占到财政开支的 30%，但即使是这种自由裁量权，一般也要适应非政府部门净金融资产增长的需求。非政府部门支出越强劲，赤字就会越低，在某些情况下甚至可能会变成盈余。政府有责任将其税收或支出水平设定在适当的水平，以确保通过政府总支出维持充分就业，做到既不发生通胀也不发生通缩，这就是勒纳在 1943 年提出的功能财政原理。

总之，现代货币理论认为，财政赤字重要，因为它不仅为非政府部门提供净金融资产，稳定私人部门的财务结构，而且更重要的是，它是实现非财政的政治经济目标如充分就业、提高生产率和保障民生的基本政策工具。但赤字率并不重要，它需要根据实际经济状况来决定，现代货币理论也从不主张无限期的赤字政策。与流行的看法认为现代货币理论忽视通货膨胀问题恰恰相反，现代货币理论的重点是关于物资保障和避免发生通货膨胀的经济学。

那么，现代货币理论为什么认为将国家财政类比于家庭预算是错误的呢？为什么主流经济学犯了这种错误呢？最重要的原因是它没有区分主权货币制度和非主权货币制度。简单地说，只有在欧元这种非主权货币制度下，将国家财政类比于家庭预算才是成立的。对于欧元区各国来说，欧元不是本国发行的，它等同于外国通货，欧元区各国只不过是通货的使用者而已，因此，国家支出就与私人部门的家庭预算一样受到收入来源的限制。在新冠疫情暴发后，欧洲央行推出了"紧急抗疫购债计划"（PEPP），情况变得有点复杂，我们在这里无法讨论了。

在金本位制和布雷顿森林体系（金汇兑本位制）这两种货币制度下，国家支出因为受到金本位的制约，所以，国家财政能力受到很大的限制，但金本位制和布雷顿森林体系的崩溃都会使主权货币国家的财政能力得到极大的解放。简单地说，现代货币理论就是对布雷顿森林体系崩溃之后主权货币运动规律的研究。

对现代货币理论的种种错误理解，如财政赤字货币化、财经纪律、央行独立、债务上限等都是没有主权货币（国家货币）制度概念的宏观经济学教科书思维的产物。主权货币制度和非主权货币制度在本质上不同，其宏观经济政策含义存在着重大差别，如表 11-1 所示。

表 11-1　不同通货制度的本质及其宏观经济政策含义（简表）

	非主权货币制度		主权货币制度
国家政府是不是本国通货的垄断发行者	不是，以欧元为例	是，以金本位制为例	是，以美国、澳大利亚、日本等为例
净金融资产的表现形式和提供者	1. 非国家机构（如欧洲央行） 2. 私人（如中国明朝后期的白银）	1. 黄金和私人银行券 2. 由私人控制（黄金生产资本家、控制黄金和银行券的私人银行家） 3. 主要服务于富人	1. 本国政府财政赤字（国债、通货以及财政开支形成的准备金） 2. 由国家控制 3. 内在要求服务于公共目标，但不尽然
政府开支的资金来源	税收或发行国债	以黄金为基础创造的通货	通过贷记银行账户，凭空创造通货
财政可持续的限制因素或财政空间	前面提到的主流经济学的三种衡量方法在某种程度上是适用的	黄金储备数量和固定汇率	实际经济资源的限制（通货膨胀限制等）
利率决定	市场	主要是市场	中央银行
价格稳定与充分就业的决定因素	市场	主要是市场	财政部＋就业保障

资料来源：作者自制。

表 11-1 简单地对比了主权货币制度和非主权货币制度的

不同，其中一个重要的标准就是国家政府是不是本国通货的垄断发行者。但这只是必要条件，并非充分条件。如果国家政府承诺其通货可以兑换为贵金属或外国通货，并实行固定汇率制度，那么，即使它是本国通货的垄断发行者，其货币制度也不是主权货币制度，如金本位制和布雷顿森林体系。从表11-1可以看出，主权货币国家的财政赤字创造的净金融资产（广义货币）替代了私人生产的"饥不能食、寒不能衣的金银"（薛暮桥语，1945），主权货币政府的财政赤字"一举两得"：政府在服务公共目标的开支上从不会"缺钱"，非政府部门也因政府的财政赤字增加了资金或储蓄，这与主流经济学教科书的理论截然相反。表11-1也比较了不同货币制度在宏观经济政策其他方面的不同含义。

布雷顿森林体系是在20世纪70年代崩溃的，但迄今为止，主流经济学仍没有注意到这种重大历史变革与经济理论的关系。在20世纪90年代，因为机缘巧合与经济思想史中异端经济学传统等因素的交互作用，雷、莫斯勒（Mosler）、米切尔、凯尔顿等人才注意到它对宏观经济学和宏观经济政策的颠覆性影响，从而导致了现代货币理论的诞生。笔者将现代货币理论的诞生称作"哥白尼革命"。

表11-2用了"政府财政与私人部门的关系"这一点简单地说明现代货币理论的"哥白尼革命"：主流宏观经济学认为公共开支的资金由纳税人和富人提供，秉持新自由主义的撒切

尔夫人的名言"只有私人货币，没有公共货币"就突出地反映了主流宏观经济学的这种观念。但是在主权货币制度下，实际情况却是现代货币理论所阐明的国家财政赤字为私人部门提供净金融资产。对于主流宏观经济学和现代货币理论这两种不同的经济学范式和理论体系来说，上述两者的关系是完全颠倒的。就像人们看到太阳早晨从东面出来、晚上从西面落山，因而凭"经验"得出太阳绕着地球转一样，主流宏观经济学所谓"公共开支的资金由纳税人和富人提供"的理论也是通过家庭预算这种日常经验和直觉得出的。而现代货币理论就像一个透镜一样，从现象深入本质，揭示了主权货币的运动规律。与天文学类比，如果说目前大学中讲授的宏观经济学和财政学教科书是"托勒密体系"，那么，现代货币理论的宏观经济学就是"哥白尼体系"。正是从这个角度来看，我们可以说它是经济学的一种"哥白尼革命"，它对宏观经济学等许多学科将产生颠覆性影响，许多问题需要重新认识。

表 11-2　现代货币理论的"哥白尼革命"

	主流宏观经济学	现代货币理论的宏观经济学
政府财政与私人部门的关系	公共开支的资金由纳税人和富人提供	国家财政赤字为私人部门提供净金融资产
对主权通货制度的认识	太阳绕着地球转（假象）	地球绕着太阳转（真相，主权货币运动规律）
与天文学类比	"托勒密体系"	"哥白尼体系"（"哥白尼革命"）

资料来源：作者自制。

（二）财政赤字货币化为什么是一个不恰当的概念

在中国，财政赤字货币化是指央行通过购买国债为政府提供融资。简单地说，我国学者将中央银行在二级市场上购买国债支持财政的做法称为广义的财政赤字货币化，将在一级市场上购买国债的做法称为狭义的财政赤字货币化。

笔者首先要说明的是，在主权货币制度下，所谓财政赤字货币化是不可能发生的，因为国债的买卖不是政府自由决定的。

第一种情况，中央银行是否会从二级市场买入国债并不取决于政府部门，而是取决于私人部门的选择。在央行利率目标制下，如果私人部门对货币的需求上升，那么市场利率就会上升，为了维持目标利率，中央银行就会买入国债，释放流动性，从而满足私人部门对货币的需求。反之亦然。由此可见，国债的买卖不是央行可以自由决定的。

第二种情况，如果央行直接从财政部购买了国债，而财政部花费了它提供的通货，那么财政部支出的结果将是银行系统中出现超额准备金，利率将会下降，直至降至零。在这种情况下，为了维持目标利率，央行将不得不出售等量的国债以减少准备金。显而易见，即使是在央行直接从财政部购买国债的情况下，央行也只不过是充当私人部门买卖国债的中介而已。这两种情况都说明了在主权货币制度之下，国债的买卖实际上是一种货币政策，它只不过是维持目标利率的一种政策工具而已，没有融资的功能。

最后笔者要指出，从理论根源上说，这个概念本身是不恰当的，它是主流经济学"健全财政"思维和家庭预算类比的产物。国际金融危机爆发后，美联储在2008年对其一部分准备金没有采取发行国债的惯常做法，而是为其提供购买国债相当的利率。这就说明了作为通货的垄断发行者，主权货币政府的中央银行可以通过调节超额准备金利率达到维持目标利率的目的，没有必要发行国债。假如主权货币政府不再发行国债，那么，央行通过购买国债为财政部提供融资的假象不就完全消失了吗？现代货币理论认为财政赤字货币化是一个不恰当的概念，它造成了对主权货币制度和现代货币理论的严重误读。有关现代货币理论与财政赤字货币化概念的关系，请参看何增平和贾根良发表于《学习与探索》2022年第4期的《财政赤字货币化：对现代货币理论误读的概念》。

我国现在对现代货币理论的误解比比皆是，但本章只能澄清以上两个概念。澄清的目的是理解现代货币理论，只有真正理解了现代货币理论，我们才能充分发挥财政作为国家治理的基础和重要支柱的作用。这不仅是应对新冠疫情的需要，而且也是为了应对我国今后几十年所面临的许多重大经济社会问题和挑战。

二、现代货币理论对中国宏观经济政策制定的重要意义

（一）对国内大循环的重要意义

假设在国际收支平衡或封闭经济条件下，试问：一国非政府部门作为总体，其金融资产净值的增加将来自何方？或者说，非政府部门作为总体，其净货币收入增长将来自何方？在非政府部门内部，由于每一项金融资产的创造和持有都会被另一项负债所抵销，显而易见，本国非政府部门自身无法产生其金融资产净值；同样，由于非政府部门内某个体的净货币收入等于另一个体的净货币支出，本国非政府部门作为总体也无法产生自身的净货币收入增长。本国非政府部门作为总体，其净货币收入增长或金融资产净值必定来自外部，在国际收支平衡或封闭经济的条件下，这必定来自作为通货的垄断发行者的主权货币政府。也就是说，国家财政赤字为非政府部门提供净金融资产。用现代货币理论的公式表示就是：主权国家政府部门余额＝非政府部门余额＝国内非政府部门余额＋国外部门余额，因为现代货币理论将国外部门看作非（本国）政府部门。等式两边移项后：国内非政府部门余额＝本国政府部门余额－国外部门余额。

对于目前的中国来说，国内非政府部门余额等于中国政府财政赤字＋贸易顺差，因为我国在过去 30 年（1993—2023 年）一直都是贸易顺差，今后几年甚至相当长时间仍有可能是贸易顺差。但是，当贸易顺差为零时，国内非政府部门作为整体，其净收入、净金融资产或净利润的增加都必须由本国政府财政赤字来提供。这是现代货币理论揭示的一个基本经济规律。

当贸易顺差为零时，国内非政府部门盈余都要由国家财政赤字来提供。自 2015 年开始，中国财政赤字率大幅度提高，这是外需下降导致贸易顺差减少等因素的必然结果。当贸易顺差增速下降时，如果国内非政府部门净储蓄仍保持增长，就必须增加本国政府财政赤字。

随着逆全球化的进一步发展，在国外市场不断萎缩，各国都强调自给自足的情况下，我国必须转向国内大循环。国内大循环的关键性因素就是非政府部门的资本是否充裕，要使其充裕就必须稳定并加大政府财政赤字。在现代货币理论看来，当我国通过贸易顺差积累外汇储备时，不仅用实际经济资源换来的是（由别国政府财政赤字提供的）长期僵死不用的金融资产，而且使我国政府不能通过财政赤字创造货币为核心技术创新、保障民生等提供充足的资金，更严重的是，实际经济资源的净输出压缩了政府的财政空间。因此，笔者在《国内大循环：经济发展新战略与政策选择》这本著作中指出，国内大循环最基本的战略就是用贸易平衡战略替代出口导向型经济发展战略，其核心就是用增加本国政府财政赤字开支替代净出口，在将运用财政赤字的权利留给本国政府的同时，也通过将实际资源留在国内为财政可持续性提供更大的空间。

（二）防范金融风险的真实含义

我国非政府部门特别是企业部门负债率（杠杆率）过高，存在较大范围的金融风险，因为要去杠杆，所以不愿投资。如何解决这个问题呢？笔者在 2016 年元旦时提供给财政部的内部研究报告中就已提出：通过扩大（国家）政府赤字开支（加杠杆）降低非政府部门负债率（降杠杆）。

我们在前面已经指出，财政赤字＝非政府部门净金融资产，因此，财政赤字率提高将降低非政府部门负债率。

如果理解了上述原理，我们就会明白目前在我国流行的"宏观杠杆率"特别是"总杠杆率"概念存在缺陷（如中国人民银行调查统计司杠杆率课题组发表于《中国金融》2021 年第 17 期的《宏观杠杆率测算及分析》），其中"总杠杆率"将性质完全相反的"国家债务"与"私人债务"加总，发生这种错误的根源就在于它没有区分通货发行者与通货使用者。

"宏观杠杆率"等观念对经济政策制定产生了直接的影响，如要求保持宏观杠杆率基本稳定，政府杠杆率要有所降低。在现代货币理论看来，这种做法无法降低金融风险。

随着中国贸易顺差占 GDP 比例的进一步降低，甚至出现贸易逆差，中国只有通过提高政府赤字率即提高政府杠杆率，才能稳定非政府部门的收支盈余，即稳定非政府部门总现金流入以增强其偿债能力，降低负债率，从而减少中国金融系统的结构性风险。

（三）建议大幅降低政府债券利率

中国地方政府债务问题是人们一直关心的一个重要问题。笔者在这里首先要指出的是，虽然地方政府债务中暴露出来的一些问题需要解决，但我们要辩证地看待地方政府债务，因为它使得中国避免了西方国家在 2010 年后几年所发生的破坏性很大的财政紧缩，为我国自国际金融危机爆发到 2013 年的高速增长做出了重要贡献。

中国 2021 年末全国政府债务余额（中央政府加地方政府）是 53.74 万亿元，政府总负债率为 47%，沿用传统思维对其评论说"低于国际通行的 60% 警戒线，风险总体可控"是错误的。

2021 年，日本政府负债率为 257%，美国联邦政府（不包括地方政府）负债率超过 120%，不存在财政风险，在 2021 年之前很长时间也没有发生通货膨胀。美国和全球近期的通货膨胀主要是由大封锁引起的供给不足、垄断力量抬高物价和俄乌战争等因素导致的。

现代货币理论告诉我们,作为主权货币的垄断发行者,国家财政不会发生困难,不存在由财政所导致的经济是否安全的问题。但有学者提到我国政府债务利息负担过重的问题,从现代货币理论的角度来看,这个问题不难解决。在目前的中国,降低政府债券发行利率(国债和地方政府债券利率)是非常有必要的。近两年已经反映出这种趋势,地方政府债券平均发行利率已从2019年的3.47%下降到2022年3月的3.14%。但债券利率仍过高,这不仅导致利息支出占政府支出的大头,而且由于抬高了利率的总体水平,中小企业贷款难和贷款贵问题难以得到解决,不利于"保市场主体"的方针。此外,它也给国外投机者提供了巨额的套利投机机会。

作为货币垄断发行者的主权政府不需要发行债券为自己融资,而且利率是由央行所决定的,债券发行只不过是给零利率准备金(现金)持有者提供的一种替代性的有利息收入的资产而已,因此,中国可以仿照美国和日本的经验,较大幅度降低政府债券平均发行利率,例如将政府债券平均发行利率降到1%~1.5%,同时采取抑制房地产和证券投机的措施。在这种情况下,如果投资者不接受,那别无办法——他们只能持有零利率的准备金了。

（四）实施就业保障计划

就业问题是我国目前和今后应对世界大变局要面对的重大问题。

现代货币理论认为，失业是一种货币现象。从劳动力的角度来看，非自愿失业的劳动力愿意为货币收入而工作，但无法获得货币工资；而从企业的角度来看，预期的成本和收益告诉它们多雇用一个失业劳动力不能得到预期的利润，这就是凯恩斯在 1936 年提出的非自愿失业是对劳动力有效需求不足的产物。劳动力通过为国家提供商品和服务来换取货币，非自愿失业的存在就说明了作为货币垄断发行者的政府货币支出不足，没有满足私人部门货币收入的需要。因此，国家有责任实施就业保障计划，通过增加货币支出雇用所有愿意工作并有工作能力的非自愿失业劳动力。该计划将由中央政府出资，由地方政府实施，按照当地最低工资水平雇用所有愿意工作的劳动者。

就业保障计划不仅是实现充分就业的手段，而且也是稳定物价的宏观经济稳定器。作为通货的垄断发行者，国家享有为其所获得的商品和服务定价的特权，但国家不需要设定所有商品和服务的价格，只要固定具有关键性影响的商品和服务的价格，就可以固定其货币的价值。由于劳动力存在于所有商品和服务的创造过程中，因此，通过就业保障来调节劳动力价格就可以稳定本国经济中所有商品的价格，实现物价稳定，这是现代货币理论在反通货膨胀的同时实现充分就业的基本理论。其基本原理是：在工资存在上升压力的时候，劳动者就从就业保障计划部门流向私人部门；在工资存在下降压力的时候，劳动者从私人部门流向就业保障计划部门。因此，就业保障计划起到了稳定工资进而稳定物价的作用。

现代货币理论在就业保障的理论和实践问题上有大量的研究文献可供我国借鉴。近年来，我国城镇调查失业率一般在5%以上，2022年4月达到6.1%，一个适当的就业保障计划就可以将城镇调查失业率降低到2%左右。就业保障计划对于目前中国"保居民就业""保基本民生"和预防通货膨胀具有重要意义，对于我国解决相对贫困问题、缩小收入差距和向绿色经济转型也具有重要意义。

以上四点简单介绍了现代货币理论对中国宏观经济政策制定的重要意义，并提出了相关的政策建议。最后，我们有必要指出，现代货币理论对解决我国许多重大的长期经济问题也具有直接的借鉴价值。例如，现代货币理论对于应对气候变化、能源转型和我国人口老龄化具有重大启发意义；对于理解社会保障制度和单一付款人全民医疗保健制度的可持续性，提出了与主流经济学截然不同的见解；为我国运用使命导向型财政投资解决"卡脖子"技术问题和迎接下一次技术革命提供了新思路。

第十二章
现代货币理论对中国的适用性及政策建议[*]

一、现代货币理论对于中国具有一定的适用性

在对现代货币理论质疑的学者中有一种说法,这就是现代货币理论只适用于发达国家尤其是美国和日本这样的国家,对中国等发展中国家是不适用的,因为后者没有主权货币。也就是说,很多发展中国家实施固定汇率政策、举借外债和开放资本账户,所以无法运用现代货币理论推荐的一些政策。比如,如果政府增加支出,就可能会让本国的货币更多地流入外国居民手中,导致货币贬值。这样就会与固定汇率政策冲突,从而

---

[*] 原载《学术研究》2022年第9期,标题为《现代货币理论对中国的适用性及其经济政策建议》,作者是梁燕。

导致财政政策被限制。又如，发展中国家主权货币受限制，难以实践现代货币理论提倡的政策。所以，这种理论只能为发达国家服务。

　　但实际上，中国的货币主权程度是非常高的。根据兰德尔·雷的论述，货币主权国家需要满足以下五个条件。第一，中央政府选择记账货币；第二，中央政府以记账货币为单位向国民开征税费；第三，中央政府发行货币，并且接受其货币作为交税工具；第四，中央政府只以本国货币作为计价单位举债，并且只以本国货币作为偿还手段；第五，只有实行浮动汇率的国家才拥有货币主权。如果一个国家采用金本位或固定汇率制度，那么它就必须按固定汇率给外国政府或私人兑换黄金或他国货币，从而导致货币主权的减弱甚至丧失。现实中，货币主权不是要么全有、要么全无，大多数发展中国家有一定程度的货币主权。

　　从兰德尔·雷的分析中可以推论出，如果一个国家采用固定汇率制度，就可能没有足够的外汇储备来达到维持汇率的目标。同时，如果开放资本账户允许资本自由流动，并且举借外债，那么，该国的货币主权将会大大削弱。但中国的实际情况是，中国一直采取强有力的资本账户管制措施，外商直接投资是主要的外资流入方式，这能有效地防范资本无序进出。尽管近年来中国的资本账户管制变得松动，但同时，中国的汇率政策也从原来的与美元固定挂钩的政策逐步放宽，这样又会为中国争得一些货币主权的空间。再者，中国拥有巨额外汇储备，这也能够为主权货币空间起到一定的巩固作用。最后，中国有非常低的外债。2018年，外债占中国国民总收入的比重仅为14.5%，外债偿还占出口收入的比重为8.2%（见图12-1）。从以上的分析可以看出，中国实际上有很大程度上的货币主权，现代货币理论的有些政策建议对中国还是非常适用的。

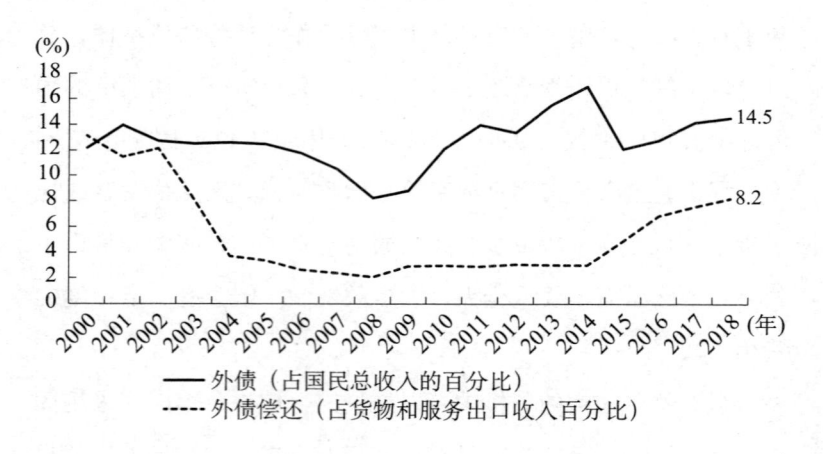

图12-1　中国的外债及外债偿还（2000—2018年）

资料来源：国际货币基金组织（2022）。

除了有关货币主权方面的争论，还有学者认为中国财政政策和货币政策的制定机构不像欧美那样有协调性。比如美国央行设置利率目标，而财政开支会影响到银行的准备金量，这就要求央行进行公开市场操作买卖政府债券,以实现货币政策目标。而中国央行有很多货币政策的工具,如公开市场操作,但不像美国那样,这不是中国唯一的主要调整利率手段。中国还有准备金的调整,有各种借贷便利——常备借贷便利(SLF)、短期流动性调节(SLO)、中期借贷便利(MLF)、抵押补充贷款(PSL)等,这些借贷便利都会起到影响利率的作用。同时,不只是财政发债券,央行也可以发债券,之前为了调节外汇还发行和买卖了很多央行债券。所以,有一些学者认为,中国不像美国那么需要财政和央行进行合作,因此可能无法也无须像美国那样实施"赤字货币化"。

但是,从中国人民银行资产负债表来看(见表12-1),央行是财政的代理银行,它在资产负债表上有对财政的债权,也有财政的存款,这些项目的波动会影响到银行准备金,也会影响到利率。为了实现利率目标,也为了银行系统有一定的流动性,保持支付系统清算畅通,财政和央行必须合作,财政和央行实际上也一直在合作。所谓央行"独立性",在政策执行方面其实是伪命题。虽然央行不直接购买政府债券或者不允许央行"透支",但在实践上,当财政支出时,它是自我融资的。当财政支出时,央行增加私人部门账户的准备金。央行要么让这些准备金留在银行进而允许多余准备金压低利率,要么进行公开市场操作(卖出财政债券)减少银行准备金以达到利率目标。由此可见，财政和货币政策总是相关的，财政支出必然"货币化"（增加准备金），这与央行独立与否无关。从另一个角度看，政府支出使得私人部门获得货币，然后才能用货币交税或购买政府债券。中央政府支出不以已有的税收收入和债务收入为前提或限制，政府先支出，然后决定是让准备金留在银行（提供给银行以增加借贷，增加货币供应量的机会）还是通过发行和卖出政府债券减少准备金。

表 12 - 1　中国人民银行资产负债表（2022 年 4 月）

单位：亿元人民币

项目	
国外资产	226 267.60
外汇	213 318.52
货币黄金	2 855.63
其他国外资产	10 093.45
对政府债权	15 240.68
其中：中央政府	15 240.68
对其他存款性公司债权	120 160.20
对其他金融性公司债权	4 119.28
对非金融性部门债权	
其他资产	23 548.27
总资产	389 336.03
储备货币	326 823.44
货币发行	100 856.54
金融性公司存款	206 134.42
其他存款性公司存款	206 134.42
其他金融性公司存款	

续表

项目	
非金融机构存款	19 832.48
不计入储备货币的金融性公司存款	7 321.34
发行债券	950.00
国外负债	1 186.55
政府存款	43 329.60
自有资金	219.75
其他负债	9 505.35
总负债	389 336.03

资料来源：中国人民银行。

财政"举债"，并非为了财政支出而进行的融资，而是为了达到利率目标。这也说明财政与央行合作不是央行在帮助财政部实施"财政赤字货币化"，而是财政在帮助央行成功地实施货币政策操作。同时，货币政策决定政府债券的利率。政府债券和货币都是政府的"负债"（liabilities），区别在于两者的收益率不同。对银行和投资者而言，他们的可比性选择是准备金或者债券。央行可以决定是否给超额准备金付利息或付多少利息，而这也就决定了债券利率的下限。所以，政府债券是否能发行并不取决于是否抬高利率来取悦债券投资者以劝退"债券义勇军"（bond vigilante）。只要市场有对准备金的需求，就会有对政府债券的需求。政府债券的利率也不是由市场决定的，而是由政策变量决定的。

二、货币政策有一定的局限性，现阶段应让位于财政主导

如上所述，财政支出不受税收或举债限制，财政总有财力来支持支出，而财政支出能够为私人部门增加准备金。如果准备金过多，利率就会降低到货币政策目标值以下，所以财政与央行必须配合，发行和出售债券以减少准备金，从而实现利率目标。当然，这并不意味着政府就能够或需要无限制地支出，政府的支出应该以经济需要为主导。如果过度支出引起资源短缺或者由于资源限制造成通胀，那么政府就需要减少支出。所以，现代货币理论并不主张财政无限制支出，而是主张应该考虑到整体经济需要以及实体资源的限制，也就是通货膨胀的问题。

实际上，政府财政支出在很大程度上受宏观经济影响。比如，当经济下行时，财政收入自然减少，支出自动增加，从而导致赤字上升。而这种"自动稳定器"造成的赤字为经济提供了一个缓冲，降低了私人部门经济的下行压力。财政赤字为私人部门（企业和家庭）提供盈余。根据部门平衡原则，公共、私人和对外贸易三个部门不可能同时有盈余。公共赤字和外贸盈余为私人部门提供盈余机会。

另外，根据卡莱斯基方程（Kalecki Equation），毛利润等

于利润中用来消费的部分加上企业的投资,加上政府支出减去收入,再加上经常项目盈余(出口－进口),最后减去工资中的储蓄部分(工人储蓄会降低毛利率)。由此可见,政府赤字可以增加毛利润。中国之所以有那么高的储蓄率,不只是因为私人家庭储蓄,也是因为企业整体上能够有利润,那些利润成为企业部门的盈余。所以,从这一点看,政府支出对私人经济、市场经济是有助无害的。

同时,货币政策有一定的局限性,因为私人部门的货币信用是内生的。企业如果投资信心不足,就不愿意投资,也不会借贷;居民如果消费信心不足,就不想借债消费。因此,宽松的货币政策不足以增加企业或居民借贷,货币政策对刺激经济是有局限性的。同时,就算政府降低利率和准备金率,减少信用成本,私人部门愿意增加借贷,这也有局限性,因为当前私人部门已经有太高的债务率,企业已经在承受过高的债务,而家庭债务也在快速增长(家庭债务占GDP的比重从2011年的不到30%增加到2021年的62%)。中国近年来一直在强调降杠杆,所以我们不希望私人部门继续举债抬高杠杆。如上所述,政府赤字有利于私人部门盈余;政府债务是私人部门的资产,政府债务有利于整体债务结构的优化。所以,在货币政策面临种种局限的现实情况下,财政政策应该放在主导的地位。

三、财政政策在短期促进消费，长期应转向结构性的产业政策

中国目前的宏大目标是到 2035 年经济总量和城乡人均收入再迈上新的大台阶，人均国内生产总值达到中等发达国家水平，中等收入群体显著扩大。国家已经推出了很多重大的政策举措，比如中国制造 2025、国家创新体系、共同富裕、加强对科技行业的市场监管、加强对数据的保护来发展数字经济、建设全国统一大市场，等等。但是，现在西方学术界的主流看法是中国经济有不少内在的下行因素：人口红利逐渐减少；投资与消费不平衡导致投资效率降低，债务高筑；改革开放放缓；中国要发展绿色经济，必须牺牲一些短期增长。当然还有其他各种因素，比如经济不平等、国际不稳定因素（如俄乌冲突）、美国对中国的一些不友好的政策等，这些都会影响中国的发展速度。这些下行压力有些的确很显著，有些则不然，但无论如何，中国都需要有策略性地运用宏观经济政策来保证经济持续稳定发展。而现代货币理论能提供有价值的政策启示。

短期内，中国可以利用财政政策振兴疫情后的经济。第一，中央政府需要为广大群众提供现金补助，保证他们能交房租、付水电费和买食物等，保障基本需求。对无业人口和贫困人口的现金补助尤为重要。当然，很多人担心，如果像美国一

样给大家发钱会不会造成通胀？中国的国情和美国不一样，中国的供应链比较完整，而且一直在比较正常地运作，而美国的很多供给性问题造成了美国现有的通胀。我们既要避免美国那种大水漫灌式的发钱，也不用太过担心给居民发一点钱就会引起通胀。第二，中央政府可以给私人企业、中小微企业提供工资补助，帮助它们保留现有的雇员，能够在疫情好转时马上开工。这不但能保就业，还能保消费。如果人们知道他们的工作和收入保住了，他们会更愿意也更敢于消费，这对重振需求很重要。第三，基础建设投资。有学者认为中国基建搞得太多了，比如在交通和房地产方面已经投资过度了，但实际上现在还有很多有益的基建项目需要投资，如电子基建、公益住房、智能城市和技术创新、新能源基建等。第四，中央政府财政转移非常重要。一些地方政府因为很多原因财政支出增加了，财政收入受疫情和房地产下行的影响而减少，所以，地方政府债务有所提高（见图 12-2）。中央政府需要帮助地方政府，从而支持地方经济。第五，公共就业计划是非常值得推荐的。比如在教育方面，在政府整顿了教培市场后，现在教育领域有很多失业人员，同时我们又需要增加教育方面的投资，因此可以在这方面提供更多的公共就业机会。同样，中国还有很多其他领域需要发展，比如基础科技、环境保护、医疗、养老和新农村建设等私人企业无力或不愿投资的领域，政府投资和创造就业能起到很有效的作用。

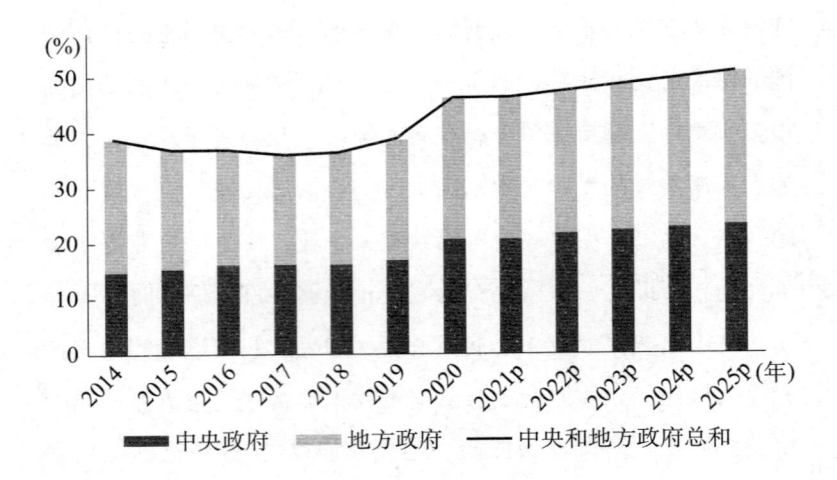

图 12-2　中国中央政府和地方政府债务占 GDP 比重（2014—2025 年）

注："p"表示预测值。

资料来源：BNP Paribus（2022）。

从中长期来看，现代货币理论提议的政策对推进经济结构转型很有帮助。

第一，增加社会公共服务型支出，包括教育、医疗、养老等。比如中国花在教育上的支出占 GDP 的 4.1%，低于一些经济合作与发展组织成员国的水平。从需求方看，这些支出不但能大大提高人们的生活水平，也能让人们更放心地花钱，刺激消费。从供给方看，这些支出能有效提高生产效率。

第二，继续做好对工业的支持。目前中国在产业政策上的可比性支出包括国家投资基金、优惠信贷、政府对研发的支持、研发税收优惠及其他税收优惠、直接补助等，这些支出占GDP的1.48%，远远高于其他经济合作与发展组织成员国的水平，这也是中国在过去短短数十年能大幅提高工业生产水平和科研水平的原因。

第三，改善税收结构。现代货币理论认为税收的目的不是为政府提供收入，而是为了调节需求和资源分配，促进公平再分配，以及鼓励或阻止一些经济行为。和其他国家相比，中国的税收结构过于侧重增值税，个人所得税占比太低（见图12-3）。有学者指出，中国税后的基尼系数只比税前少3%，这说明现行的税收制度对公平再分配所起的作用有局限性。我们需要改善税收结构来增强公平分配进而推动共同富裕。

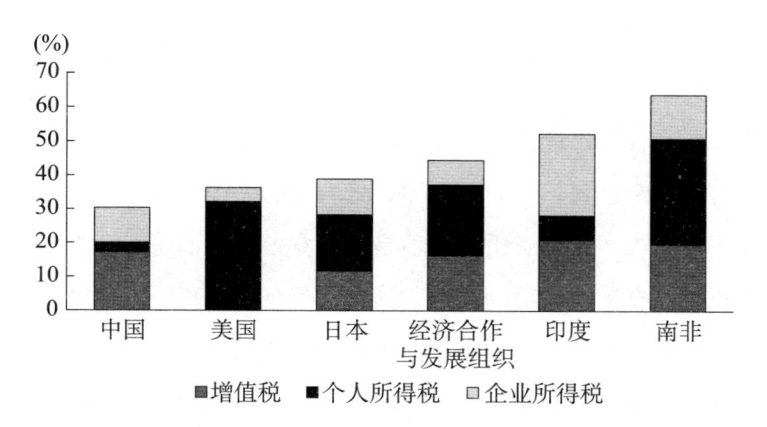

图12-3　中国及其他国家、组织税收种类占总税收收入比重（2021年）

资料来源：经济合作与发展组织（2022）。

第四，支持可再生能源、智能技术和城镇化发展。过去十几年，中国在防止全球变暖、环境保护方面取得了长足进展。比如在可再生能源领域，中国在2010—2019年投资了7 600亿美元，是美国同期的两倍。这些投资成效卓著。2009年，美国的风力和太阳能发电量分别是中国的两倍和五倍；而目前中国已经反超，中国的风力和太阳能发电量分别是美国的两倍和三倍。这些成就与财政支出、投资以及国家政策法规是分不开的。

第五，加大人民币结算和投资。如今"一带一路"的投资和借贷大多数以美元进行，这对短中期优化外汇储备的投资是有益处的。但外汇储备终究是有限的，也需要有一定的流动性来维护当前的汇率稳定性。所以，长期来看，中国应该加大人民币在海外投资和借贷的分量。

综上所述，现代货币理论的核心主张包括以下几个部分：第一，现代货币理论描述了货币主权国家的财政和货币政策的执行手段和过程，这对于中国有相当强的适用性和重要的借鉴作用。第二，现代货币理论不是量化宽松，也不是财政赤字货币化。拥有主权货币的政府，其支出是自我融资的，政府支出不存在融资限制，但政府支出是有实体资源限制的。过多的政府支出，就如过多的私人部门支出一样，同样会导致通货膨胀。第三，公共部门赤字为私人部门提供盈余机会，而不是挤出私人部门支出。第四，政府支出和税收的最终目的必须是调动和利用资源，为公共利益服务，这包括充分就业、价格稳定、公平分配、产业技术升级和环境可持续等。如果政府支出能提高和优化供给，那么政府支出非但不会造成通胀，反而能减少通胀压力。政府需要制定政策来决定如何以及为了什么公共目标来安排支出和税收，而不是以平衡预算为目标的"以收定支"。

第十三章
中国绿色公共就业计划*

本章阐述的"中国绿色公共就业计划"是一项由中央政府出资、地方政府落实的公共就业保障政策,主要为了实现消除失业、实现国家目标、拉动经济等三大目标。一是通过向每一个失业者提供公共就业机会,消除市场经济就业岗位不足带来的失业;二是通过雇用原本失业的劳动力,实现国家目标,如基础设施建设、环境治理、社区服务、文化传播等;三是通过向公共就业计划的雇员发放工资,创造新增消费和内需,从而拉动经济。

以 2019 年为例,增加占 GDP 的 1.58%[①]的财政赤字将足

---

* 本章是美国丹佛大学经济学系教师黄逸江在其博士论文第四章基础上修改而成的,英文原文地址为:https://mospace.umsystem.edu/xmlui/handle/10355/72941。中文原载《政治经济学季刊》2021 年第 1 期,标题为《中国绿色公共就业计划——以消除失业实现国家目的和经济增长》,收入本书时略有修改。

① 假设中国绿色公共就业计划的人均月工资是 3 700 元,另额外增加总工资的 35% 作为五险支出,额外增加总工资的 10% 作为项目材料费。由此雇用 2 427 万城镇失业人口需花费的支出约 1.56 万亿元,即 2019 年 GDP 的 1.58%。

够实施一项完整的中国绿色公共就业计划，从而消除 2 427 万[①]的城镇失业人口，并带来 3.13‰～4.56‰[②]的新增 GDP，将中国 2019 年的 GDP 增长率推至 9.13‰～10.56‰。同时，中国绿色公共就业计划还带来其他重要效益，如经济安全、社会和政治的稳定、对中国模式的信心提升、对环境污染的有效治理等。

同时，对拥有货币主权的国家而言，真正具有违约风险的是民间企业债和个人债[③]，而非以本国货币结算的国债[④]。中国政府由实施公共就业计划所新增的财政赤字不仅可持续，而且能有效稳定中国民间企业和个人的收支盈余，从而增强中国民间企业和个人的整体偿债能力，减少中国金融系统的结构性风险。

---

① 2 427 万城镇失业人口由国家统计局提供的 5.2% 的城镇调查失业率和中国 4.424 7 亿城镇就业人口计算所得。详细计算见本章第四部分。

② 详细计算见本章第四部分。

③ 作为货币使用者，民间企业和个人面临真实的破产风险。当政府赤字不足或贸易顺差减少时，民间盈余必然减少，从而削弱民间企业和个人的整体偿债能力，增加金融系统的结构性风险。

④ 作为货币发行者，中央政府以本国货币结算的财政赤字和国债的违约风险为零。故中央政府有能力通过赤字经营增加民间盈余，从而增强民间企业和个人的整体偿债能力，减少金融系统的结构性风险。"过度"的政府赤字的最坏结果是通货膨胀，而非国家破产。

一、公共就业计划的目标和特点

公共就业计划是一项由中央政府出资、地方政府落实的公共就业保障政策,主要为了实现消除失业、实现国家目标、拉动经济等三大目标。

传统宏观经济政策(包括财政政策和货币政策)通过刺激经济增长间接创造就业岗位。然而,机械替代人工是人类经济发展的时代趋势。农业社会转型工业社会时,人类用工业就业填补了农业失业。工业社会转型服务业社会时,人类用服务业就业填补了工业失业。可当服务业就业也逐渐被机械取代时,充足的新就业岗位从何而来?如此的时代趋势导致传统宏观经济政策往往刺激了经济,却拉动不了就业,形成"没有就业的经济增长"(jobless growth)。相对而言,公共就业计划是一个非传统但合乎逻辑的解决失业的方案:直接创造就业岗位以消除失业,并通过这些新的就业岗位实现国家目标和拉动经济增长。

上述传统宏观经济政策和公共就业计划的逻辑差异对GDP增长率与失业率的定量关系有重要影响。2013年时任国务院总理李克强强调了经济增长的目标:"我们关注GDP,其实关注的是就业。"同年，李克强表达了对"经济带动就业"的效率的担忧："目前大概 GDP 增长 1 个百分点，能够拉动 130 万、甚至 150 万人就业。"这表明：即使假设 1% 的 GDP 增长能产生 150 万个就业机会，要在 2019 年消除中国 2 427 万城镇失业人口，GDP 需额外增长 16%（即 2019 年实现 22% 的 GDP 增长率）。如此对 GDP 增长率不切实际的要求，恰恰说明了在机械替代人工的时代趋势下通过刺激经济增长间接创造就业岗位的低效与不可行。

而在公共就业计划中，创造就业是手段，经济增长是结果。本章第四部分的测算显示，中国公共就业计划将通过消除 2 427 万城镇失业人口实现 3.13%~4.56% 的 GDP 额外增长。换言之，通过公共就业计划全面消除城镇失业人口不需要 GDP 额外增长 16%。此差异反映了公共就业计划相较传统宏观经济政策的优势："就业带动 GDP"可行，而"GDP 带动就业"不可行且往往与环境保护和结构调整的目标相左。鉴于稳定就业的重要性和中国经济对环境保护与结构性调整的需求，就业带动 GDP 是更合理的逻辑选择。

不仅传统宏观经济政策对促进就业效果不佳，教育和培训等被主流经济学家推崇的政策对促进就业也乏善可陈。一个人的努力、教育和培训或许能帮助他打败其他竞争对手，从而获得工作岗位，但个人的就业成功仅仅使失业人群名单发生改变，却无法改变失业名单的总体数量。要解决宏观经济的整体失业难题，必须创造足够的就业岗位。然而，市场经济并非为创造就业而生，就业也仅仅是企业赚取利润的衍生品。凯恩斯在分析美国1929年经济大萧条时认为，市场经济有两种实现零失业率的可能："意外"和"设计"。"意外"指市场经济对商品的总需求大到恰好创造出足够的就业机会来实现零失业率，"设计"指民间投资的社会化。本质上，公共就业计划就是一项"设计"：以国家的"有形之手"解决市场的"无形之手"所衍生且无法解决的失业难题。

相较于传统宏观经济政策，公共就业计划还有一个优势：减少宏观经济政策的不稳定性和不确定性。公共就业计划是一种制度化、自动化、逆周期的宏观经济调节工具。当市场经济处于下行通道时，市场经济雇佣者（包括民企和国企）释放劳动力到公共就业计划，生产实现国家目标的产品和服务。当市场经济处于上行通道时，市场经济雇佣者以更高的工资（故公共就业计划的工资不能过高）吸引公共就业计划的雇员进入市场雇佣关系中，生产更多的产品和服务。因此，公共就业计划补充和稳定市场经济，而非取代。公共就业计划是一个实现国家目标的市场经济的"劳动力蓄水池"：市场经济好，它往里"注水"；市场经济不好，它从中吸纳多余的"水分"，"浇灌"实现国家目标的产品和服务（见图13-1）。

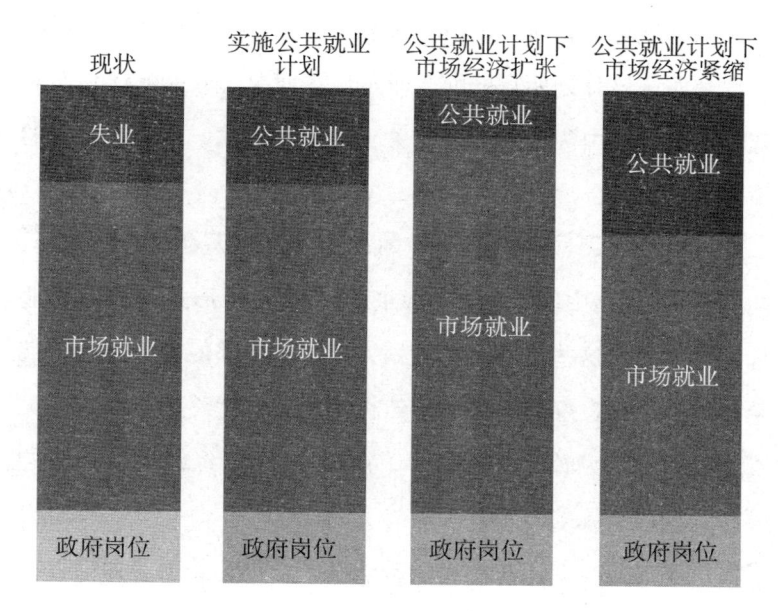

图 13-1 公共就业计划补充市场经济

资料来源：FORSTATER, KABOUB, KELSAY. The cost of unemployment and the job guarantee alternative in Saudi Arabia. http://www.global-isp.org/policy-report-101.

公共就业计划的效益源于失业对经济、个人、家庭、社会和国家造成的巨大成本。于经济而言，失业意味着劳动力使用不充分和未实现的经济增长。于个人而言，失业威胁生存，带来物质和心理上的艰辛。于家庭而言，失业导致"贫贱夫妻百事哀"的家庭不和谐。于社会而言，失业不利于建立和谐的社会关系。于国家而言，失业导致政治动荡，乃至民粹主义的兴起（如近年来的美国）。第四部分的计算表明，哪怕仅仅核算中国公共就业计划对 GDP 的经济贡献,也可发现该经济贡献已远超实施该计划所需的财政成本,更何况公共就业计划能有效地解决上述由失业所带来的关于个人、家庭、社会、国家的诸多问题。

近百年来,许多国家(美国、瑞典、澳大利亚、阿根廷、印度等),包括中国,探索过或正在实施各种形式的公共就业计划。然而,这些公共就业计划大多只是局部的且不连续,甚至有的在运行良好的情况下依然在到期后自然终止,如时任美国总统的富兰克林·罗斯福为了重振 1929 年经济大萧条下的美国经济而实施的"美国新政"。该新政于 1933—1939 年建设了大量美国人至今还在使用的基础设施,也为美国参加第二次世界大战创造了经济条件,却依然由于没有被制度化而在到期后自然终止。2016 年美国民主党总统竞选人伯尼·桑德斯在其竞选纲领中提出就业保障计划①。该计划虽然得到许多美国年轻人的支持,但被保守派抨击为社会主义政策。2019 年被美国国会议员亚历山德里娅·奥卡西奥-科尔特斯推动的"美国绿色新政"同样由于姓"社"还是姓"资"的问题难以获得国会的全力支持。

事实上,制约公共就业计划全球发展的重要原因有两个,

---

① 伯尼·桑德斯当时的经济学顾问之一斯蒂芬妮·凯尔顿,是现代货币理论的创始人之一,也是笔者攻读博士学位阶段的时任系主任。

分别是理论禁锢与政治和意识形态禁锢。理论禁锢来源于主流经济学派[①]（特别是主流货币银行学[②]）：由于主流经济学对自由市场主义的宗教式推崇，政府赤字被妖魔化（主流经济学界至今仍错误地认定希腊 2008 年的欧元债务危机源于希腊政府不负责任地增加财政赤字[③]）。由此形成的结论是政府应尽可能避免财政赤字，故需要财政拨款的公共就业计划也不可持续。笔者在其他文章中使用前沿的货币银行学的研究成果（包括兰德尔·雷教授于 2019 年 11 月 20 日向美国国会所作的《重审国债的经济成本》[④] 的听证报告）驳斥了上述主流经济学的理论。笔者的结论是：增加占 GDP 1.58％的中国政府赤字不仅可持续，而且能稳定民间收支盈余，从而增强中国企业和个人的整体偿债能力，减少中国金融系统的结构性风险。

另一个制约公共就业计划全球发展的重要原因是政治和意识形态禁锢。公共就业计划虽然是对市场经济的补充，但本质上是一项改变企业和劳工关系的社会主义政策。因此，公共就

[①] 即新古典经济学。

[②] 以弗里德曼的货币主义和卢卡斯的理性预期为代表的主流货币银行学。

[③] 通过构建希腊最近 40 年的"体系收支余额"，笔者论证了希腊政府赤字是欧债危机爆发的结果，而非起因。事实上，希腊政府赤字占 GDP 的比例在 2000—2008 年处于历史低位。恰恰是希腊政府于 2001 年放弃了货币主权，限制了希腊政府赤字支出的能力，从而导致希腊民间资本在 2000—2008 年出现 8 年的收支亏损，引发了希腊的欧债危机。

[④] Reexamining the Economic Costs of Debt，完整报告见 http：//www. levyinstitute. org/pubs/tst_11-20-19. pdf。

业计划在政治和意识形态上与信奉资本主义自由市场经济的国家相对立。正是这样的政治和意识形态禁锢导致许多本该受益于"美国绿色新政"的美国人最反对该计划。只有在失业问题突出时，这些国家才使用非正式的公共就业计划或传统宏观经济刺激政策。

本部分简单介绍了公共就业计划的目标和特点。公共就业计划的三大目标是消除失业、实现国家目标、拉动经济。公共就业计划的三大特点是高效创造就业、减少宏观经济政策的不稳定性、补充（而非取代）市场经济。

二、绿色公共就业计划对中国经济和社会的特殊意义

本部分阐述绿色公共就业计划对中国经济和社会的特殊意义。首先，笔者分析近年来对中国经济和就业造成较大压力的四大变化和挑战，分别是国内的结构性改革、国际的贸易保护主义、结构层面的人口增速放缓、技术层面的低效财政赤字。然后，笔者论证中国绿色公共就业计划如何在促进就业和经济的同时提高中国政府应对这四大变化和挑战的能力。

近年来，有四大变化和挑战给中国经济和就业带来冲击。在国内方面，供给侧改革在去过剩产能、治理污染、升级产业结构的同时，不可避免地给中国经济和就业在短中期带来下行

压力。在国际方面,美国于2018年挑起对华贸易摩擦,通过外贸渠道对中国经济和就业施压。在结构层面,人口增速放缓对中国经济的劳动力供给和内需转型构成长期挑战。在技术层面,中国政府过去数年的宏观经济政策降低了有效政府支出的比例,因此降低了财政赤字促进就业和经济的效率。公共就业计划对中国经济的特殊意义在于其在促进就业和经济的同时提高中国政府应对这四大变化和挑战的能力,具体表现为以下方面。

(1) 公共就业计划助力供给侧改革的落实并丰富其内容。一方面,公共就业计划通过创造就业抵消供给侧改革所带来的失业压力,以此助力供给侧改革的落实。另一方面,作为市场经济的补充,公共就业计划所创造的就业岗位取决于中国经济和社会的薄弱环节。因此,公共就业计划为中国经济和社会补充需要的产能,使供给侧改革既减少过剩产能又增加不足产能,从而推动中国经济结构的合理调整。

(2) 公共就业计划帮助中国经济抵御外部风险并实现内需转型。美国挑起的对华贸易摩擦反映了美国对中国战略定位的变化,更反映了民粹主义、民族主义、孤立主义、保护主义的国际政治经济秩序"新常态"。在外部不确定因素增加的背景下,中国在推动全球化的同时应积极通过内需转型增强中国经济抵御外部风险的韧性。公共就业计划通过创造大量新增就业岗位提高民间消费,从而推动内需转型并拉动GDP增长,帮助中国经济抵御外部风险。

（3）公共就业计划助力中国经济应对由人口增速放缓带来的劳动力供给增速放缓和内需转型压力上升这双重挑战。一方面，公共就业计划作为市场经济劳动力的蓄水池，在保持弹性的同时助力中国经济最大化地使用现有的劳动力资源，并通过保障就业为中国家庭带来经济稳定从而鼓励生育，应对城市化所带来的人口增速放缓。另一方面，如上文所言，公共就业计划通过创造大量新增就业岗位来促进民间消费，进而稳定内需，从而缓解由人口增速放缓带来的内需转型压力。

（4）公共就业计划有助于提高中国财政赤字的效率。比如，给富豪减税 1 亿元所产生的宏观经济刺激效果有限，因为富豪的边际消费倾向较低。同样，给一家大企业减税 1 亿元并不意味着该企业会扩大生产或创造就业。若该企业在金融市场回购价值 1 亿元的自身股票，对宏观经济的刺激效果同样微乎其微。然而，花在公共就业计划上的 1 亿元财政支出将绝大部分转化为众多低收入群体的工资收入，进而转化成消费、企业收入、利润、投资，从而拉动经济增长。因此，公共就业计划能用等量的财政赤字实现更大的经济拉动效果。

公共就业计划除了促进就业和经济以及帮助中国政府提升应对以上四大变化和挑战的能力，还可以通过创造相关工作岗位，直接改善中国的环境治理，成为"中国绿色公共就业计划"。

值得注意的是,由于公共就业计划与市场经济"竞争"目前处于失业状态的过剩劳动力,中国公共就业计划的工资在实践中将成为中国实质上的最低工资保障。这意味着公共就业计划制定的工资须适当:不能过低(否则对就业者没有经济意义),也不能过高(否则出口企业会由于劳动力成本的增加而减少国际竞争力)。因此,笔者在第四部分测算中国公共就业计划的财政成本时使用了人均每月 3 700 元①作为公共就业计划的平均工资。

本部分阐述了绿色公共就业计划对中国经济和社会的特殊意义。除了促进就业和经济,中国绿色公共就业计划能够助力供给侧改革、抵御外部风险、应对人口增速放缓、提高财政赤字的效率、改善环境污染。简言之,中国绿色公共就业计划能帮助中国政府协调经济发展、就业稳定、结构调整、环境可持续等多层面需求。

三、中国政府实施绿色公共就业计划的时机已成熟

第二部分阐述了绿色公共就业计划对中国经济和社会的特

---

① 3 700 元人民币是 2018 年中国农民工的平均月收入,数据来源于国家统计局。本章写作时 2019 年农民工平均工资尚未更新,因此暂用 2018 年的数据。

殊意义。本部分论述为何中国政府实施绿色公共就业计划的时机已成熟。结论是：中国政府实施绿色公共就业计划的时机成熟源于政治经济条件、政策条件、经验条件、货币主权条件的成熟。

从政治经济学角度看，中国政府实施绿色公共就业计划的时机已成熟，因为绿色公共就业计划可以成为中国特色社会主义市场经济中的"中国特色"和"社会主义"的重要组成部分。西方主流经济学家要想理解中国模式，该问的不是中国政府对市场经济的干预是否过多，而是什么样的市场经济最能满足中国政府对中国经济的发展愿景。邓小平的"猫论"正是讲究实事求是的实用性原则，将市场经济视为发展的手段，而非目的。同时，世界经济在过去数十年间的演变已验证，恰恰是反自由市场主义、强调国家作用的儒家文化经济体（如中国、日本、韩国、新加坡、越南等）获得了经济的大发展。而受自由市场主义和主流经济学影响较深的国家，如拉美国家、中东国家、南亚国家、除新加坡和越南以外的东南亚国家等，都经济发展滞缓。与崇尚自由市场主义和主流经济学的资本主义国家相比，中国在经济政策上较少受到意识形态的束缚[①]，而是更多地以务实的态度评估政策。这为中国政府实施绿色公共就

---

① 新古典经济学作为西方经济学界的主流，是阐述自由市场作为唯一合理的经济秩序的理论基础。新古典经济学不可避免地影响了中国的经济学界和一些经济政策的制定。

业计划奠定了政治和意识形态的基础。

绿色公共就业计划是为了补充市场经济，而非取而代之。这与中国政府在当前经济发展中的主愿景相符合。一个解决了自由市场经济解决不了的失业问题的绿色中国经济，更有助于增强国人的道路自信、理论自信、制度自信、文化自信。在这样的时代背景下，中国政府实施绿色公共就业计划的政治经济时机已成熟。

从政策角度看，中国政府实施绿色公共就业计划的时机已成熟。笔者在《中国环境和经济政策：从矛盾到合成》一文中详细说明了中国政府是如何在 2005 年后加强了对环境可持续发展和经济发展之间的平衡的探索。这些探索体现在提高能源利用效率和节能等方面的政策和法规上，也体现在把新能源作为国家产业战略布局的核心之一以确保中国未来的能源安全上。然而，环境可持续发展和经济发展并不总能有效统一，尤其是传统的经济刺激政策往往与环境治理的目标相左。在这样的政策背景下，绿色公共就业计划实施时机的成熟源于其有两个途径为中国经济的可持续发展和环境保护作贡献。一是绿色公共就业计划可以直接创造致力于改善中国环境的就业岗位，如植树造林岗、河流清洁岗、回收资源岗、社区公园岗等。二是绿色公共就业计划进行的经济作业大多属于劳动密集型和低污染型，故通过公共就业计划所创造的经济活动本身更具环境可持续性。

从经验角度看，中国政府实施绿色公共就业计划的时机已成熟。国际上，自第二次世界大战结束，诸多西方国家采取了许多非正式的公共就业计划。例如，之前提到的美国新政就通过"公共资源保护队"①和"工程振兴局②"雇用大量美国的劳动力建设基础设施。又如，瑞典政府通过福利立法和大量政府支出稳定了对公共商品和服务的需求，同时又通过高税收来降低市场经济中的货币量，以此实现了瑞典经济在相当长时间内同时保持低失业率和低通胀率的"奇迹"③。其他例子包括澳大利亚、阿根廷、印度等。虽然由于政治和意识形态原因（美国、澳大利亚、印度）或缺乏货币主权原因（阿根廷），这些国家公共就业计划的实践受到限制，但它们的经验依然可以为中国所借鉴。

事实上，中国政府也常实施非正式的公共就业计划，如传统的基础设施建设。区别是：传统的基础设施建设在一定时间内拉动就业，而公共就业计划通过创造一个市场经济劳动力的蓄水池全面且持续地消除失业。另外，传统的基础设施建设只针对中国特定的基础设施需求（如公路和桥梁），而公共就业

---

① "公共资源保护队"是美国新政中的一个公共就业保障项目，在1933—1942年为17~28岁的美国未婚男子提供就业保障。

② "工程振兴局"是美国新政中的另一个公共就业保障项目，雇用了数百万缺乏技能的美国人修路和修建公共建筑。其在1935年开始实施，第一年的拨款占当年美国GDP的6.7%。

③ 根据主流经济学界的观点（芝加哥学派的米尔顿·弗里德曼和卢卡斯），低失业率和低通胀率是不应该同时出现的，更不该长期同时出现。

计划旨在解决中国市场经济的不足,包括但不限于基础设施的需求。此外,中国地方政府在实施其他政策纲领的时候也曾融入公共就业计划的元素,如实施宁夏生态移民扶贫工程的宁夏政府经过多年的试验和纠错,已通过一些具备公共就业计划特点的方案取得了明显的扶贫和治理环境的成就。

最后,中国政府实施绿色公共就业计划的时机成熟也源于中国拥有的货币主权。笔者将在第五部分论述中国财政赤字可持续性时详细论证货币主权的重要性。

四、中国绿色公共就业计划的经济效益和财政成本

本部分通过计算中国绿色公共就业计划的经济效益和财政成本论证该计划的经济合理性。在经济效益方面,由于公共就业计划消除失业,公共就业计划能带来的经济效益等于中国经济由失业所带来的 GDP 损失。笔者通过"平均附加值贡献法"和"奥肯定律"交叉检验失业给中国经济带来的 GDP 损失,结论是:以 2019 年为例,一项完整的公共就业计划将为中国经济带来 3.13%~4.56% 的额外 GDP 增长。在财政成本方面,雇用 2 427 万城镇失业人口需花费的财政支出占 2019 年 GDP 的 1.58%(假设中国绿色公共就业计划的人均月工资是 3 700 元,

另额外增加总工资的 35% 作为五险支出，额外增加总工资的 10% 作为项目材料费）。因此，哪怕仅仅考虑经济效益和财政成本，公共就业计划也是一桩"划算"买卖。

1. 平均附加值贡献法

平均附加值贡献法在结合中国实际情况后的表达是：中国失业所带来的 GDP 损失＝中国就业人口（包括城镇就业人口和农村就业人口）人均对 GDP 的附加值贡献×中国城镇失业人口。国家统计局的数据显示，2019 年我国城镇调查失业率为 5.2%，城镇就业人口总数为 4.424 7 亿。计算可得 2019 年中国拥有 4.667 4 亿[①]城镇总劳动力和 2 427 万[②]城镇失业人口。同样根据国家统计局的数据，2019 年中国 99.086 5 万亿元的 GDP 由 7.747 1 亿就业人口贡献所得，其中包括 4.424 7 亿城镇就业人口和 3.322 4 亿农村就业人口。计算可得 2019 年中国就业人口人均对 GDP 的附加值贡献为 12.790 1 万元[③]。因此，2019 年中国失业所产生的 GDP 损失＝中国就业人口（包括城镇就业人口和农村就业人口）人均对 GDP 的附加值贡献×中国城镇失业人口＝12.790 1 万元/人×2 427 万人＝3.104 万亿

[①] 城镇总劳动力＝城镇就业人口/（1－城镇调查失业率），即：4.424 7 亿/（1－5.2%）＝4.667 4 亿。

[②] 城镇失业人口＝城镇总劳动力×城镇调查失业率，即：4.667 4 亿×5.2%＝0.242 7 亿＝2 427 万。

[③] 就业人口人均对 GDP 的附加值贡献＝GDP/总就业人口，即：99.086 5 万亿元/7.747 1 亿＝12.790 1 万元。

元人民币，该值占 2019 年 GDP 的 3.13%。换言之，2 427 万城镇失业人口造成的经济代价是 GDP 少增长 3.13%。

以上适用于中国的平均附加值贡献法有两个前提假设：(1) 中国城镇失业人口等于中国总失业人口，即假设中国农村失业率为零[①]。这意味着 2 427 万城镇失业人口是对中国总失业人口的保守估计。若失业人数实际多于此，则公共就业计划对 GDP 的贡献将高于 3.13%。(2) 受雇于公共就业计划的城镇雇员人均对 GDP 的附加值贡献等于目前已就业人员（包括 57% 的城镇就业人口和 43% 的农村就业人口）人均对 GDP 的附加值贡献。这个假设基本合理：采用平均附加值法，公共就业计划的雇员对 GDP 的贡献虽然可能低于市场经济下就业的城镇雇员[②]，但应高于农民[③]。

2. 奥肯定律

为了交叉检验平均附加值贡献法的测算结果，笔者再用奥肯定律测算失业给中国经济带来的 GDP 损失。奥肯定律被国际经济学界普遍用于描述失业率变化和经济增长变化的关联关

[①] 鉴于中国农村特殊的土地制度，这是一个合理假设。
[②] 由于公共就业计划的平均工资低于市场经济下城镇就业的平均工资，公共就业计划雇员的人均消费应低于市场经济下就业的城镇雇员的人均消费。故公共就业计划雇员人均对 GDP 的附加值贡献应低于市场经济下就业的城镇雇员。
[③] 由于公共就业计划的平均工资高于农民平均收入，公共就业计划雇员的人均消费应高于农民的人均消费，故公共就业计划雇员人均对 GDP 的附加值贡献应高于农民。

系。原理很简单：经济增长会带来失业率下降；失业率下降也会促进经济增长。因此无论因果关系的方向如何，GDP 增长率和失业率有着定量的关联性，故经济学家们对奥肯定律的争论集中在奥肯系数的计算上。奥肯在最初发表于 1962 年的文章中计算出奥肯系数为 3，即失业率下降 1 个百分点对应 GDP 增长 3 个百分点。数十年来，经济学家们对不同时期、不同国家的奥肯系数进行测算，结论是：奥肯系数在 1.5~3.0 的区间内浮动。为了保守估算公共就业计划对中国的经济效益，笔者采用最低的 1.5 作为中国的奥肯系数。

由于国家统计局发布的 5.2% 的失业率是中国城镇调查失业率，笔者需要将其转化成中国整体失业率。鉴于中国农村特殊的土地制度，笔者假设中国农村的失业率为零。因此，中国经济的整体失业率＝城镇失业人口／（城镇劳动力＋农村劳动力）。通过之前的计算，已知中国 2019 年城镇失业总数为 2 427 万。根据国家统计局的数据，2019 年中国的劳动力总数等于农村劳动力总数（3.322 4 亿）和城市劳动力总数（4.667 4 亿）的总和，即 7.989 8 亿。计算可得中国 2019 年整体失业率为 3.04%。3.04% 的中国整体失业率，乘以 1.5 的奥肯系数，意味着中国经济在 2019 年由于失业损失了 4.56% 的 GDP。

需要说明的是，奥肯定律比平均附加值贡献法测算出的失业对 GDP 所造成的损失更大，这符合预期。这是因为，平均附加值贡献法假定中国城镇失业人口固定不变,而奥肯定律考虑了现实中失业人口并不固定的客观事实,即:现实中,失业率每减少1个百分点,都会鼓励更多适龄劳动力参与就业。这意味着每多减少1个百分点的失业率需要创造比之前更多的就业机会,因而对GDP的边际贡献也就更大。

以上笔者通过平均附加值贡献法和奥肯定律估算出失业给中国带来的经济损失在3.13%~4.56%的区间。以2019年为例,中国绿色公共就业计划通过消灭2 427万城镇失业人口而带来的2019年经济效益相当于3.13%~4.56%的新增GDP。

3. 财政成本

中国绿色公共就业计划的经济可行性分析的另一方面是经济成本。为保持一致,笔者继续使用2 427万城镇失业人口作为中国的总失业人口。笔者采用每月3 700元[①]作为公共就业计划的人均工资来测算该计划的经济成本。除人员工资外,调拨总工资额的35%作为五险(养老保险22%、医疗保险10%、失业保险1%、工伤保险1%、生育保险1%)支出,以及总工资额的10%作为公共就业计划的项目材料成本支出。计算结果如表13-1所示。

---

① 每月3 700元人民币是2018年中国农民工的月均收入。

表 13-1　公共就业计划成本测算

平均工资（元）	雇用人数（万人）	工资总额（亿元）	五险支出（亿元）	项目材料支出(亿元)	总成本（亿元）	GDP占比
3 700	2 427	10 775.88	3 771.558	1 077.588	15 625.026	1.58%

资料来源：笔者计算。

如上，增加占 GDP 的 1.58% 的财政支出将足够实施一项全面的中国绿色公共就业计划，从而消除我国 2 427 万城镇失业人口，并带来 3.13%～4.56% 的新增 GDP，将 2019 年中国 GDP 增长率推至 9.13%～10.56%。因此，中国绿色公共就业计划具有经济可行性。

需要注意的是，上述计算有意低估了公共就业计划的效益、高估了公共就业计划的成本。诸多公共就业计划所带来的其他效益（比如社会稳定、政治稳定、就业弱势群体的经济安全、环境治理的提升等）比 GDP 的增长更有价值。但由于难以用金钱衡量，它们并没有被赋予货币价值，因而没有纳入公共就业计划效益的计算中。另外，一个消除了 2 427 万城镇失业人口的中国政府将减少失业救济金和预防犯罪等方面的支出，同时增加由经济的额外增长所带来的额外税收，故中国绿色公共就业计划的实际成本低于笔者所测算的 2019 年 GDP 的 1.58%。

五、中国绿色公共就业计划的实施方案

这一部分探讨中国绿色公共就业计划的实施方案,包括出资和管理、渐进原则、就业类型。总原则是中国绿色公共就业计划的实施应与中国的政治经济体系相匹配并反映中国经济的实际需求。

1. 出资和管理

鉴于中央政府以人民币结算的财政赤字和国债可持续,且中央政府目前实现财政盈余,中国绿色公共就业计划的拨款应主要来源于中央政府财政。实施一项完整的中国绿色公共就业计划需要占 GDP 的 1.58% 的财政支出。理论上,地方政府作为人民币的使用者,其以人民币结算的地方赤字和地方债面临真实的违约风险,故不应该要求地方政府增大赤字来实施公共就业计划。但实际操作中,鉴于地方债可以通过国有银行贷款而永续运营下去,且由地方政府承担一部分开支或许有利于地方政府对公共就业计划的落实,中央政府也可要求地方政府与其共同承担总额占 GDP 的 1.58% 的财政支出。除地方政府外,中央政府亦可鼓励社会慈善人士和机构参与出资,建立一个公私合作、以消除中国 2 427 万城镇失业人口为目标的公益平台。

公共就业计划的管理应遵循地方政府落实和中央政府评估的原则。一方面，地方政府提出解决当地问题所需要创造的公共就业岗位的计划，将计划报省级政府和中央政府审核，最后落实公共就业计划的实施。另一方面，中央政府和省级政府应通过定期调研评估公共就业计划在各地的落实情况，找到优秀且具有代表性的地方模式加以推广。

2. 渐进原则

笔者建议中国绿色公共就业计划的实施遵循渐进原则，分试验和推广两阶段实施。原因如下：（1）制度经济学家福斯特（Fagg Foster）于1981年提出的制度调整理论（Theory of Institutional Adjustment）指出，组织机构可以一夜间改变，但思维和行为习惯的改变不能一蹴而就。因此，成功的制度变革需遵循渐进原则对现有的制度进行调整。（2）中国于1978年后所取得的伟大改革成就所遵循的渐进原则，与俄罗斯和其他东欧国家在失败改革中所采用的激进做法形成鲜明对比。"试验、评估、再推广"的渐进原则本质上就是尊重历史沿革和客观条件的改革务实主义。（3）公共就业计划的实施在客观上对地方政府的组织能力与中国各级政府和部委之间的协调能力提出挑战。渐进原则可以在试验阶段增强中国各级政府和部委在实施公共就业计划上的协调和组织能力，以在推广阶段更好地落实公共就业计划。

因此，渐进原则可达到以下效果：（1）通过具有代表性的试点，找到优秀的地方模式加以推广，降低试错成本。（2）通过试验阶段增强各级政府和部委在实施公共就业计划上的协调和组织能力，以便第二阶段的推广更有效地落实全国范围的公共就业计划。（3）在试验阶段表现出色的地方政府和人员可以在推广阶段担任"导师"的角色，协助其他省市对公共就业计划的有效落实。

3. 就业类型

中国公共就业计划作为对中国市场经济的补充，其创造的就业类型应致力于改善中国市场经济的薄弱环节，即被市场经济忽视却具有重大环境和社会价值的产品和服务。根据这个原则，中国公共就业计划的就业类型应随着中国经济的需求变化而调整。中短期而言，笔者建议重点推进以下三个就业类型：绿色就业、文化传承就业、其他实现国家目标的就业。

（1）绿色就业。绿色就业岗的目标是直接改善中国的环境质量，实现稳定就业、促进经济、保护环境的协调发展。绿色就业的岗位例子包括但不限于：植树造林岗、河流清洁岗、回收资源岗、社区公园岗等。这些绿色就业岗位大部分属于劳动密集型，因此本身并不制造环境污染，且对从业人员也没有过多的专业技能要求。鉴于其可行性和中国环境治理的巨大需求，绿色就业应是中国绿色公共就业计划中短期内的主要构成部分。

（2）文化传承就业。由于现代化和西方化的紧密联系，新中国在现代化的过程中不可避免地受到西方文明的冲击，并因此造成当今中国社会愈发强烈的思想分野。文化传承就业岗的目标是通过雇用在市场经济中就业困难或希望找到与其专业相关工作的"文科生"①，对中国传统文化进行梳理和再诠释，并通过网络和媒体进行比传统的政府宣传更有效的传播，帮助人们在全球化的大趋势下更好地了解中国传统文化和中国道路，增强"四个自信"。

比如"经济"一词在我国出自晋代葛洪的《抱朴子》，意为经世济民，与以人民为中心的发展思想一脉相承。再如笔者的母亲参与发起的儿童哲学公益项目，通过对中国传统文化在全球化和市场经济环境下的再诠释启发中国少儿的哲学思维。又如全国各地丰富的民俗和手艺。这些优秀的中国传统文化可以由文化传承就业岗的就业人员进行梳理和再诠释，并通过网络等媒体在中国社会进行比传统的政府宣传更有效的传播。

(3) 其他实现国家目标的就业。最常见的例子当属基础设施建设岗。其他实现国家目标的就业岗包括：新农村建设岗、社区服务岗（尤其是帮助孤寡老人和残疾人）、社区卫生管理岗、服务公益机构岗（增加现有的中国公益机构的人员供给）、配套公共就业计划岗（如做饭、接送、托儿所等为公共就业计

---

① 特别是与中华传统文化相关的专业，如民俗学、中国历史、中国音乐、中国舞蹈、古建筑学等。

划的从业人员提供的配套服务）等。

上述建议仅供参考。实践中，当地社区和各级政府应根据自身需求提出因地制宜的就业类型，且中国公共就业计划的就业类型应随着中国经济的需求变化而调整。

六、结语

在机械替代人工的时代背景下，传统宏观经济政策间接创造就业岗位的效率逐步下降，给国家治理和社会稳定带来挑战。公共就业计划能解决这个问题，因为其逻辑是直接创造就业机会，再通过提升内需促进经济增长。同时，公共就业计划能减少政策的不稳定性，因为其是一种制度化、自动化、逆经济周期的宏观经济调节工具。公共就业计划是一个劳动力蓄水池：市场经济好，它向市场注入劳动力；市场经济衰退，它从市场接纳过剩的劳动力，生产被市场经济忽视却对公众有益的产品和服务。故公共就业计划是对市场经济的补充，也是对中国特色社会主义市场经济的极佳诠释。

本章也论述了绿色公共就业计划对中国经济和社会的特殊意义。除了稳定就业和促进经济增长，绿色公共就业计划能有效地帮助中国落实供给侧改革、应对贸易冲突和国际贸易保护主义、应对人口增速放缓、通过提升内需支持国内大循环、提高中央政府财政赤字的效率，以及治理环境污染。简言之，中国绿色公共就业计划能帮助中国政府协调经济发展、就业稳定、结构调整以及环境可持续等多层面需求。

最重要的是，中国绿色公共就业计划完全可行。笔者的计算结果显示：增加占 GDP 的 1.58% 的财政支出将足够实施一项全面的中国绿色公共就业计划，从而消除我国 2 427 万城镇失业人口，并带来 3.13%～4.56% 的新增 GDP，将 2019 年中国的 GDP 增长推至 9.13%～10.56%。值得说明的是，公共就业计划所带来的其他好处（比如社会稳定、政治稳定、就业弱势群体的经济安全、环境治理水平的提升等）很可能比 GDP 的增长更有价值。但由于难以用金钱衡量，它们并没有被赋予货币价值，因而没有纳入公共就业计划效益的计算中。另外，一个消除了 2 427 万城镇失业人口的中国政府将减少失业救济金和预防犯罪等方面的支出，同时增加由经济的额外增长所带来的额外税收。因此，中国公共就业计划的实际成本应低于笔者所测算的 2019 年 GDP 的 1.58%。笔者的上述计算结果实际上低估了公共就业计划的效益，也高估了公共就业计划的成本。

本章第五部分探讨了中国绿色公共就业计划的实施问题，包括出资和管理、渐进原则和就业类型。总原则是，中国绿色公共就业计划的实施应与中国的政治经济体系相匹配并反映中国经济的实际需求。具体建议如下：第一，中国绿色公共就业计划应主要由中央政府出资、地方政府落实。第二，中国绿色公共就业计划的实施应遵循渐进和务实原则，分试验和推广两阶段实施，以增强各级政府和部委在实施公共就业计划上的协调和组织能力，并推广成功的地方模式。第三，中国公共就业计划的就业类型应随着中国经济的需求变化而调整。中短期而言，笔者根据个人对中国经济的理解建议重点推进三个就业类型：绿色就业、文化传承就业和其他实现国家目标的就业。在实践中，当地社区和各级政府应根据自身需求提出因地制宜的就业类型。

综上所述，中国经济和社会亟须且能够实施一项完整的中国绿色公共就业计划。实现了零失业率的绿色中国经济是对中国特色社会主义的极佳诠释，是稳定就业从而稳定社会的必要手段，也是实现中华民族伟大复兴的强大助力。

跋

本书旨在反映中国学者（包括两位旅美华人学者）有关现代货币理论的研究成果。全书共收录论文14篇，其中8篇被人大复印报刊资料的《理论经济学》《财政与税务》《世界经济导刊》全文转载，1篇被《中国社会科学文摘》摘编刊登。本书作者是：中国人民大学的贾根良教授、李黎力副教授和郝杰博士，陕西师范大学的刘新华教授、缑文教授，美国威拉姆特大学的梁燕教授，北京理工大学的助理教授何增平博士，美国丹佛大学的助理教授黄逸江博士，北京语言大学的讲师张红梅博士。

虽然本书的作者们在2010年就已开始发表有关现代货币理论的研究成果，但本书的论文都是从其2012年以来特别是近四年来的成熟作品中精选出来的。在目前学界对现代货币理论存在许多歪曲解读和错误评价的情况下，这一点尤其重要：它可以使读者"原原本本"地了解其基本思想及现实意义。书中的部分论文来自笔者在《学术研究》组织的《现代货币理论专栏》（2020年第2期）和《现代货币理论与宏观经济政策笔谈》（2022年第8期和2022年第9期）。在这个跋中，笔者首先简要地谈谈自己研究现代货币理论的心路历程以及其与现代货币理论传入中国的关系。

笔者之所以对现代货币理论感兴趣，最早来自31年前就已知晓的货币国定论或国家货币理论。1992年上半年，笔者购买了胡寄窗先生主编的《西方经济学说史》。在这本教科书中，笔者读到了作者对德国新历史学派经济学家克纳普的《货币国定论》（1905年）的介绍。胡寄窗先生对这种货币理论的评论给笔者留下了深刻的印象：在全世界以国家发行的纸币作为唯一的流通工具的当下，特别是在以电子信用卡作为支付转账手段的不久将来，克纳普之说是否会死灰复燃，登上历史舞台，有待于历史的验证。在当时，笔者就对货币国定说复兴深以为然。

大约是在2006年，笔者在米尔斯的《一种批判的经济学史》（商务印书馆2005年版）第九章"经济学与未来"中注意到，作者在对为数很少的有前途的研究领域进行评价时指出，货币国定派是宏观经济政策方面新的、其影响也许还会继续扩大的思想流派。笔者这才知道"货币国定论"在经济学中已经"死灰复燃"。2008年国际金融危机的爆发使笔者认识到国家货币理论对破除美元霸权的重大意义，因此，笔者在该年开始指导学生对新货币国定派进行跟踪研究。2010年，笔者等著的《西方异端经济学主要流派研究》对新货币国定说做了简单的评述；2011年，在笔者指导下，李黎力撰写了研究现代货币理论的硕士学位论文，并与笔者合作在 2012 年发表了《货币国定论：后凯恩斯主义货币理论的新发展》。

实际上，在国内最早发表有关现代货币理论研究论文的是陕西师范大学国际商学院的刘新华、缐文。他们曾作为访问学者，跟随现代货币理论创始人之一兰德尔·雷教授从事研究，因而在 2010 年发表了《货币的本质：主流与非主流之争》等论文。2012 年 6 月，兰德尔·雷在刘新华的陪同下，应邀到中国人民大学经济学院做讲座。自此之后，以笔者、刘新华、李黎力和缐文等为主要成员，在国内形成了研究和宣传现代货币理论的学术共同体，早在 2019 年现代货币理论席卷经济学界、财政金融界之前，我们就经常对现代货币理论进行交流和探讨。

作为一本名为《现代货币理论在中国》的书，如果不谈谈现代货币理论与中国经济思想史的关系，似乎会有"数典忘祖"之嫌。在本书的序言中，笔者对疫情后如何重振中国经济提出了基于现代货币理论的战略构想。在这里，笔者再从经济思想史和基本经济理论的角度，对现代货币理论与中国的历史渊源以及其与建构中国自主的知识体系之间的关系做一简单说明。

第一，中国共产党在抗日战争和解放战争时期的货币斗争实践及其货币理论不仅是"现代货币理论学派"的先驱，而且提出了不同于该学派的一些原创性理论，如物资驱动货币理论和"货币斗争、贸易管理与生产建设"的战时宏观经济管理框架,其对于我们今天推进人民币国际化和开展对外货币斗争仍具有重大的理论和实践价值。与国民党的法币不同,抗日战争时期中国共产党在根据地发行的各种类型货币不以贵金属或外汇储备作为发行的基础,它一诞生就是"主权货币",因此,我们可以说中国共产党"埋葬"了金本位。从人民币的前身到人民币诞生,一直到现在,人民币作为主权货币的本质从未改变过,而在第二次世界大战后,美、英、日等国货币作为主权货币是在1971年布雷顿森林体系崩溃后才诞生的,这种重大历史区别的意义在我国经济学界从未得到过深入探讨。

2011—2012年,笔者曾对抗日战争和解放战争时期山东根据地发行的北海币和薛暮桥的货币理论专门进行了一番研究。笔者不仅将北海币看作"货币国定"的典型例证,而且发现山东根据地"排法禁伪"(排斥国民党的法币和禁止敌占区的伪币)的货币斗争是世界货币斗争中非常成功的典型案例,但一直没有时间撰写相关研究论文。2020年11月,笔者在第十二届中国演化经济学年会开幕式的致辞中指出:"薛暮桥先生在货币理论上是有自己独创性贡献的,我将其理论的某些方面看作'现代货币理论学派'的先驱。薛暮桥先生的货币理论是在山东根据地对敌货币斗争中发展起来的,对我们目前针对发达国家的货币斗争仍具有重大借鉴意义。"

例如,山东抗日根据地在对外贸易中对关键物资如食盐、花生油等实行专卖，规定根据地外部商人购买根据地物资必须使用北海币，而稳定物价的"物资本位"制度使北海币币值相对法币和伪币非常坚挺，以至于敌占区民众乐于储藏和流通北海币。这种成功的经验揭示出：掌控稀缺的关键物资（和技术）并在对外贸易中以此驱动本国货币被别的国家所接受，很有可能是世界经济史中一种主权货币国际化得以成功的基础性原因①。这种理论相对于目前的货币国际化理论是"名不见经传"的。然而，在笔者看来，离开北海币对敌货币斗争成功经验的创造性转化和运用，人民币国际化是很难获得成功的。

第二，值得指出的是，现代货币理论虽然是外来的学说，但在中国也有其历史渊源。中国货币史权威彭信威教授指出："汉代法家的（货币）国定说，以为货币本身是没有价值的东西，其所以能流通，是因为帝王或政府所倡导或制定。这种说法和近代克纳普等人的学说很接近。"在笔者看来，西汉如贾谊、贾山、晁错和桑弘羊等都是货币国定说的"先驱"。文帝时期的晁错在《论贵粟疏》中说："夫珠玉金银，饥不可食，寒不可衣，然而众贵之者，以上用之故也。"薛暮桥先生所谓

---

① 俄罗斯政府在俄乌战争中规定购买其石油必须使用卢布结算，是山东抗日根据地成功经验在当代的再现。当然，两者的成功都有其特定的历史环境和条件，但其原理是普适的。此外，薛暮桥在对外贸易中推行关键物资专卖的灵感很可能来自中国历史上源远流长的盐铁专卖，而其"物资本位论"很可能来自中国古代的常平仓理论和实践（见后面相关论述）。在笔者看来，薛暮桥是我们目前建构中国自主的知识体系的先驱和榜样。

金银"饥不能食,寒不能衣"(1945年)很可能就是从晁错的这句话演化而来的。汉代的"货币国定说"为汉武帝实施中央政府垄断货币发行提供了理论基础,而将货币发行权集中在中央政府手中为汉武帝在长达44年的反击匈奴战争中取得彻底的胜利提供了决定性的物资保障。

又如,中国古代常平仓是"就业缓冲储备"理论当之无愧的先驱。作为一种宏观经济管理框架,就业保障(就业缓冲储备)构成现代货币理论的核心架构,其诞生受到了中国古代常平仓理论在西方国家传播的影响。留美博士陈焕章在1911年完成的博士论文《孔门理财学》介绍了常平仓以及王安石对常平仓的创造性运用。我国一些学者的研究已经表明,"大萧条"时期担任美国农业部长的华莱士受到《孔门理财学》的启示,在20世纪30年代成功地推动了对美国农业发展影响深远的《农业调整法》以及相关改革政策的颁布与实施。金融投资家格莱汉姆认为农业常平仓不足以有效地稳定宏观经济,因此,在华莱士的启发下,他提出了将重要的工农业产品都纳入缓冲储备的"现代常平仓"理论。笔者在阅读英文文献时发现,作为现代货币理论的另一创始人,澳大利亚经济学家米切尔在20世纪90年代末提出"就业缓冲储备"理论——"劳动力常平仓"时受到了格莱汉姆著作的直接影响。

第三,现代货币理论对马克思主义政治经济学和中国特色社会主义经济学的发展具有重要借鉴意义。对于现代货币理论来说，不仅马克思和马克思主义经济学家卡莱斯基的有效需求理论和资本主义货币型生产理论是其重要理论来源，而且它与马克思的经济理论之间也不存在矛盾。然而，尽管现代货币理论经济学家一再对此做出强调，但是，一些西方马克思主义经济学家不仅"不领情"，反而与西方主流经济学家站在一起，对现代货币理论不断地进行攻击。

在笔者看来，导致这种状况的一个重要原因就是上述经济学家对金本位与主权货币制度的本质不同缺乏了解。就此而言，现代货币理论与马克思的货币理论的基本差别就在于马克思的著述都是在金本位制度之下进行的。在这种货币制度下，价值规律对商品生产和政府行为具有同样的支配性影响。一个具有征税权的政府为了公共目标，虽然可以采取与利润考虑相反的行动，但它这样做的能力在财政上是受到限制的，因为它承诺按固定汇率将货币兑换成黄金，因此，国家的财政能力受到黄金这种货币商品的生产的制约。但是，一旦国家放弃金本位并行使其发行法定货币的特权，主权货币政府的财政能力就不再受到黄金生产或商品生产的价值规律的制约，国家财政能力就从这种不适合现代货币型经济的黄金"紧箍咒"中解放出来了。

然而，虽然国家财政能力得到了极大的解放，但非政府部门的一般商品生产仍受价值规律和预算约束支配。因此，尽管马克思的货币理论是一种"金本位时代"的理论，但它并非如后凯恩斯主义经济学家马克·拉沃所说的是一种"过时"的理论，因为在主权货币制度下，就商品生产或市场经济领域而言，马克思的货币理论仍然是适用的。但是，与金本位制度要求政府像一个追求利润的公司（像一个商品生产者）那样行动不同，由于政府垄断了货币发行权，私人商品生产的价值规律对政府的行为不再具有约束作用，主权货币制度下的现代政府更有能力提供非商品生产的公共服务，扩大具有直接社会劳动性质的生产领域。显而易见，主权货币制度更有利于实现马克思有关社会主义制度的设想。

现代货币理论学者认为，主权货币制度与不同社会制度下的现代市场经济是兼容的，但对不同的社会制度，他们不提供价值判断，在政治上采取了不可知论的态度。彼得·库珀（Peter Cooper）是认同现代货币理论并对其深有研究的澳大利亚马克思主义经济学家，在他看来："现代货币理论对所有政治派别的人都具有解放作用。对于想要小政府和由私营部门主导经济的右翼自由主义者或保守派来说，现代货币理论指出了在主权货币体系中如何可以尝试这样做，以及所需要的政策考虑和面临的困难。对于在不同程度上希望政府和公共部门在经济中发挥更大作用的社会民主主义者、自由派和温和派来说，现代货币理论为有利于混合经济的政策提供了良好的基础。对于左翼自由主义者和社会主义者来说，我认为国家货币提供了不受资本支配的自由，它不仅为社会主义而且最终为其更高级形态开辟了一条可行的道路：一条非乌托邦式的道路，使工资劳动关系逐渐消亡，收入与劳动时间最终分离。这样的道路只能通过斗争来实现，而国家货币为其提供了可能。"①

一些西方马克思主义经济学家对现代货币理论存在误解，除了继续抱着现在已不存在的金本位制度下经济运行的规律不放外，这些经济学家还指责现代货币理论忽视了阶级、权力和国家本质等问题。其原因就在于他们没有对现代货币理论进行过稍微系统和深入一些的研究，否则，他们就不会得出这些结论。就笔者的阅读范围而言，现代货币理论学者对这些指责都做过系统的回应，但这些西方马克思主义经济学家显然没有阅读过这些文献。

在对待现代货币理论的态度上，我们应该学习马克思主义经济学家薛暮桥先生与时俱进的精神。薛暮桥指出，在开始北海币的货币斗争时，"我们是否有可能驱逐法币，建立独立自主的抗币（指北海币）市场？有些同志对于这点信心不足……当时根据地的许多经济工作干部受资产阶级'拜金主义'思想影响，认为金银是纸币的不可缺少的保证。如果没有金银，就必须用'金本位'的美元、英镑等外汇来作保证。既无金银又无外汇，我们的抗币就是空中楼阁，没有基础，无法保持稳定②。几年来敌后根据地货币斗争的经验告诉我们，我们所掌

---

① http://heteconomist.com/welcome-to-heteconomist-mmt-and-the-crisis/.
② 在第二次世界大战期间，美元和英镑都放弃了金本位制，抗日根据地的一些经济工作者对此是不清楚的。

握的粮食、棉布等日用必需品是抗币的最可靠的保证,不需要依靠黄金"[①]。正是本着这种实事求是的态度,薛暮桥先生创造性地运用我国古代常平仓原理提出了"物资本位论"的货币理论,成为现代货币理论的先驱。

第四,现代货币理论为演化发展经济学和新李斯特学派这些国家经济学现代版的发展提供了重要基础。2012年,笔者在《新李斯特主义:替代新自由主义全球化的新学说》(该文收录于2015年出版的《新李斯特经济学在中国》一书)一文中,将现代货币理论视作笔者所倡导的新李斯特经济学财政金融理论的基础:"李斯特论述了货币金融制度对一国的经济稳定、财政金融主权和国家福利的重要影响,他强调国家信贷体系必须受到保护,并建立完整的、独立自主的货币和信用体系,但由于受金本位时代的限制,他并没有提出国家货币理论。由于李斯特是德国历史学派的先驱,而德国新历史学派的克纳普是货币国定论的奠基者之一,近年来后凯恩斯主义经济学又把这一理论发展为现代货币国定论,它们在精神上完全与李斯特的国家经济学相契合。因此,我们可以在货币国定论基础上发展新李斯特学派的货币金融理论。"

这个跋写得太长了。在其结尾处,笔者首先要感谢中国演化经济学年会秘书处的同人对现代货币理论的大力支持。2011

[①] 薛暮桥.山东抗日根据地的对敌货币斗争.财贸经济丛刊,1980(1).

年，中国演化经济学年会秘书处在浙江嘉兴南湖召开演化经济学教材建设专题讨论会，计划编写演化微观经济学、演化中观经济学和演化宏观经济学等本科教材。虽然这个教材编写计划还没有完成，但其作为一种替代西方主流经济学的经济学范式在中国一直在发展。在过去几年召开的中国演化经济学年会上，现代货币理论都是以演化宏观经济学的名称作为重要专题进行讨论的。其次，笔者要感谢刊发我们有关现代货币理论研究的论文的期刊。在许多人看来，现代货币理论是一种"异端学说"，因此，相关论文不仅在所谓的"顶刊"上无法发表，而且在一般刊物上发表也遇到一些困难。最后，笔者要感谢中国人民大学出版社。

贾根良
2023 年 4 月 19 日